20
23

CÍNTIA
ROSA
PEREIRA
DE LIMA

PREFÁCIO DE
NELSON
ROSENVALD

SISTEMA DE RESPONSABILIDADE CIVIL PARA CARROS AUTÔNOMOS

Dados Internacionais de Catalogação na Publicação (CIP) de acordo com ISBD

L732s   Lima, Cíntia Rosa Pereira de
        Sistema de responsabilidade civil para carros autônomos / Cíntia Rosa Pereira de Lima. - Indaiatuba, SP : Editora Foco, 2023.

        240 p. ; 16cm x 23cm.

           Inclui bibliografia e índice.

           ISBN: 978-65-5515-808-3

             1. Direito. 2. Direito civil. 3. Responsabilidade civil. 4. Carros autônomos. I. Título.

2023-1532   CDD 347   CDU 347

Elaborado por Vagner Rodolfo da Silva – CRB-8/9410

Índices para Catálogo Sistemático:

1. Direito civil 347

2. Direito civil 347

CÍNTIA
ROSA
PEREIRA
DE LIMA

PREFÁCIO DE
NELSON
ROSENVALD

SISTEMA DE RESPONSABILIDADE CIVIL PARA CARROS AUTÔNOMOS

2023 © Editora Foco

Autora: Cíntia Rosa Pereira de Lima
Diretor Acadêmico: Leonardo Pereira
Editor: Roberta Densa
Assistente Editorial: Paula Morishita
Revisora Sênior: Georgia Renata Dias
Capa Criação: Leonardo Hermano
Diagramação: Ladislau Lima e Aparecida Lima
Impressão miolo e capa: FORMA CERTA

DIREITOS AUTORAIS: É proibida a reprodução parcial ou total desta publicação, por qualquer forma ou meio, sem a prévia autorização da Editora FOCO, com exceção do teor das questões de concursos públicos que, por serem atos oficiais, não são protegidas como Direitos Autorais, na forma do Artigo 8º, IV, da Lei 9.610/1998. Referida vedação se estende às características gráficas da obra e sua editoração. A punição para a violação dos Direitos Autorais é crime previsto no Artigo 184 do Código Penal e as sanções civis às violações dos Direitos Autorais estão previstas nos Artigos 101 a 110 da Lei 9.610/1998. Os comentários das questões são de responsabilidade dos autores.

NOTAS DA EDITORA:

Atualizações e erratas: A presente obra é vendida como está, atualizada até a data do seu fechamento, informação que consta na página II do livro. Havendo a publicação de legislação de suma relevância, a editora, de forma discricionária, se empenhará em disponibilizar atualização futura.

Erratas: A Editora se compromete a disponibilizar no site www.editorafoco.com.br, na seção Atualizações, eventuais erratas por razões de erros técnicos ou de conteúdo. Solicitamos, outrossim, que o leitor faça a gentileza de colaborar com a perfeição da obra, comunicando eventual erro encontrado por meio de mensagem para contato@editorafoco.com.br. O acesso será disponibilizado durante a vigência da edição da obra.

Impresso no Brasil (07.2023) – Data de Fechamento (07.2023)

2023

Todos os direitos reservados à
Editora Foco Jurídico Ltda.
Avenida Itororó, 348 – Sala 05 – Cidade Nova
CEP 13334-050 – Indaiatuba – SP

E-mail: contato@editorafoco.com.br
www.editorafoco.com.br

*À Elisa Rosa Machado de Lima, a rosa que chegou
para encantar o meu jardim.*
*Ao meu amado e dedicado esposo, Heverton Gustavo Machado de Lima,
com todo o meu amor que nem mesmo a máquina
mais potente conseguiria "aprender".*

Com a enorme gratidão pelo seu companheirismo e sua generosidade!

AGRADECIMENTOS

Sempre, em primeiro lugar agradeço a *Deus* por ter me dado condições para a realização deste trabalho. Nestes longos anos da minha trajetória acadêmica, não houve um só momento em que não vivi e senti a força divina.

Gratidão eterna por ter sido agraciada com muitas pessoas especiais ao meu lado que torcem muito por mim. Agradeço especialmente ao meu meu amado esposo, *Heverton Gustavo Machado de Lima*, pela revisão, pelos debates, pela diagramação e pelo apoio fundamental para a conclusão desta obra.

Igualmente agradeço o apoio e incentivo da minha *família*, em especial dos meus amados pais, *Ely Damasceno de Lima* e *Izaías Pereira de Lima*, que têm sido um porto seguro e imprescindível não só para a conclusão desta obra, mas por toda a minha história de vida e trajetória acadêmica.

Estendo estes agradecimentos aos meus irmãos, *Priscila Damasceno de Lima, Izaías Pereira de Lima Júnior, Lucas Damasceno de Lima* e *Tereza Marcelina Ferreira* e cunhados, *Roberta Masunari, Rute Ester Fernandes de Lima* e *Sérgio Redher*. Aos meus maravilhosos sobrinhos: *Aron, Audrey, Isabela, Laura, Lorenzo, Luís* e *Nora*. E aos meus tios *Kesia Breda Damasceno* e *Ricardo Nogueira Damasceno* e a meu primo *Nicolas Breda Damasceno* que estão e permanecerão em meu coração.

Fundamental foi a contribuição do querido amigo *Leonardo Parentoni*, alma generosa, que acompanhou de perto o amadurecimento desta tese, compartilhando material e ideias. Gratidão pelas palavras de apoio e incentivo, além da revisão zelosa e criteriosa deste trabalho.

Igualmente agradeço ao querido *Professor Titular Newton De Lucca*, hoje muito mais que um professor, um querido amigo após longos anos de parceria em diversos projetos. Agradeço pela disponibilidade em atender todos os meus *apelos inusitados* para disponibilizar livros e artigos científicos seculares.

Agradeço, também, o amigo "interdisciplinar", *Professor Evandro Eduardo Seron Ruiz,* por me ajudar a desvendar os mistérios da ciência da computação. Agradeço pela revisão e pelas contribuições nesta obra e nos outros projetos de pesquisa.

Um destes foi aprovado pelo *Instituto de Estudos Avançados da Universidade de São Paulo (IEA/USP) – Polo de Ribeirão Preto* a quem agradeço na pessoa do Diretor *Professor Titular Paulo Saldiva* e do Coordenador *Professor Titular Antônio José da Costa Filho.*

Um agradecimento especial a *Silvano Gomes Flumignan* pelo inestimável auxílio na revisão desta obra e pelas sugestões construtivas.

Ao *José Luiz de Moura Faleiros Jr.*, pesquisador de destaque, pelos excelentes livros e artigos compartilhados.

À *Roberta Densa,* querida amiga, que apoiou este projeto desde o início e me incentivou a publicar esta obra.

Aos amigos e parceiros do *Instituto Avançado de Proteção de Dados – IAPD,* o qual tenho a honra de presidir em conjunto com o querido amigo *Newton De Lucca,* minha gratidão especial por inestimável incentivo.

Aos caríssimos colegas do *IBERC – Instituto Brasileiro de Responsabilidade Civil,* na pessoa de seu Presidente, caríssimo amigo *Nelson Rosenvald,* que me convidou para integrar esse prestigiado instituto, fundamental ao desenvolvimento e reflexão aprofundada sobre os mais diversos temas da responsabilidade civil.

Agradeço a você leitor, para quem espero contribuir a desvendar alguns pontos problemáticos sobre o sistema de responsabilidade civil no contexto da automação dos carros. A todos vocês: *minha gratidão!*

"We can see only a short distance ahead,
but we can see that much remains to be done."

Alan Turing (Computing Machinery and Intelligence.
Mind v. 49, p. 433-460, 1950. p. 433)

LISTAS DE SIGLAS E ABREVIAÇÕES

A

AI – *Artificial Intelligence*

AID – *Autonomous Intelligent Driving*

AI HLEG – *High Level Expert Group on Artificial Intelligence*

ANPD – Autoridade Nacional (brasileira) de Proteção de Dados e da Privacidade

APEC – *Asia-Pacific Economic Cooperation*

ARPA – *Advanced Research Projects Agency*

ARPANET – *Advanced Research Projects Agency Network*

AIDA – *Artificial Intelligence Development Act*

ADCT – Ato das Disposições Constitucionais Transitórias

ANATEL – Agência Nacional de Telecomunicações

B

BGB – *Bürgerliches Gesetzbuch* (Código Civil Alemão)

C

CADE – Conselho Administrativo de Defesa Econômica

Câm. - **Câmara**

Cap(s). – Capítulo(s)

c/c – Combinado com

CC/02 – Código Civil brasileiro de 2002 (Lei 10.406, de 10.01.2002)

CC/16 – Código Civil de 1916 (Lei 3.071, de 1º de janeiro de 1916)

CDC Código de Defesa do Consumidor brasileiro (Lei 8.078, de 11.09.1990)

CDC/US – *Centers for Disease Control and Prevention*

CDEP – *Committee on Digital Economy Policy*

CE – Comunidade Europeia

CEE – Comunidade Econômica Europeia

CEJ – Corte Europeia de Justiça

CERN – *Conseil Européen pour la Recherché Nucléaire*

CF/88 – Constituição da República Federativa do Brasil de 05.10.1988

CONTRAN – Conselho Nacional de Trânsito CONTEL – Conselho Nacional de Telecomunicações COPA – *Children's Online privacy Protection Act* CPC/1973 – Código de Processo Civil de 1973

CPC/2015 – Código de Processo Civil, Lei n. 13.105, de 16 de março de 2015

CTB – Código de Trânsito Brasileiro, Lei n. 9.503, de 23 de setembro de 1997

D

Des. – desembargador

DENATRAN - Departamento Nacional de Trânsito

Dir. – Diretiva

E

EC – *European Commission* (tradução livre de Comissão Europeia)

Ed. – Edição

e. g. – *Exempli gratia*

EPC – *Electronic Product Code*™

EU – *European Union* (vide UE)

F

FIPPs – *Fair Information Practice Principles*

FIPs – *Fair Information Practices*

FTC – *Federal Trade Commission*

G

GDPR – *General Data Protection Regulation* (*Regulation* 2016/679)

GOFAI – *Good Old-Fashion Artificial Intelligence*

GPS – *General Problem Solver*

H

HIPAA – *Health Information Portability and Accountability Act* de 1996

I

IA – Inteligência Artificial

IaaS – *Infraestructure as a Service*

ICTs – *Information and Communications Technologies*

IDEC – *Instituto Brasileiro de Defesa do Consumidor*

i.e. – *Id est*

IoO – *Internet of Objects IoT* – *Internet of Things IoV* – *Internet of Vehicles*

IP – *Internet Protocol* (Protocolo de Internet ou Protocolo de Interconexão)

IPTO – *Information Processing Techniques Office ITU* – *International Telecommunication Union ITS* – *Intelligent Transport System*

J

j. – data do julgamento

L

LAD – *Language Acquisition Device*

LAI – Lei de Acesso à Informação (Lei 12.527, de 18.11.2011)

Lisp – *High-Level Language*

LINDB – Lei de Introdução às Normas de Direito Brasileiro (Decreto-Lei 4.657/42, com a redação dada pela Lei 12.376, de 30 de dezembro de 2010)

LGPD – Lei Geral de Proteção de Dados (Lei 13.709, de 14 de agosto de 2018 e as alterações trazidas pela Lei 13.853, de 08 de julho de 2019)

M

M2M – *Machine-to-Machine*

MCI – Marco Civil da Internet (Lei 12.965, de 23.04.2014)

MIT – *Massachusetts Institute of Technology*

MJ – Ministério da Justiça

N

NHTSA – *National Highway Traffic Safety Administration NIST* – *National Institute of Standards and Technology NSA* – *U.S. National Security Agency*

NTC – *National Transport Commission* (Austrália)

O

OBUs – *Onboard Units*

OCDE – Organização para a Cooperação e Desenvolvimento Econômico OECD – *Organisation for Economic Co-operation and Development OMS* – *Organização Mundial da Saúde*

Op. cit. – *opus citatum* (obra citada)

P

PaaS – *Plataform as a Service*

PC – Personal computer (computador pessoal)

R

RE – Recurso Extraordinário
Rel. – Relator
REsp – Recurso Especial
RFID – Identificação por radiofrenquencia
RSUs – Roadside Units

S

SRI – Stanford Research Institute
SaaS – *Software as a Service*
SAE – *Society of Automotive Engineers* SENACON – Secretaria Nacional do Consumidor
SSO – Standard Setting Organization
StVG – *Straßenverkehrsgesetz*
STF – Supremo Tribunal Federal
STJ – SuperiorTribunal de Justiça

T

T. – Tomo
TCP – *Transmission Control Protocol* (Protocolo de Controle de Transmissão)
TIC – Tecnologia da Informação e Comunicação
TJ/SP – Tribunal de Justiça do Estado de São Paulo

U

UCLA – *California University* em Los Angeles
UE – União Europeia (vide *EU*)
UEJF – Union des Estudiants Juif de France
URCDP – *Unidad Reguladora y de Control de Datos Personales*
US – "United States of America" (Estados Unidos da América)
U.S.C. – "United States Code" (Código dos Estados Unidos)

V

v. – Volume
V2I – *Vehicle-to-Infrastructure*
V2V – *Vehicle-to-Vehicle*

W

WP 29 – Working Party article 29
www – World Wide Web

PREFÁCIO

Sinto-me honrado por prefaciar a obra intitulada "Sistema de Responsabilidade Civil para Carros Autônomos", cuja gênese é a tese de livre docência da Professora Cíntia Rosa Pereira de Lima em Direito Civil Existencial e Patrimonial pela Faculdade de Direito de Ribeirão Preto (USP), no ano de 2020.

A amizade com a autora remonta o último lustro. Sendo Cíntia uma *expert* em responsabilidade civil, convidei-a para integrar o IBERC (Instituto Brasileiro de Estudos de Responsabilidade Civil). Com a generosidade que lhe é inerente, convidou-me tempos depois para integrar o então recém-criado IAPD (Instituto Avançado de Proteção de Dados). Desde então, compartilhamos com outros colegas uma coluna semanal sobre temas ligados à inteligência artificial e à proteção de dados. Essa identificação acadêmica talvez tenha sido a justificativa para tão distinto convite.

Deleitei-me com a leitura, confesso. Com afinco, dediquei a Semana Santa ao aprendizado e à reflexão sobre a importante contribuição da autora às letras jurídicas brasileiras. Cíntia Pereira inicia o livro contextualizando a trajetória da inteligência artificial em toda a sua interdisciplinaridade ao longo dos últimos quase 100 anos e o paulatino desenvolvimento da tecnologia dos carros autônomos. Para os anos vindouros, o principal desafio consiste na regulação da inteligência artificial de maneira principiológica e neutra, acomodando os constantes e cada vez mais rápidos avanços tecnológicos, preservando a diretriz ética antropocêntrica. Entre tantos "highlights", podemos destacar onze pontos como cerne das contribuições jurídicas da tese:

a) Com o cuidado de enfatizar os diversos níveis de automação – a depender do grau de envolvimento do motorista na condução do veículo e da autonomia do sistema de direção , o que desvela a paulatina evolução dos carros automatizados (*driver assist cars*) para os veículos autônomos (*driverless cars*), tem-se como dado empírico fundamental que a introdução nas vias públicas de carros com controle de direção dispensada a supervisão humana não acarretará expansão no risco da atividade, na medida em que 90% dos acidentes resultam de falhas humanas (notadamente embriaguez ao volante e excesso de velocidade), que podem ser drasticamente reduzidas pelo uso dos carros autônomos, em que a condução se dá sem supervisão ou intervenção humana, mediante emprego de inteligência artificial e informações do Big Data, sendo que os programas utilizados observam os limites de velocidade, as regras de trânsito conforme o treinamento da máquina;

b) Atribui-se três características à inteligência artificial: automatismo, autonomia e adaptabilidade. Para que as máquinas possam tomar decisões de forma independente, adaptando-se às mudanças das circunstâncias diante da dinâmica do trânsito – que impõe situações infinitamente variáveis – deparamo-nos com um cenário de impossibilidade de previsão de todas as variáveis nos treinamentos prévios dos carros autônomos. Assim, o sistema dos carros autônomos está estruturado em possibilidade de se adotarem comportamentos emergentes diante de situações extraordinárias, que fogem ao controle e à previsibilidade dos programadores, com possibilidade de causação de danos. Com efeito, no âmbito da antijuridicidade se discute bastante como programar os veículos autônomos para situações dilemáticas. Um dano é inevitável, elege-se, portanto, qual é o menor dano. Como fazer esse juízo de proporcionalidade? Por isso, a autora sugere um sistema de responsabilidade civil decorrente dos acidentes com carros autônomos, em que estes comportamentos emergentes sejam considerados como fortuito externo;

c) O aprendizado por *machine learning*, fruto do *input* de informações digitalizadas que trafegam pela Internet em volume exponencial processadas por um sistema de nuvem, evidencia a necessidade de imposição de limites pela LGPD. Uma destas preocupações diz respeito à mineração de dados, entendida como o processo de descoberta de padrões com o objetivo geral de extrair informações de um conjunto de dados e sua transformação em uma estrutura compreensível para uso posterior, geralmente uso publicitário. Para minimizar os possíveis danos à privacidade e à proteção de dados, urge estabelecer ferramentas de inteligência artificial que respeitem o arcabouço legislativo desde sua concepção (*privacy by design e privacy by default*), observada a orientação sempre mais favorável ao ser humano (*Friendly Artificial Intelligence*) Outra preocupação, desta feita com relação à segurança dos carros autônomos concerne aos possíveis ataques cibernéticos por hackers. As políticas de privacidade e de proteção de dados devem ser claras não só com relação aos direitos dos titulares de dados pessoais, mas, também, sobre as medidas técnicas e organizacionais que a empresa adota para evitar e detectar estes possíveis ataques;

d) Para além da inteligência artificial, a Internet das Coisas – plasmada na interconexão entre os mais diversos objetos – é essencial para a confiabilidade dos carros autônomos. De um lado a IA utiliza um volume de informações gerado pela IoT; de outro, a IoT utiliza ferramentas de aprendizado de máquina para incorporar inteligência nas soluções oferecidas. Carros conectados devem estabelecer um sistema de registro do usuário, de configuração, monitoramento e detecção de eventuais falhas, bem como ferramentas para auxiliar na correção destas. Tudo de forma transparente e acessível para que o usuário possa utilizar estas ferramentas com segurança. Ao invés de um sistema de autorregulação, a autora opta pela regulação por via das normas de proteção de dados, mediante lei específica e de caráter principiológico;

e) Deve-se definir a qual título se dá o uso do carro autônomo. Entende- se que se o carro autônomo for usado como táxi ou para transportar mercadoria, trata-se de contrato de transporte. Todavia, sob a ótica do proprietário do veículo autônomo, trata-se de prestação de serviço entre o proprietário e a empresa desenvolvedora do carro autônomo. Além destas possibilidades, pode ocorrer um contrato de locação quando o particular, proprietário do carro autônomo, disponibilizar o uso do bem por um período determinado e mediante remuneração.

f) O debate acerca da responsabilidade civil se torna ainda mais relevante haja vista a hipercomplexidade do atual contexto tecnológico e as deficiências e insuficiências da doutrina tradicional sobre os dois modelos principais de imputação do dever de reparar o dano causado: responsabilidade subjetiva e objetiva. Laborando com as funções preventiva e compensatória da responsabilidade civil e se valendo de valiosos subsídios da *law and economics*, como forma de conciliação entre a legalidade e a eficiência, a autora postula que caso não configurada uma relação jurídica de consumo, a reparação de danos patrimoniais e extrapatrimoniais decorrentes, adotando-se a concepção normativa da culpa, ou seja, o desvio do padrão objetivo de condutas que se espera no caso concreto. Dispensa-se a aproximação com o regime da responsabilidade pelo fato da coisa, porque máquinas inteligentes possuem autonomia para a tomada de decisões, não se encaixando nas *fattispecies* previstas no art. 936 (fato do animal), art. 937 (fato decorrente de ruína de edifício) e art. 938 (pelos objetos lançados ou caídos de edifício);

g) Quanto ao causador do dano, diante da participação de diferentes agentes econômicos, desde a concepção, desenvolvimento até a distribuição do produto no mercado, é árdua a identificação do causador do dano. Por isso, sugere-se que, ao regular a matéria, seja criado um sistema de registro facultativo, com certificação das empresas autorizadas a desenvolverem produtos e serviços com base em IA no mercado brasileiro mediante a comprovação de uma série de documentos e outras exigências que a agência possa entender fundamentais. As empresas que realizarem o registro prévio, demonstrando boa-fé, responderiam subjetivamente por eventuais danos causados, desde que não seja caracterizada uma relação de consumo ou de emprego. Caso a empresa opte em não fazer o registro, responderá objetivamente independentemente de se caracterizar ou não relação de consumo ou de emprego, no qual estará já indicado o responsável por determinada tecnologia de inteligência artificial. A culpa do agente será analisada conforme o descumprimento das normas técnicas de segurança que padronizam a inteligência artificial, justificando a necessidade de uma lei especifica para regular o desenvolvimento, os testes e o uso dos carros autônomos, acrescido de um Plano Nacional de Inteligência Artificial e a criação de uma agência reguladora para fiscalizar, regular e aplicar sanções para o descumprimento da lei e dos regulamentos.

h) Em se comprovando a relação jurídica de consumo, aplica-se o CDC, estabelecendo a regra da responsabilidade objetiva e solidária de todos os fornecedores envolvidos na indústria de automação de veículos (com direito de regresso contra o verdadeiro causador do dano) em prol das vítimas dos acidentes envolvendo os carros autônomos, ainda que não sejam proprietárias ou usuárias dos serviços de automação do veículo, porque foram expostas aos acidentes de consumo, na qualidade de *bystanders*. Não se olvide da expansão do conceito de consumidor em prol das pessoas expostas às práticas comerciais envolvendo os carros autônomos, em virtude do que determina o art. 29 do CDC. Apesar da omissão do CDC quanto à inserção no rol das excludentes da causalidade das hipóteses do caso fortuito e força maior, a autora conclui pela aplicabilidade do fortuito externo em relação aos danos derivados de fatos que não estejam ligados à atividade empresarial e considera dentre tais hipóteses e já no contexto dos carros autônomos, os comportamentos emergentes das máquinas, na medida em que os carros autônomos são programados justamente para tomarem decisões com autonomia diante das mais variadas situações vivenciadas no trânsito sobre as quais não tem controle o desenvolvedor desta tecnologia;

i) Nesta linha, quanto ao fato do produto, os carros autônomos apresentam uma periculosidade esperada, potencial e imprevisível na medida em que os acidentes de trânsito podem acontecer e de maneira imprevisível devido aos comportamentos emergentes das máquinas. Portanto, os comportamentos emergentes das máquinas não podem ser considerados defeitos do produto, na medida em que foram desenvolvidos exatamente para tal finalidade. Constatada alguma falha no veículo, em homenagem ao princípio da precaução, deve-se fazer o *recall* dos veículos defeituosos. No entanto, se a falha for no *software* do carro autônomo, o recall terá uma dinâmica distinta do que tradicionalmente ocorre, efetuando-se à distância com a atualização do *software*.

j) Aplica-se a distribuição dinâmica do ônus da prova, oportunizando-se ao desenvolvedor maior facilidade na produção probatória. Em contrapartida, no julgamento da lide, restando dúvida ineliminável, o juiz poderá se valer da inversão do ônus da prova para evitar o *non liquet* desde que presentes os requisitos legais, quais sejam: verossimilhança das alegações, hipossuficiência do consumidor (conforme o CDC e a LGPD) e a dificuldade de realização da prova (nos termos da LGPD);

k) Nas hipóteses de acidentes experimentados sem lastro de causalidade ou impossibilidade econômica do desenvolvedor, a fim de mitigar efeitos danosos e possíveis injustiças sociais, sugere-se a criação de um Fundo Especial para os Acidentes decorrentes do uso da Inteligência Artificial para fazer frente à necessária compensação da vítima sem encarecer os produtos e serviços oferecidos notadamente para os carros autônomos;

Sumariados os aspectos centrais da tese, de minha parte, creio que o prefácio de uma obra de tamanha relevância não se "resume ao resumo". Em uma vertente dialógica, optamos por acrescer alguns pontos que sejam capazes de fornecer ao leitor outros subsídios, ensejando uma leitura quiçá mais humanizada e crítica do importante volume que se apresenta.

A responsabilidade civil sempre se prestou a um papel corretivo de todas as disfuncionalidades de qualquer ordenamento jurídico. Desde Roma assim se fez em matéria de propriedade, contratos, família e, mais recentemente na esfera dos direitos da personalidade. Na mesma linha seguirá em sede de tecnologias digitais emergentes. Contudo, há de se atualizar o conceito de responsabilidade civil. O adjetivo responsável arrasta em seu séquito uma diversidade de complementos: alguém é responsável pelas consequências de seus atos, mas também é responsável pelos outros, na medida em que estes são postos sob seu encargo ou seus cuidados e, eventualmente, bem além dessa medida. Em última instância, somos responsáveis por tudo e por todos. Em comum a esses empregos difusos, o termo "responsabilidade" conforme inserido no Código Civil, resume-se ao exato fator de atribuição e qualificação da obrigação de indenizar, para que se proceda à reparação integral de danos patrimoniais e extrapatrimoniais a serem transferidos da esfera da vítima para o patrimônio dos causadores de danos.

Todavia, este é apenas um dos sentidos da responsabilidade, os demais se encontram ocultos sob o signo unívoco da linguagem. Cremos ser importante enfatizar a amplitude do sentido de responsabilidade na língua inglesa. Palavras muitas vezes servem como redomas de compreensão do sentido, sendo que a polissemia da responsabilidade nos auxilia a escapar do monopólio da função compensatória da responsabilidade civil (*liability*), como se ela se resumisse ao pagamento de uma quantia em dinheiro apta a repor o ofendido na situação pré-danosa. Ao lado dela, colocam-se três outros vocábulos: "responsibility", "accountability" e "answerability". Os três podem ser traduzidos em nossa língua de maneira direta com o significado de responsabilidade, mas na verdade diferem do sentido monopolístico que as jurisdições da civil law conferem a liability, como palco iluminado da responsabilidade civil. Em comum, os três vocábulos transcendem a função judicial de desfazimento de prejuízos, conferindo novas camadas à responsabilidade, capazes de responder à complexidade e velocidade dos arranjos sociais.

Este foi um dentre os vários méritos da obra que aqui se segue: A final, a Professora Cintia Pereira encartou variados *insights* e soluções jurídicas para a iminente litigiosidade derivada de danos causados por carros autônomos, sem jamais restringir o enfoque do livro à eficácia condenatória de uma sentença como resultado da apuração de um nexo causal entre uma conduta e um dano, acrescida por outros elementos conforme o nexo de imputação concreto. Com efeito, a *liability* é a parte visível do iceberg, manifestando-se *ex post* – após a eclosão do dano –, irradiando o princípio da reparação integral (*full compensation*). Todavia, a *liability* não é o epicentro da responsabilidade civil, mas apenas a sua epiderme. Em verdade, trata-se apenas de um *last resort* para aquilo que se pretende da responsabilidade civil no século XXI, destacadamente na tutela das situações existenciais, uma vez que a definição de regramentos próprios não advém de uma observação ontológica (ser), mas de uma expectativa deontológica (dever-ser) da interação entre inovação e regulação em um ecossistema no qual o risco é inerente às atividades.

Cremos que no direito brasileiro do alvorecer do século XXI, a conjunção aponta para o estabelecimento de três funções para a responsabilidade civil: (1) Função reparatória: a clássica função de transferência dos danos do patrimônio do lesante ao lesado como forma de reequilíbrio patrimonial; (2) Função punitiva: sanção consistente na aplicação de uma pena civil ao ofensor como forma de desestímulo de comportamentos reprováveis; (3) Função precaucional: possui o objetivo de inibir atividades potencialmente danosas. O sistema de responsabilidade civil não pode manter uma neutralidade perante valores juridicamente relevantes em um dado momento histórico e social. Vale dizer, todas as perspectivas de proteção efetiva de direitos merecem destaque, seja pela via material como pela processual, em um sincretismo jurídico capaz de realizar um balanceamento de interesses, através da combinação das funções basilares da responsabilidade civil. Certamente há uma função preventiva subjacente às três anteriores, porém consideramos a prevenção um princípio do direito de danos e não propriamente uma quarta função. A prevenção detém inegável plasticidade e abertura semântica, consistindo em uma necessária consequência da incidência das três funções anteriores. Isso não impede que se manifeste com autonomia, aliás, objetivo primordial da responsabilidade civil contemporânea. Repensar a responsabilidade civil significa compreender as exigências econômicas e sociais de um determinado ambiente. "Responsabilizar" já significou punir, reprimir, culpar; com o advento da teoria do risco, "responsabilizar" se converteu em reparação de danos. Agora, some-se à finalidade compensatória a ideia de responsabilidade como prevenção de ilícitos.

Na vertente polifuncional da responsabilidade civil, aplaude-se a autora por inserir a "accountability" no coração da indústria de carros autônomos, mediante a inclusão de parâmetros regulatórios preventivos, aptos à promoção de uma interação entre a *liability* do Código Civil com uma regulamentação voltada à governança de dados. compreendida como um guia para controladores e operadores, mediante a inserção de regras de boas práticas que estabeleçam procedimentos, normas de segurança e padrões técnicos em prol de consumidores, usuários e *bystanders*. Ilustrativamente, no momento atual em que circulam veículos automatizados (mas não autônomos), consideramos regra de ouro que todo veículo deve sempre ter um condutor pronto a assumir o volante. Pelo menos nesta fase de transição para uma geração mais "robusta" de veículos autônomos.

Não por outra razão, ao discorrer sobre os princípios da atividade de tratamento de dados, o art. 6. da lei 13.709/18 se refere à "responsabilização e prestação de contas", ou seja, *liability e accountability*. Aliás, ao tratar da avaliação de impacto sobre a proteção de dados, em um viés de direitos humanos, a RGPD da União Europeia amplia o espectro do *accountability* para que os *stakeholders* sejam cientificados sobre operações que impactem em vulneração ao livre desenvolvimento da personalidade, causem discriminação, violem a dignidade e o exercício da cidadania. Portanto, prima-se pela propagação de uma cultura de conformidade em festejo à governança.

Não se pode afastar a possibilidade de que, em reação a perspectiva de uma *liability* acrescida de uma *accountability*, os agentes econômicos respondam ao esforço conjunto de legislação e regulação, mediante a padronização de arranjos contratuais aptos à diluição dos custos dos acidentes. O recurso à gestão contratual dos riscos, pode ser dar mediante a limitação de responsabilidade ou a sua transferência ao usuário ou a seguradoras. Mas não podemos olvidar da assimetria informativa dos usuários, associada à sua frequente condição de consumidores, para a rígida aferição das cláusulas contratuais gerais. Neste ponto, mais uma vez, vê-se a diligência da autora no sentido de categorizar figuras contratuais que melhor se adaptem às novas exigências do mercado.

A Professora Cintia Pereira também ingressa na seara da "answerability". O termo é traduzido ao pé da letra como "explicabilidade", impondo-se como mais uma camada da função preventiva da responsabilidade, materializada no dever recíproco de construção da fidúcia a partir do imperativo da transparência (que é princípio expressamente previsto no art. 6o, VI, da LGPD). Enquanto *liability* e *accountability* centram a atenção no ente que conduz uma atividade ou exerce comportamento danoso ou potencialmente danoso – os chamados agentes da responsabilidade –, a *answerability* se prende ao outro lado da relação: os destinatários ou "pacientes" de responsabilidade, que podem exigir razões para ações e decisões tomadas por aquele que exerce o controle da atividade. Assim, inspirada por uma abordagem relacional, a responsabilidade como "explicabilidade" oferece, uma justificativa adicional para a tutela da pessoa humana, com enorme valia perante corporações e operadores que terceirizam responsabilidades para algoritmos. Temos aí o chamado "right to an explanation" com relação a específicas decisões automatizadas, significando que a decisão deve ser explicada de uma forma que o sujeito possa compreender o resultado. Prioriza-se uma revisão extrajudicial por humanos de decisões produzidas por algoritmos. A *answerability* não significa que se explique todo o processo causal que contribuiu para a ação ou decisão, mas sim que se possa saber o que é relevante. Ilustrativamente, todo carro autônomo deve ser dotado de uma "caixa preta" (*data logger*), nos moldes do que é adotado em aviões, que possuem "pilotos automáticos" e instrumentos de navegação, devendo registrar os dados para fins de auditoria em caso de acidentes que causem danos.

No mais, estamos diante de uma temática em constante evolução. Atualmente, poucos países oferecem algum tipo de regulamentação para que carros circulem sem motorista. A maioria ostenta Nível 2 de automação. Todavia, nos últimos três anos várias proposições legislativas surgiram no Brasil e no Exterior. Por aqui, cite-se o PL 1317/2023, que regulamenta veículos autônomos terrestres, cujo cerne é a responsabilidade civil por acidentes de trânsito, sendo a opção pela solidária ou exclusiva entre fabricante ou seu representante no Brasil e o proprietário, ou condutor, conforme o caso. O PL também cria um cadastro nacional de registro de incidentes e acidentes com veículos autônomos.

Ainda no Brasil, aplaudimos o Relatório Final da Comissão de Juristas, encartado em Anteprojeto encaminhado ao Senado Federal do Marco Legal de Inteligência Artificial, tendo como uma das principais preocupações limitar ou banir tecnologias de alto risco para a sociedade, sendo que todos os sistemas deverão obedecer a princípios como liberdade de escolha, transparência, rastreabilidade de decisões, responsabilização, reparação de danos, inclusão e não discriminação. Relativamente aos veículos autônomos, preconiza o Art. 17 que "São considerados sistemas de inteligência artificial de alto risco aqueles utilizados para as seguintes finalidades: VIII – veículos autônomos, quando seu uso puder gerar riscos à integridade física de pessoas".

Em 2021 a Alemanha se tornou o primeiro país da Europa a aprovar uma lei que viabiliza trânsito de carros autônomos em ruas e estradas. Para isso, os veículos devem ter uma série de tecnologias de segurança previstas em lei. A regra é para carros autônomos de Nível 4 (SAE), permitindo que o próprio sistema assuma todas as funções de direção. No entanto, o software pode identificar situações com a qual não consegue lidar. Nesse caso, será necessária a intervenção de um motorista habilitado, sentando no banco do condutor. O próximo passo será a introdução de veículos no nível 5 com sistema de direção totalmente autônoma, em um carro sem volante ou pedais. Em 2022 esse país criou uma comissão de ética responsável por decidir especificamente sobre veículos autônomos, emitindo relatório cujas recomendações podem servir de referência para a resolução de dilemas éticos e, portanto, servir de padrão para a programação desses veículos.

Por fim, em setembro de 2022 a Comissão Europeia publicou uma proposta de diretiva sobre a adaptação das regras extracontratuais de responsabilidade civil à inteligência artificial (*AI liability directive*). A Comissão propõe complementar e modernizar o quadro de responsabilidade da UE para introduzir novas regras específicas para danos causados por sistemas de IA garantindo que as pessoas prejudicadas por sistemas de IA desfrutem do mesmo nível de proteção que as pessoas prejudicadas por outras tecnologias. Dentre outras novidades, a diretiva cria uma presunção refutável de causalidade, para aliviar o ônus da prova para as vítimas demonstrarem danos causados por um sistema de IA.

Estamos diante de um desafio jurídico inédito: a interação de tecnologias digitais emergentes com o ambiente social. O fato é que a cada nova etapa evolutiva da inteligência artificial, amplia-se a sua autonomia e os propósitos e soluções que eram humanos se tornam próprios. Rumo à uma eventual "singularidade", a tecnologia gere os riscos e decide, consequentemente danos imprevisíveis são de sua essência. O Robô – seja ele um automóvel autônomo ou outro dispositivo – causa dano como um exercício regular da tarefa e não um defeito do produto por desvio à segurança exigível e esperada, pois a lesão decorre justamente do perfeito funcionamento da máquina e de sua autonomia criativa. Ninguém terá controle suficiente sobre ações da máquina para assumir a responsabilidade por ela, o que demandará uma atualização do conceito de "defeito": ao invés de uma falha de concepção, uma escolha ética de programação. Entre dois bens em perigo, qual deles o *self-driven car* irá sacrificar?

Todavia, a tecnologia não é uma força externa, sobre a qual não temos nenhum controle. A inteligência artificial, que nem é inteligência (propriedade de organismos e não de mecanismos) e nem é artificial (posto criada por humanos) se baseia no *input* e alimentação do passado para projetar um futuro, devendo servir e assistir ao humano em sua tomada de decisão não o substituir. Como reflete Klaus Schwab – autor da expressão "4. Revolução industrial" – não estamos limitados por uma escolha binária entre "aceitar e viver com ela" ou "rejeitar e viver sem ela". Na verdade, tomamos a dramática mudança tecnológica como um convite para refletirmos sobre quem somos e como vemos o mundo. Quanto mais pensamos sobre como aproveitar a revolução tecnológica, mais analisamos a nós mesmos e os modelos sociais subjacentes que são incorporados e permitidos por essas tecnologias. E mais oportunidades teremos para moldar a revolução de uma forma que melhore o estado do mundo.

Esta foi a premissa investigatória da bem sucedida tese de livre docência de Cíntia Rosa Pereira de Lima no âmbito da responsabilidade civil. No porvir da consolidação do mercado de carros autônomos, esperamos que as lições emanadas deste livro inspirem legislador e regulador na adoção de uma gestão de riscos, no qual a responsabilidade civil transcenda o papel de mecanismo de contenção de danos, abraçando a contenção de ilícitos e estratégias preventivas.

Belo Horizonte, abril de 2023.

Nelson Rosenvald

Pós-Doutor em Direito Civil na *Università Roma Tre* (IT-2011). Pós-Doutor em Direito Societário na Universidade de Coimbra (PO-2017). *Visiting Academic na Oxford University* (UK-2016/17). Professor Visitante na Universidade Carlos III (ES-2018). Doutor e Mestre em Direito Civil pela PUC/SP. Presidente do Instituto Brasileiro de Estudos de Responsabilidade Civil (IBERC). *Fellow of the European Law Institute* (ELI). *Member of the Society of Legal Scholars* (UK). Professor do corpo permanente do Doutorado e Mestrado do IDP/DF. Procurador de Justiça do Ministério Público de Minas Gerais.

SUMÁRIO

AGRADECIMENTOS VII

LISTAS DE SIGLAS E ABREVIAÇÕES XI

PREFÁCIO XV

CAPÍTULO 1 – INTELIGÊNCIA ARTIFICIAL 1

1.1 Origem e evolução da Inteligência Artificial 2

1.2 Terminologia, conceito e características da Inteligência Artificial 13

    1.2.1 Algoritmos 18

    1.2.2 Machine learning 21

    1.2.3 Mineração de dados 28

    1.2.4 *Machine behavior* 28

    1.2.5 Automação total e robótica 29

1.3 Inteligência Artificial e sua necessária regulação 33

    1.3.1 Diretrizes da OCDE sobre Inteligência Artificial 33

    1.3.2 Plano estratégico para o desenvolvimento da Inteligência Artificial nos Estados Unidos 35

    1.3.3 Plano estratégico para o desenvolvimento da Inteligência Artificial na Europa 36

1.4 Princípios para o desenvolvimento e uso da Inteligência Artificial: proposta de um plano nacional de Inteligência Artificial para o Brasil 39

1.5 Principais exemplos de utilização de Inteligência Artificial: desafios da sua implementação 43

    1.5.1 Desafios à proteção de dados pessoais em decorrência do uso de Inteligência Artificial 43

    1.5.2 Riscos e benefícios da aplicação da Inteligência Artificial na área da saúde 45

    1.5.3 Aplicação da Inteligência Artificial na predição de julgamentos e polícia preditiva 47

1.6 Alguns projetos de lei brasileiros sobre Inteligência Artificial 47

CAPÍTULO 2 – INTERNET DAS COISAS E SUA APLICAÇÃO NA AUTOMA-
ÇÃO DOS CARROS 49

2.1 Origem e evolução da internet das coisas 51

2.2 Terminologia, conceito e características da internet das coisas 53

2.3 Perspectivas regulatórias da internet das coisas 56

2.4 Plano nacional de internet das coisas: desafios ao *enforcement* do Decreto
9.854/2019 59

2.5 Internet das coisas: o exemplo de sua aplicação nos carros conectados e
mobilidade urbana 62

CAPÍTULO 3 – CARROS AUTÔNOMOS 67

3.1 Níveis de automação de carros e o estado da arte da Inteligência Artificial
aplicada aos carros autônomos 68

3.2 Conceitos e terminologia referente aos carros autônomos 71

    3.2.1 Carros automatizados 73

    3.2.2 Carros autônomos 74

    3.2.3 Carros conectados 75

3.3 Alguns exemplos e avanços no desenvolvimento dos carros autônomos..... 77

    3.3.1 Os requisitos para a realização dos testes dos carros autônomos... 80

3.4 Vantagens e desvantagens do uso de carros autônomos 83

    3.4.1 Os riscos decorrentes dos ataques cibernéticos 84

3.5 O "dilema do bonde" e a tomada de decisões em situações extremas 86

3.6 A regulação da automação de carros segundo a experiência de alguns
países 88

    3.6.1 Alemanha 90

    3.6.2 Austrália 94

3.7 A necessária regulação para o desenvolvimento e implantação de carros
autônomos no Brasil 95

3.8 Tendências e impactos da automação de carros na indústria automotiva.... 97

CAPÍTULO 4 – RESPONSABILIDADE CIVIL PELOS DANOS DECORRENTES
DE ACIDENTES COM CARROS AUTÔNOMOS 103

4.1 Análise econômica da responsabilidade civil pelos acidentes com carros
autônomos 104

4.2 O regime da responsabilidade civil diante da inexistência da relação de
consumo no uso de carros autônomos 114

4.2.1	Responsabilidade subjetiva aplicada aos acidentes com carros autônomos	119
4.2.2	Elementos da responsabilidade civil subjetiva aplicada aos acidentes com carros autônomos	124
4.2.3	Proposta para um regime de responsabilidade civil específico aos carros autônomos	132

4.3 Responsabilidade objetiva no Código de Defesa do Consumidor aplicada aos acidentes com carros autônomos 135

4.3.1	A figura do consumidor equiparado: as vítimas dos acidentes de consumo e as pessoas expostas às práticas comerciais envolvendo carros autônomos	144
4.3.2	Excludentes da responsabilidade civil e a aplicação da tese do "fortuito interno" e "fortuito externo" no contexto dos carros autônomos	150
	4.3.2.1 Os comportamentos emergentes de máquinas como fortuito externo	157
4.3.3	Responsabilidade pelos incidentes de consumo: rumo a uma nova caracterização do defeito do produto e do serviço conforme o estado da arte do desenvolvimento de tecnologias de IA aplicadas aos carros autônomos	160
	4.3.3.1 O *Recall* de carros autônomos	166
4.3.4	Desafios à solidariedade entre os fornecedores de peças e das tecnologias aplicadas aos carros autônomos	169

4.4 A problemática sobre o dano não indenizável no contexto dos carros autônomos 173

4.4.1	Criação de um fundo para indenizar os prejuízos sofridos em decorrência de acidentes com carros autônomos	176

4.5 Inversão do ônus da prova e distribuição dinâmica do ônus da prova 177

4.6 O regime jurídico da responsabilidade os programadores dos *softwares* usados na Inteligência Artificial em carros autônomos 181

4.6.1	Direito de regresso dos proprietários da tecnologia de Inteligência Artificial em carros autônomos	184

4.7 Responsabilidade civil e contrato de transporte: especificidades para sua aplicação no contexto dos carros autônomos 186

REFERÊNCIAS 189

Capítulo 1
INTELIGÊNCIA ARTIFICIAL

Il fato che si parta dall'uomo come riferimento o modello può portare a risultati molto diversi: a cercar di replicare l'uomo nella macchina o a far sì che l'uomo si faccia macchina esso stesso, oggetto tra gli oggetti, appunto "homme-machine".

Stefano Rodotà[1]

A ideia do que se denomina "inteligência artificial" não é nova. Entretanto, o desenvolvimento desta tecnologia, bem como a sua intensa utilização em atividades do cotidiano cada vez mais, é algo inovador e demanda do jurista uma resposta para alguns relevantes problemas sociais. Além disso, o uso das tecnologias de inteligência artificial é muito amplo, os mais proeminentes são: robótica, visão computacional, carros autônomos, reconhecimento de fala e processamento de linguagem natural.[2]

Por isso, é importante compreender o conceito e a amplitude desta expressão, bem como suas limitações e evoluções, para a correta compreensão dos carros autônomos. Por isso, neste capítulo inicial, analisa-se o surgimento e o desenvolvimento da inteligência artificial, bem como explica e conceitua o funcionamento da IA a partir de diversas técnicas que são aplicadas. Assim, o capítulo 1 pavimenta o caminho para a compreensão da utilização da inteligência artificial nos carros autônomos.

---

1. *Il diritto di avere diritti*. Roma: Gius. Laterza & Figli, 2012. p. 313: "O fato de partir do homem como referência ou modelo pode levar a resultados muito diferentes: tentar replicar o homem na máquina ou fazer com que o homem se faça uma máquina, um objeto entre objetos, precisamente "homem--máquina". (tradução livre)
2. A comunidade usa "Processamento de Língua Natural". A linguagem é a capacidade que os seres humanos têm para produzir, desenvolver e compreender a língua, ou seja, o conjunto de elementos que permitem a comunicação. Segundo o Dicionário da Língua Portuguesa. São Paulo: Livro Mor Editora Ltda, s.d. v. III, p. 1.355: "Linguagem – emprego da palavra para exprimir as ideias; qualquer meio de comunicar o pensamento ou de exprimir o sentimento; maneira de falar; (...)".

Percebe-se que existem muitas vantagens da aplicação da IA em diversos setores, como na área da saúde, mobilidade urbana, agricultura e indústria; entretanto, há muitos pontos de incerteza quanto à requalificação da mão de obra, proteção dos direitos e garantias fundamentais, e etc. Por isso, buscam-se estabelecer diretrizes éticas para o desenvolvimento e implementação da IA em diversos setores, como se verá neste capítulo.

1.1 ORIGEM E EVOLUÇÃO DA INTELIGÊNCIA ARTIFICIAL

A ideia de inteligência artificial surgiu a partir do trabalho de Warren McCulloch e Walter Pitts, em 1943.[3] Este trabalho foi estruturado em três premissas: conhecimento da fisiologia básica e função dos neurônios no cérebro; análise formal da lógica proposicional ("e", "ou", "não"); e a teoria da computação de Turing (que será descrita abaixo). O resultado foi a proposta de um modelo de neurônios artificiais capazes de responder a estímulos.[4]

A partir destes estudos, a expressão foi utilizada pela primeira vez por John McCarthy,[5] considerado como o "pai" da Inteligência Artificial (IA ou *Artificial Intelligence – AI*). John McCarthy, professor assistente de matemática em *Dartmouth College* (Hanover, Nova Hampshire), juntamente com outros três pesquisadores: Marvin Minsky de *Harvard*, Nathan Rochester da *IBM* e Claude Shannon do *Bell Telephone Laboratories*, passaram a estudar as possibilidades da IA. McCarthy propôs uma conferência de verão sobre o tema que foi realizada em Dartmouth. Este evento, realizado no verão de 1956, patrocinado pela Fundação Rockefeller, contou com a participação de vários pesquisadores de destaque, que fizeram contribuições fundamentais para o campo.[6]

McCarthy, um visionário à época, acreditava que um computador poderia simular muitos ou todas as funções cognitivas humanas avançadas, chegando a afirmar: "Every aspect of learning or any other feature of intelligence can be so precisely described that a machine can be made to simulate it."[7]

---

3. McCULLOCH, Warren; PITTS, Walter. A Logical Calculus of Ideas Immanent in Nervous Activity. *Bulletin of Mathematical Biophysics*, v. 5, n. 4 (1943), p. 115-133.
4. RUSSELL, Stuart J.; NORVIG, Peter. *Artificial Intelligence*: A Modern Approach. 3. ed. New Jersey: Prentice-Hall, 2010. p. 17.
5. McCARTHY, John; MINSKY, M. L.; ROCHESTER, N.; SHANNON, C. E. A Proposal for the Dartmouth Summer Research Project on Artificial Intelligence. *Stanford Edu*, 1955. Disponível em: http://www-formal.stanford.edu/jmc/history/dartmouth/dartmouth.html. Acesso em: 20 dez. 2019.
6. KAPLAN, Jerry. *Artificial Intelligence*: What everyone needs to know. Oxford: Oxford University Press, 2016. p. 13.
7. McCARTHY, John; MINSKY, M. L.; ROCHESTER, N.; SHANNON, C. E. A Proposal for the Dartmouth Summer Research Project on Artificial Intelligence. *AI Magazine*, v. 27, n. 4 (2006), p. 12. Disponível em: file:///Users/CintiaRosa/Downloads/1904-Article%20Text-1900-1-10-20080129%20(1).pdf. Acesso em: 20 dez. 2019.

O cientista pontuava que a única limitação é a capacidade do ser humano em desenvolver computadores e programas que pudessem realizar tais tarefas com maior eficiência. Ele desenvolveu, no *MIT*, uma linguagem de programação de IA que foi utilizada por 3 décadas: a *high-level language (Lisp)*.

Neste mesmo ano de 1956, em um *workshop* no *MIT*, o psicólogo e professor de *Harvard*, George A. Miller[8] apresentou os resultados de suas pesquisas que demonstraram a limitação do ser humano em armazenar informação ("memória curta"), traduzida na conhecida *Lei de Miller* de que o ser humano (adulto) tem capacidade para armazenar 7 "pedaços" de informação (com uma variável de dois para mais ou para menos). Ele notou que a extensão da memória é aproximadamente a mesma para estímulos com uma quantidade muito diferente de informações, por exemplo, dígitos binários têm 1 bit cada; dígitos decimais têm 3,32 bits cada; as palavras têm cerca de 10 bits cada. Miller concluiu que a extensão da memória não é limitada em termos de bits, mas em termos de "pedaços" (*chunks*). Um pedaço é a maior unidade significativa no material apresentado que a pessoa reconhece. Por exemplo, uma palavra pode ser reconhecida como um pedaço único para quem é fluente em determinado idioma, mas será codificada em muitos pedaços para alguém que não conhece totalmente o idioma e, portanto, interpreta a palavra como uma coleção de segmentos fonéticos. Este raciocínio contribuiu muito para o processamento de língua natural, ferramenta de suma importância para as aplicações de Inteligência Artificial.

Outra teoria importante para a ideia da IA tomar corpo foi a de Noam Chomsky,[9] professor Emérito de Linguística do *MIT*, considerado o "pai da linguística moderna." Sua teoria foi importante para construir a denominada "linguística cognitiva", ou seja, o funcionamento da linguagem no cérebro humano. Ele defendia que a linguagem é inata ao ser humano, por isso, uma criança pode aprender diversos idiomas apenas ouvindo (observação). Ele defende que

---

8. The Magical Number Seven, Plus or Minus Two Some Limits on Our Capacity for Processing Information. *Psychological Review*, v. 101, n. 2, p. 343-352. Disponível em: http://www2.psych.utoronto.ca/users/peterson/psy430s2001/Miller%20GA%20Magical%20Seven%20Psych%20Review%201955.pdf. Accsso cm: 10 mar. 2020. p. 09: "If immediate memory is like absolute judgment, then it should follow that the invariant feature in the span of immediate memory is also the amount of information that an observer can retain. If the amount of information in the span of immediate memory is a constant, then the span should be short when the individual items contain a lot of information and the span should be long when the items contain little information. For example, decimal digits are worth 3.3 bits apiece. We can recall about seven of them, for a total of 23 bits of information. Isolated English words are worth about 10 bits apiece. If the total amount of information is to remain constant at 23 bits, then we should be able to remember only two or three words chosen at random. In this way, I generated a theory about how the span of immediate memory should vary as a function of the amount of information per item in the test materials."
9. Three Models for the Description of Language. Disponível em: https://chomsky.info/wp-content/uploads/195609-.pdf. Acesso em: 20 mar. 2020.

o cérebro humano já vem formatado com uma ferramenta que ele chamou de "Language Acquisition Device" – LAD", que codifica os princípios linguísticos e a estrutura gramatical. Estes fundamentos foram essenciais para desenvolver o processamento da língua natural pela ciência da computação.

Por fim, deve-se destacar a valiosa contribuição de Hebert Simon, cientista político, que ganhou um Prêmio Nobel pela teoria da racionalidade, que envolve importantes características da natureza humana e a tomada de decisões, e Allen Newell, cientista da computação.[10] Ambos desenvolveram um programa chamado *Logic Theorist,* capaz de resolver problemas com base na linguagem de *programação IPL,* inspirada na linguagem de programação *LISP* de McCarthy. Este programa comprovou a possibilidade de equacionar problemas com base em preceitos lógicos, que se tornou um dos fundamentos da inteligência artificial.

Os primeiros anos da inteligência artificial revelaram um grande sucesso, sendo o *GPS* ("General Problem Solver") a primeira aplicação do "pensar como seres humanos". Em outras palavras, este sistema desenvolvido Newell e Simon, em 1976, comprovaram a famosa hipótese do sistema de símbolos físicos, ou seja, a partir de informações necessárias e suficientes pode-se adotar uma ação inteligente.[11]

Contudo, estas pesquisas passaram por períodos de "dormência" (*AI winter*) tendo em vista a oposição de muitos respeitados cientistas, como os notáveis filósofos Hubert Dreyfus e John Searle (ambos na Universidade da Califórnia em Berkeley).

Hubert Dreyfus[12] alertou que os idealizadores da inteligência artificial não se atentaram ao fato de que o cérebro humano funciona de maneira global, portanto, totalmente diferente do sistema de informação. O autor conclui que, por tais razões, não se pode afirmar que toda informação que possa ser processada pode ser assimilada pelo computador, *in verbis*:

> *A digital computer solving the equations describing an analogue information-processing device and this simulating its function is not thereby simulating its information processing. It is not processing the information which is processed by the simulated analogue, but entirely different information concerning the physical or chemical properties of the analogue. Thus, the strong claim that every processable form of information can be processed by a digital computer is misleading.*

---

10. The logic theory machine. A complex information processing system. *Institute of Radio Engineers, Transactions on information theory,* v. IT-2, n. 3, 1956, p. 61-79. Disponível em: http://shelf1.library.cmu.edu/IMLS/MindModels/logictheorymachine.pdf. Acesso em: 20 mar. 2020.
11. RUSSEL, Stuart; NORVIG, Peter. Op. cit., p. 18.
12. Alchemy and Artificial Intelligence. *Relatório de Rand Corporation.* Dezembro, 1965. p. 3244. Disponível em: http://www.rand.org/content/dam/rand/pubs/papers/2006/P3244.pdf. Acesso em: 15 mar. 2020.

Em outra obra, intitulada *What Computers can't Do,*[13] Hubert L. Dreyfus retoma sua crítica afirmando que *"there is no present hope of dispensing with this creative act,"* ou seja, não há nenhuma evidência que o computador pode desenvolver raciocínios criativos tal como os seres humanos fazem.

Vinte anos depois, a crítica foi retomada na obra, *"What Computers can't Still Do,*[14] o professor de filosofia da Universidade de Berkeley (Califórnia), vê com ressalvas a ideia de se equiparar os computadores aos seres humanos.

John Searle[15] também foi um crítico da inteligência artificial, afirmando que as teorias anteriores sobre IA não demonstraram que um computador digital executando um programa possui uma "mente", "entendimento" ou "consciência", independentemente de quão inteligente ou semelhante ao humano o programa possa fazer o computador se comportar.

Estes críticos, ao que nos parece, primeiro fundamentavam suas críticas na precariedade dos computadores à época (baixa capacidade de armazenamento e processamento), especificamente no caso de Hubert Dreyfus; segundo, no terror causado pela suposta equiparação das máquinas aos seres humanos. A primeira crítica pode ser afastada tendo em vista o grande avanço da ciência da computação e o aprimoramento dos *hardwares* e *softwares*. Quanto à segunda crítica, é um tanto exagerada, pois a inteligência artificial não propõe ser humanizada, ao contrário, estas ferramentas surgem e são desenvolvidas para a melhoria da qualidade de vida dos seres humanos (essa, inclusive, é uma diretriz ética para a IA constante em diversas propostas de regulação que serão analisadas no item 1.3 deste capítulo).

Assim, a utilização de programas baseados em IA é muito diversificada, vai desde uma aplicação de jogo de tabuleiro (inteligência artificial unipropósito) à possibilidade de reconhecimento facial, bem como diagnosticar condições médicas, compor música no estilo de Beethoven ou Bach, e até carros autônomos (*driverless cars*), dita inteligência artificial multipropósito. Estas possíveis aplicações justificam o uso da expressão "inteligência artificial", pois são desempenhadas por máquinas de maneira muito parecida com a atuação do ser humano.

---

13. *What Computers Can't Do. A critique of artificial reason.* Nova York: Harper & Row Publishers, 1972. p. 211.
14. *What Computers Can't Still Do. A critique of artificial reason.* Nova York: MIT Press, 1992. Posteriormente, o filósofo escreveu outro livro importante para uma visão sobre a crítica à IA, desta vez em coautoria com seu irmão Stuart Dreyfus: DREYFUS, Hubert L.; Stuart. E. *Mind over machine - the power of human intuition and expertise in the era of the computer.* Nova York: The Free Press, 1986.
15. SEARLE, John R. Minds, Brains and Programs. *The Behavioral and Brain Sciences,* v. 03, p. 417-457. 1980. Disponível em: https://www.law.upenn.edu/live/files/3413-searle-j-minds-brains-and-programs-1980pdf. Acesso em: 20 dez. 2019.

De fato, destaca-se que o embrião de um robô foi desenvolvido pelo *SRI -Stanford Research Institute International*,[16] uma associação sem fins econômicos, que surgiu a partir da equipe de pesquisadores, maiores especialistas em visão computacional, mapeamento, planejamento, aprendizado e recuperação de erros (entre outros), que desenvolveu, em 1970, o robô *Shakey*. *Shakey* foi o primeiro veículo com automação,[17] isto é, um carrinho de rolagem, que poderia navegar pelo ambiente controlado dos laboratórios e salas do *SRI*. Apesar de seu uso limitado, *Shakey* deu ao mundo um dos primeiros vislumbres de um programa de IA real incorporado em uma forma móvel (robô). O mundo ficou estarrecido quando *Shakey*, ao se deparar com um obstáculo (uma cadeira), parou para formular sua próxima ação, levando à indagação se teria sido apenas a trituração de números ou teria ficado perdido em pensamentos? A partir deste acontecimento, a *Revista Life* se referiu a *Shakey* como a "primeira pessoa eletrônica" em 1970.[18]

Destaca-se que a robótica não é a única aplicação de inteligência artificial, existem diversas outras como serão detalhadas a seguir neste capítulo. Todavia, parece existir um *frisson* quando se conecta IA à robótica, muito provavelmente em função de um imaginário fértil dos anseios e medos da humanidade.

Pode-se questionar e duvidar de que as máquinas são "apenas" máquinas sem inteligência, até mesmo se desfazendo dos filmes de ficção científica. Entretanto, Jerry Kaplan[19] alerta que, superada esta fase da negação, deve-se reconhecer que as tarefas que os humanos realizam, para as quais se exige alguma engenhosidade humana, são simplesmente mais suscetíveis à automação.

Na verdade, para a completa compreensão da expressão "inteligência artificial" deve-se atentar para os seus oito fundamentos,[20] a saber: 1) Filosofia; 2) Matemática; 3) Economia; 4) Psicologia; 5) Engenharia da Computação; 6) Teoria do Controle (*Controll Theory* e Cibernética; 7) Linguística; e 8) Neurociência. A partir desta constatação, justifica-se a primeira dificuldade no estudo da matéria, que é essencialmente interdisciplinar.

Filosofia, pois inteligência artificial tem por premissa o silogismo, desenvolvido por Aristóteles, e o racionalismo de René Descartes. Porém para René

---

16. O instituto surgiu na Universidade de Stanford em 1946, mas em 1977 foi separado da Universidade, passando a ser denominado como "SRI – Stanford Research Institute", localizado no Menlo Park, Califórnia, USA, visto como o ponto zero do que se conhece hoje pelo Vale do Silício (Califórnia). Cf. www.sri.com.
17. Cf. https://www.forbes.com/sites/gilpress/2020/01/20/12-ai-milestones-shakey-the-robot/#-521858db5400. Acesso em: 1º mar. 2020.
18. DARRACH, Brad. Meet Sharkey, the first electronic person. The fascinating and fearsome reality of a machine with a mind of its own. *Life Magazine*, v. 69, n. 21, p. 57-59. 20.11.1970.
19. Op. cit., p. 07.
20. RUSSELL, Stuart J.; NORVIG, Peter. Op. cit., p. 05-15.

Descartes, o ser humano seria composto de uma parte física e outra para além da natureza, que é sua alma ou espírito. Em contraponto, o materialismo sustenta que todo o cérebro que funcione de acordo com as leis da física constitui uma "mente". A linguagem de programação dos algoritmos estrutura-se a partir do silogismo e racionalismo traduzidos em fórmulas matemáticas.

A *Matemática*, por razões óbvias, é outro fundamento da inteligência artificial, dada a aplicação da lógica, computação e probabilidade nas tecnologias de IA.

A *Economia*, por sua vez, também é fundamental para a construção da premissa da inteligência artificial, ou seja, os economistas estudam e traçam estratégias de como realizar as escolhas certas para obter os melhores resultados. Um dos pesquisadores pioneiros em IA, Herbert Simon foi agraciado com a medalha Alan Turing pela *Association for Computing Machinery (ACM)* e com o Nobel da Computação, pelas suas pesquisas em IA e processamento de listas e filas, além do Prêmio Nobel de Economia em 1978 por seu trabalho sobre tomada de decisões que são "suficientemente boas", em vez de calcular laboriosamente uma decisão ótima.

A *Psicologia* contribuiu muito para o surgimento e desenvolvimento da inteligência artificial, em especial a partir do estudo do comportamento humano (*behaviorismo*), ou seja, a ciência comportamental cognitiva. Portanto, a partir dos estudos sobre o comportamento do ser humano, foi possível representá-lo em programas de computador.

Inegável o avanço da IA a partir da *Engenharia da Computação*, isto porque a inteligência artificial para funcionar precisa de um artefato, e o computador foi o eleito. Assim, o desenvolvimento de tecnologia de IA foi potencializado pelo surgimento e aprimoramento dos *hardwares* e *softwares* e vice-versa, além do computador, destaca-se o celular e outros suportes mecânicos nos quais pode ser aplicado um programa computacional.

A *Teoria do Controle (Control Theory)* ou *Cibernética* tem uma participação importante no desenho das técnicas aplicadas à inteligência artificial, notadamente a partir do pensamento de Norbert Wiener (*Cibernética*, 1948).[21] O professor de matemática do *MIT*, utilizou a expressão "cibernética", originada do grego κυβερνητης, que significa comandante, para representar a teoria do comando e da transmissão de informações seja em máquinas, seja em seres vivos, *in verbis*:

---

21. WIENER, Norbert. *Cybernetics: Or Control and Communication in the Animal and the Machine*. 2. ed. Cambridge, Massachusetts: MIT Press, 1961. p. 11. Este é a segunda edição da obra que foi publicada pela primeira vez em 1948.

After much consideration, we have come to the conclusion that all the existing terminology has too heavy a bias too one side or another to serve the future development of the field as well as it should; and as happens so often to scientists, we have been forced to coin at least one artificial neo-Greek expression. To fill the gap. We have decided to call the entire field of control and communication theory, whether in the machine or in the animal, by the name of Cybernetics, which we form from the Greek κυβερνητης or steemans.

Neste sentido, é evidente o quanto estas ideias alavancaram o desenvolvimento da inteligência artificial, podendo ser entendida como inicialmente uma teoria geral matemática de processos e sistemas de transformação de informações para num segundo momento a concretização de processos e sistemas de transformação destas informações que podem ser físicos, fisiológicos ou psicológicos, e, por derradeiro, a realização técnica ou transformações destes processos e sistemas. Em síntese, cibernética é a "teoria ou técnica das mensagens, e dos sistemas de processamento de mensagens".[22]

Ainda sobre os fundamentos da inteligência artificial, esta e a *Linguística* moderna estão umbilicalmente ligadas no campo da linguística computacional ou processamento de língua natural. Nota-se que a linguística tem se tornado cada vez mais complexa, pois para se compreender a língua requer uma compreensão não só do assunto, mas do contexto também. Portanto, não basta apenas um conhecimento da sintática, o que tem sido um grande desafio ao avanço da aprendizagem de máquina, que será tratado adiante (item 1.2.2).

Por fim, a *Neurociência* é o estudo do sistema nervoso, notadamente do cérebro, portanto, claramente é fonte inspiradora da inteligência artificial, que parte da ideia estrutura do cérebro como é o caso das redes neurais artificiais, adiante detalhadas. Russel Stuart (professor da ciência da computação na Universidade da Califórnia em Berkeley) e Peter Norvig (Diretor da *Google* e projetista de alguns algoritmos das ferramentas de busca) fazem uma interessante comparação entre a estrutura do cérebro humano (neurônios e sinapses) e o sistema de computação, em que os "*supercomputadores*" têm uma capacidade de armazenamento e de transmissão bem próxima ao cérebro humano em quantidades de neurônios e, consequentemente, sinapses. Todavia, os autores alertam para os mistérios que pairam pela "inteligência humana": "Even with a computer of virtually unlimited capacity, we still would not know how to achieve the brain's level of intelligence."[23]

---

22. FRANK, Helmar G. *Cibernética e filosofia*. Trad. Celeste Aída Galeão. Rio de Janeiro: Edições Tempo Brasileiro, 1970. p. 27.
23. Op. cit., p. 12.

É comum se perguntar neste contexto, se o computador irá substituir os seres humanos, se a *blockchain*[24] substituirá os Registros Públicos, se algumas tecnologias de aprendizagem de máquina substituirão algumas profissões, como advogados e juízes para se ater somente a algumas carreiras jurídicas. Na verdade, é inegável que os computadores excedem os limites humanos, primeiro por não terem as limitações próprias da condição humana, como necessidades fisiológicas; segundo, pela enorme capacidade de analisar informações. Neste sentido, não seria absurdo afirmar que os computadores superam as capacidades humanas em muitas tarefas atualmente, incluindo aquelas para as quais se exige inteligência humana, como dirigir carros, prever epidemias, resumir Diários Oficiais e outros comunicados de imprensa.

Mas afinal, estes computadores e programas foram criados pelos seres humanos justamente para otimizar essas tarefas que eles desempenham com maior eficiência que os seres humanos; mas não para substituí-los. Assim, entendemos que os computadores e os programas devem ser desenvolvidos com um limite ético inexorável, qual seja, a de auxiliar e otimizar a rotina dos seres humanos ("human-centric"). Em outras palavras, a inteligência artificial, bem como outras tecnologias, são meios para melhorar a qualidade da vida dos seres humanos (estes sim dotados de razão no sentido kantiano).

Neste sentido, a inteligência artificial como qualquer outro progresso científico e tecnológico tem suscitado controvérsias. Yval Noah Harari[25] faz algumas análises interessantes sobre como o progresso científico, sempre fundado na melhoria da qualidade de vida do ser humano, tem trazido riscos concretos e sérios para sua própria existência. Os avanços científicos prometem mais "felicidade", o que o autor confronta, pois não se pode afirmar que a sociedade atual seja mais feliz.

Para evitar estas deturpações das finalidades precípuas dos avanços científicos e tecnológicos, justifica-se estabelecer padrões éticos para um Plano Nacional de Inteligência Artificial, o que será analisado no final deste capítulo.

---

24. A *Blockchain* é um livro-razão, utilizado para o registro de transações pela internet e inicialmente estruturada como suporte para as transações realizadas em *Bitcoins*. É um banco de dados que tem a função de registrar qualquer transação e rastrear o movimento dos ativos, sejam tangíveis ou intangíveis. Cf. DE FILIPPI, Primavera; WRIGHT, Aaron. *Blockchain and the Law*. Cambridge, Massachussetts: Harvard University Press, 2018. p. 03: "Using a blockchain, anyone can exchange digital currencies, such as bitcoin, or other valuable assets, without the need to rely on a centralized clearinghouse and without affirmatively disclosing their identity. Blockchains are sitting behind novel peer-to-peer remittance systems that decrease the cost of sending funds abroad, and the technology has found an early foothold in the financial services industry, powering new decentralized systems that strike at the heart of global finance, including decentralized securities and derivatives exchanges."

25. *Sapiens: uma breve história da humanidade*. 49. ed. Trad. Janaína Marcoantonio. Porto Alegre: L&PM, 2019. p. 361-363.

Espera-se, portanto, que a *blockchain,* assim como outras tecnologias, auxiliem e otimizem a função notarial e registral, mas não a substituam; a tecnologia de aprendizagem de máquina irá fazer o mesmo com a função jurisdicional e dos advogados, não podendo suprimir estas relevantes funções.

Neste sentido, interessante a conclusão de Jerry Kaplan,[26] professor de ética e inteligência artificial na Universidade de Stanford, ao afirmar que as novas tecnologias de inteligência artificial prometem melhorar drasticamente a produtividade em várias áreas anteriormente resistentes à automação. Porém, o autor alerta sobre o risco de se devastar muitas profissões. Entretanto, sempre será necessário um ser humano para projetar o *layout,* programar um determinado programa e supervisionar o trabalho desempenhado pela máquina. Para evitar estes inconvenientes, um senso comum nas diversas diretrizes éticas sobre inteligência artificial analisadas no item 1.3 deste capítulo diz respeito à capacitação e requalificação de trabalhadores que perderão seus postos de trabalho pela automação.

Em outras palavras, o trabalho humano sempre será necessário, porém reinventado, pois é inevitável que diversas funções desempenhadas pelos seres humanos serão realizadas por máquinas de maneira mais eficiente. A regra geral é quanto menos habilidades um determinado trabalhador utiliza, mais vulnerável ele ou ela estará à automação, ou seja, à substituição por uma máquina. Mas mesmo que apenas uma parcela do processo produtivo seja automatizada a fim de melhorar a produtividade, haverá uma redução dos postos de trabalho.[27]

Entretanto, em outra obra, Yval Noah Harari,[28] ao analisar o desenvolvimento da inteligência artificial, sintetiza que o avanço nas ciências da vida e nas ciências sociais viabilizou que o ser humano fosse "*hackeado*" (na expressão do autor), ou seja, a compreensão dos mecanismos bioquímicos em torno das emoções, dos desejos e das escolhas humanas tornou possível que fossem replicados por máquinas. Mas a ameaça de perder um emprego "não resulta apenas da ascensão da tecnologia da informação, mas de sua confluência com a biotecnologia". Para evitar estes problemas sociais devem-se consolidar políticas públicas para incentivar a requalificação da mão de obra.

Estas possibilidades foram desenvolvidas a partir da década de 1980, com base em símbolos e lógica, e diversas empresas (*startups*) passaram a oferecer programas de computador denominados "mecanismos de inferência" para otimizar

---

26. Op. cit., p. 119.
27. Idem, p. 116.
28. *21 lições para o século 21.* Trad. Paulo Geiger. 9. reimp. São Paulo: Companhia das Letras, 2018. p. 41-42.

o trabalho dos funcionários das empresas. Estes sistemas foram, inicialmente, classificados em dez categorias, quais sejam: interpretação, previsão, diagnóstico, *design*, planejamento, monitoramento, depuração, reparo, instrução e controle.

Contudo, como adiante se verá no item 1.3, para minimizar os efeitos adversos destes avanços, existem propostas de diversos países que estabelecem diretrizes éticas para a inteligência artificial e ressaltam sempre o bem-estar do ser humano.[29]

Para se alcançar este objetivo central da IA, deve-se compreender o seu funcionamento. Quanto ao desenvolvimento das ferramentas que são utilizadas na inteligência artificial, houve um importante avanço dado ao aumento da capacidade de armazenamento, velocidade na análise dos dados armazenados, sofisticação das fontes de dados (especialmente em razão da disponibilização de informações em formatos eletrônicos). Tudo isso fez com que os sistemas de IA fossem remodelados.

A inteligência artificial tem dois grandes ramos, quais sejam: a *computação simbólica* (*LISP, IPL, Prolog*) estruturada em uma linguagem que usa caracteres ou símbolos para representar conceitos; e a *computação conexionista*, por sua vez, fundamenta-se nas redes neurais. A primeira corrente surgiu por volta de 1950 e prevaleceu até 1960, época em que se acreditava poder replicar a linguagem humana nas máquinas usando a programação *LISP, IPL* ou *Prolog*, que construíam diversas regras não necessariamente em ordem para replicar a linguagem humana nas máquinas. Todavia, este sistema não se mostrou satisfatório na medida em que muitas destas regras entravam em conflito em seu processamento, além disso, a análise semântica da comunicação humana revelou-se demasiadamente complexa para que pudessem ser resumidas nesta linguagem de programação. Por isso, a corrente dos *conexionistas* ou *das redes neurais* pretendeu resolver estes entraves.

A *computação conexionista* viveu uma *primeira onda* pouco frutífera em virtude do número insuficiente de máquinas para que pudessem replicar uma rede neural como a do cérebro humano. Na *segunda onda*, com computadores melhores, esta corrente enfrentou um outro problema relacionado ao contexto temporal, ou seja, como criar uma dinamicidade nas *redes neurais artificiais*. Assim, na *terceira onda*, os *conexionistas* avançaram muito ao desenvolver as *redes neurais artificiais temporizadas*, hoje muito utilizadas nas ferramentas de inteligência artificial. Tanto a *computação simbólica* quanto a *conexionista*

---

29. CATH, Corinne; WACHTER, Sandra; MITTELSTADT, Brent; TADDEO, Mariarosaria; FLORIDI, Luciano. Artificial Intelligence and the "Good Society": the US, EU, and UK approach. *Science and Engineering Ethics*. New York: Springer, v. 23, n. 02, p. 09, jan. 2017.

depende de treino, ou seja, do *input* do ser humano ao alimentar os programas com informações.

As ferramentas com base na física de símbolos hoje são utilizadas em diversas aplicações, tais como: aplicativos de direção que dão instruções de rotas e de condução (ex. acender os faróis, excesso de velocidade e etc.), aplicações de jogos, análise de contratos legais e regulamentos, até como orientações em receitas culinárias e controle do tráfego aéreo. Mas este é um subcampo da IA, chamado "planejamento", entendido como aquele que se preocupa com o desenvolvimento de técnicas para abordar problemas que exigem a formulação de uma série de etapas para alcançar algum objetivo desejado.[30]

Superados alguns estágios e testes dos limites e dos usos das técnicas de inteligência artificial, passou-se a buscar novos desafios, como a possibilidade concreta de se dirigir um carro sem a intervenção humana.

Mas de tudo o que foi desenvolvido até hoje, não há evidências de que o desenvolvimento tecnológico caminha para a criação de "*máquinas oniscientes*" ou "*superinteligentes*" como destaca, Jerry Kaplan:[31]

> *Many, including myself, find it hard to connect the dots from today's actual technology to these far-flung visions of the future. Indeed, the mundane truth is that little to no evidence supports the view that today's technologies signal the approach of omniscient, superintelligent machines.*

A evolução das tecnologias de inteligência artificial depende muito do campo em que são aplicadas. Por exemplo, o campo da robótica, especificamente as capacidades físicas dos robôs avançam bem lentamente, pois dependem dos avanços nos materiais, *design* de engrenagens e do motor, e etc. Por outro lado, o aprendizado de máquina está evoluindo muito rapidamente, em grande parte devido à digitalização de todas as informações, notadamente em função do crescente uso da Internet. Não é raro notar que, muitas vezes, um novo algoritmo ou novo conceito desencadeia um progresso significativo. Isto tudo porque o avanço na computação, na capacidade de armazenamento, na exploração da rede, na disponibilidade de dados ou na comunicação gera um ambiente muito propício ao desenvolvimento de novas técnicas de inteligência artificial, bem como o aprimoramento das que já existem.

Em síntese, entende-se por "inteligência artificial" qualquer sistema que possa analisar o ambiente em que se encontre, realizar algumas tarefas para se atingir um determinado resultado com algum nível de autonomia. O conceito de IA será retomado no próximo item (1.2).

---

30. KAPLAN, Jerry. Op. cit., p. 25.
31. Op. cit., p. 141.

1.2 TERMINOLOGIA, CONCEITO E CARACTERÍSTICAS DA INTELIGÊNCIA ARTIFICIAL

A expressão "inteligência artificial" é complexa por duas principais razões: – a primeira diz respeito à dificuldade em se definir o que seria inteligência; – a segunda, em função do engano ou superficialidade que o fato de resolver um problema mediria a inteligência. No entanto, não basta resolver o problema, deve-se avaliar como foi resolvido.

Em linhas gerais, segundo Stuart Russel e Peter Norvig,[32] pode-se definir "inteligência artificial" como o estudo da ação racional, ou seja, planejar ou elaborar um plano de ação para atingir os objetivos determinados por alguém.

De fato, atualmente, diversos programas de computador resolvem equações em velocidade humanamente impossível. Por exemplo, determinado programa de segurança de um banco pode suspeitar de um ataque cibernético em apenas quinhentos milissegundos com base em um padrão incomum de um cliente ou de solicitações de acesso.[33] Alguns alertas de mudanças climáticas ou de catástrofe como um alerta de *tsunami*, podem resultar a partir de mudanças perceptíveis na velocidade dos ventos ou nas alturas dos oceanos, dentre outros. Tudo isto em função da enorme capacidade e velocidade que o programa de computador tem em coletar, correlacionar, organizar e analisar os dados coletados. Mas isso significa atribuir "inteligência à máquina"?

Neste sentido, Jerry Kaplan[34] afirma que a essência da IA é a capacidade de fazer generalizações apropriadas em tempo hábil com base em dados limitados. Em outras palavras, quanto mais amplo for o domínio de aplicação, quanto mais rápidas forem as conclusões com o mínimo de informações, mais inteligente será o comportamento.

O grande problema desta expressão é justamente ter usado o termo "inteligência",[35] que acreditamos ser algo próprio e somente do ser humano (*Homo sapiens*).

Yval Noah Harari[36] sintetiza muito bem os principais receios sobre este questionamento, afirmando que a escrita parcial, capaz de armazenar e processar dados matemáticos com eficiência utilizando dez símbolos de 0 a 9, nasceu da

---

32. Op. cit., p. 366.
33. KAPLAN, Jerry. Op. cit., p. 04.
34. Op. cit., p. 05-06.
35. *Dicionário da Língua Portuguesa*. Op. cit., v. III, p. 1.255: "Inteligência – Capacidade em compreender; raciocinar; refletir; habilidade; percepção; discernimento, interpretação. (Psicol.) Nome de classe de fenômenos psíquicos que têm por objetivo o conhecimento."
36. *Sapiens: uma breve história da humanidade*. Op. cit., p. 140.

consciência humana, assim os computadores, sistemas binários fundados apenas em dois símbolos (0 e 1), têm dificuldade em entender como o *Homo sapiens* fala, sente e sonha. Portanto, o computador passou a ser ensinado para tanto. Este processo que o autor narra, iniciado no vale do Eufrates há 5 mil anos pelos sumérios que terceirizaram o processamento de dados do cérebro humano para as tabuletas de argila, hoje estão conglomerados no Vale do Silício.

Ressalte-se, contudo, que as máquinas não devem ser vistas como réplicas ou substitutas dos seres humanos como se passa a explicar.

Talvez, McCarthy (o "pai" desta expressão como analisado *supra*) estava tão entusiasmado com as possibilidades de as máquinas realizarem tarefas humanas, que acabou utilizando o substantivo "inteligência", levantando críticas de diversos opositores como destacado no subcapítulo anterior.

Realmente, semelhante alvoroço surgiria se os aviões fossem identificados como "pássaros artificiais", o que poderia gerar uma certa desconfiança por parte de muitas pessoas como alertou com perspicácia, Jerry Kaplan.[37] Talvez, se McCarthy tivesse escolhido outras expressões como *"processamento simbólico"* ou *"computação analítica"*, o tema não geraria tanto desconforto.

Mas enfim, como se poderia definir "inteligência artificial"? Este é um termo amplo que comporta diversas definições que vão desde teorias que pretendem comprovar a fidelidade das máquinas se comportarem como se fossem seres humanos até teorias racionais, que fundamentam a definição de inteligência artificial com base na matemática e na engenharia da computação.

Stuart Russel e Peter Norvig[38] sintetizam brilhantemente estas definições, que serão explicadas a seguir. A primeira corrente, que busca comprovar que os computadores têm habilidades próprias dos seres humanos, foi proposta por Alan Turing, em 1950, e ficou conhecida como *"Turing Test"*, utilizado ainda hoje, 70 anos depois. Segundo esta teoria, a inteligência artificial de um computador poderia ser atestada se este passasse pelo interrogatório por um humano, sendo que não se pudesse determinar se as respostas foram dadas por um ser humano ou um computador. Por isso, deveriam restar comprovadas as seguintes habilidades: – *processamento de língua natural* (capaz de se comunicar em um determinado idioma, no caso o teste foi aplicado em inglês); – *conhecimento* (capaz de armazenar o que conheceu ou ouviu); – *raciocínio automatizado* (capaz de raciocinar por si próprio a partir das informações armazenadas e apresentar novas conclusões); – *aprendizado de máquina* (capaz de adaptar a novas circuns-

---

37. Op. cit., p. 16.
38. Op. cit., 02.

tâncias e de detectar padrões e extrapolá-los). Esse teste foi aprimorado para o denominado "Total Turing Test", em que além das habilidades acima descritas, deve-se comprovar: – *visão computacional* (capacidade de perceber objetos); e – *robótica* (capacidade de pegar objetos e movê-los de lugar).

Uma segunda teoria baseia-se na ciência cognitiva (*Cognitive Approach*), em que se pretende demonstrar que um computador "pensa" como o ser humano. Para isso, é fundamental compreender como o cérebro humano funciona, o que pode ser feito de três maneiras basicamente, quais sejam: *introspecção* (buscando-se aprofundar nos pensamentos); *experiências psiquiátricas* (a partir de observação das ações humanas); e *imagens do cérebro* (hoje já plenamente mapeado, porém ainda não completamente decifrado).[39] Não cabe nesta obra adentrar em minúcias da ciência humana cognitiva, por não ser o cerne do trabalho. Estes conceitos são trazidos aqui, pois revelam a diversidade em se estabelecer um conceito para inteligência artificial.

Uma terceira teoria fundamenta o conceito de inteligência artificial na *racionalidade*, construída pelo filósofo grego Aristóteles, a partir de silogismos, ou seja, lógica. No entanto, esta proposta se mostrou muito limitada, pois é bem diferente resolver um problema na teoria do que resolvê-lo na prática.

A quarta teoria, pode-se dizer, resulta da teoria da racionalidade, porém vai além, ou seja, fundamenta-se no "*agir com racionalidade*" (*acting rationally*). Stuart Russel e Peter Norvig,[40] adeptos a esta teoria, utilizam o termo "rational agent" para defini-lo como aquele que age para alcançar o melhor resultado ou, quando houver incerteza, o melhor resultado que se podia esperar. O autor alerta que para tanto, todas as habilidades ressaltadas no *Turing Test,* acima narradas, devem ser comprovadas; mas, esta quarta teoria vai além, pois é mais genérica e, portanto, mais favorável ao desenvolvimento científico.

Este teste é mencionado na lei norte-americana sobre inteligência artificial, conhecida como "Fundamentally Understanding the Usability and Realistic Evolution of Artificial Intelligence Act", de 12 de dezembro de 2017.[41] A seção 3 desta lei traz uma definição de "artificial intelligence", mencionando o *Teste de Turing*:

> I – Qualquer sistema artificial que execute tarefas em circunstâncias variadas e imprevisíveis, sem supervisão humana significativa, ou que possa aprender com a experiência e melhorar o seu desempenho. Estes sistemas

---

39. Op. cit., p. 03.
40. Op. cit., p. 04.
41. HOUSE OF REPRESENTATIVES. *House Resolution 4625 de 12 de dezembro de 2017. FUTURE of Artificial Intelligence Act.* Disponível em: https://www.congress.gov/115/bills/hr4625/BILLS-115hr4625ih. pdf. Acesso em: 10 mar. 2020.

podem ser desenvolvidos em software de computador, hardware físico ou outros contextos ainda não contemplados. Eles podem resolver tarefas que exijam percepção, cognição, planejamento, aprendizado, comunicação ou ação física semelhantes à humana. Em geral, quanto mais semelhante ao humano for o sistema no contexto de suas tarefas, mais se pode dizer que usa inteligência artificial;

II – Sistemas que pensam como seres humanos, tais como arquiteturas cognitivas e redes neurais;

III – Sistemas que agem como seres humanos, tais como sistemas que podem passar no teste de Turing ou outro teste comparável por meio do processo de linguagem natural, representação do conhecimento, raciocínio automatizado e aprendizado;

IV – Um conjunto de técnicas, incluindo aprendizado de máquina, que buscam aproximar alguma tarefa cognitiva;

V – Sistemas que agem racionalmente, como agentes de software inteligentes e robôs incorporados que alcançam objetivos por meio de percepção, planejamento, raciocínio, aprendizado, comunicação, tomada de decisão e ação.

Este é um conceito bem exaustivo do que se entende por IA; todavia, há um apego excessivo à comparação entre os computadores e os seres humanos. Na verdade, busca-se demonstrar as mesmas habilidades em determinadas áreas.

Matthew Scherer[42] usa o termo inteligência artificial para se referir às máquinas capazes de executar tarefas que, se executadas por um ser humano, exigiriam inteligência.

Os avanços da inteligência artificial colocam em xeque algumas premissas religiosas e filosóficas que ressaltam a supremacia humana. No entanto, uma questão filosófica de difícil resposta é: os computadores são inteligentes ou eles agem como se fossem inteligentes?

De acordo com o professor de filosofia da Universidade de Califórnia (Berkeley), John Searle,[43] parece-nos que a resposta é no sentido de afirmar que os computadores agem como se fossem inteligentes, pois são programados para tanto.

---

42. Regulating Artificial Intelligence Systems: Risks, Challenges, Competencies and Strategies. *Harvard Journal of Law & Technology*. Cambridge: Harvard Law School. v. 29, n. 02, p. 353-400, Primavera, 2016. p. 362.
43. Op. cit., p. 32.

Para Jerry Kaplan,[44] por sua vez, esta resposta depende do que se entende pelo verbo "pensar".[45] O autor faz uma correlação entre o funcionamento das sinapses no cérebro humano ao processamento de dados pelo computador, e conclui que são bem parecidos, portanto, o autor conclui: "ambos pensam". Em complemento, Kaplan faz uma analogia com uma expressão de uso comum quando se acessa um aplicativo ou um determinado conteúdo e o computador está localizando, fala-se que o "computador está pensando". Estaria mesmo o computador "pensando"?

A resposta para esta pergunta deve considerar duas espécies do grande gênero "inteligência artificial". A primeira delas, denominada "inteligência artificial fraca" (*weak* ou *narrow artificial intelligence*), é caracterizada por máquinas que atuam *como se fossem inteligentes*. A segunda espécie, "*inteligência artificial forte*" (*strong* ou *wide artificial intelligence*), por sua vez, identifica as máquinas que realmente *pensam*.[46]

Portanto, depende de a acepção do verbo "pensar", pode-se chegar à conclusão que as máquinas pensam ou não. A ambiguidade do termo poderia embasar outras discussões filosóficas, como alertou o cientista da computação Edsger Dijkstra,[47] em 1984, que este questionamento é tão relevante quanto responder se os submarinos sabem "nadar".

Segundo Alan Turing,[48] a verdadeira pergunta deveria ser se as máquinas podem passar no teste comportamental de inteligência, acima descrito, conhecido como o *Teste de Turing*, ou seja, demonstrar capacidade em processar a linguagem natural, armazenar conhecimento, raciocinar de forma automatizada e aprender ou se adaptar a novas circunstâncias e de detectar padrões e extrapolá-los). Na época (1950), Alan Turing previu que nos anos 2000 isso seria possível dado o avanço da computação, após a construção de "*supercomputadores*" com capacidade de transmissão e armazenamento bem próximos ao cérebro humano.

---

44. Op. cit., p. 74.
45. *Dicionário da Língua Portuguesa*. Op. cit., v. IV, p. 1.696: "Pensar – Fazer combinações de ideias; fazer reflexões. Tencionar; cogitar; raciocinar, refletir, imaginar, planejar, julgar, analisar algo e adotar uma opinião em relação a".
46. RUSSEL, Stuart; NORVIG, Peter. Op. cit., p. 1.020; ZIMMERMAN, Evan. Machine Minds: Frontiers in Legal Personhood. 12 de fevereiro de 2015. *SSRN*. Disponível em: https://ssrn.com/abstract=2563965. Acesso em: 10 mar. 2020.
47. The Threats to Computing Science. Relatório enviado para ACM 1984 South Central Regional Conference, November 16-18, Austin, Texas. Disponível em: http://www.cs.utexas.edu/users/EWD/transcriptions/EWD08xx/EWD898.html. Acesso em: 05 abr. 2020.
48. Computing Machinery and Intelligence. *Mind*, v. 49, 1950, p. 433-460. Disponível em: https://www.csee.umbc.edu/courses/471/papers/turing.pdf. Acesso em: 10 mar. 2020. p. 437: "The reader must accept it as a fact that digital computers can be constructed, and indeed have been constructed, according to the principles we have described, and that they can in fact mimic the actions of a human computer very closely."

Por isso, fala-se em "Good Old-Fashion Artificial Intelligence" (*GOFAI*) para identificar que todo comportamento inteligente pode ser traduzido por um sistema que raciocina logicamente a partir de um conjunto de fatos e regras e não a busca pela humanização absoluta das máquinas.

O objetivo de muitas das tecnologias de inteligência artificial, que serão estudadas a seguir, é que elas operem sem a necessidade de intervenção ou supervisão humana,[49] ou seja, que as máquinas possam tomar decisões de forma independente e acomodarem-se a mudanças das circunstâncias. Disto, observa-se que as características da inteligência artificial são: *automatismo, autonomia* e *adaptabilidade*.[50] Matthew Scherer,[51] por sua vez, elenca três características da inteligência artificial, a saber: *autonomy, (un)foreseeability* e *causation*, e afirma que a (im)previsibilidade é o maior desafio à regulação da inteligência artificial, pois os sistemas são desenhados para serem criativos, ou seja, tomarem decisões imprevisíveis diante de situações adversas e inesperadas.

Neste contexto, destacam-se os *comportamentos emergentes das máquinas*, como dos carros autônomos, por exemplo, que são fundamentais para o veículo se adaptar com autonomia às mais diversas situações ensejadas pelo trânsito.

Dessa forma, o que se pretende com IA não é necessariamente reproduzir a inteligência humana média nas máquinas; mas sim que máquinas possam resolver diferentes tipos de problemas ainda que *variáveis* e *imprevisíveis*. Isso não significa que os sistemas de IA implementarão conceitos como criatividade, intuição ou instinto, mas sim uma "inteligência geral", na expressão de Mike Loukides e Ben Lorica,[52] que significa a capacidade de realizar várias atividades e se adaptar a situações inesperadas, podendo, inclusive, implementar conceitos como "justiça."

Em suma, percebe-se que as técnicas aplicadas à inteligência artificial são muito variadas e múltiplas são as possibilidades de sua aplicação. Por isso, neste capítulo pretende esclarecer algumas destas ferramentas, destacando que o recorte epistemológico desta tese está justamente na aplicação das ferramentas de aprendizagem de máquina ("machine learning") na automação dos carros.

1.2.1 Algoritmos

A origem da ideia de algoritmo é muito antiga, restando duvidosa a origem etimológica do termo: do sobrenome do matemático persa do século IX, *Al-*

---

49. Ainda que a supervisão humana não seja uma condição *sine qua non* para a IA, as diretrizes éticas para a inteligência artificial da OCDE e da União Europeia, sugerem a supervisão humana.
50. KAPLAN, Jerry. Op. cit., p. 147.
51. Op. cit., p. 363 - 364.
52. *What is Artificial Intelligence?* Sebastopol, CA: O'Reilly Media, 2016. p. 02-03.

-*Khwarizmi*, do Mohamed ben Musa, que na tradução para as línguas ocidentais latinizou-se como algoritmo ou do termo ἀριθμός, do grego, números. Genericamente, portanto, algoritmo é qualquer tipo de orientação.[53]

Pode-se dizer que um algoritmo é uma sequência finita de passos bem definidos que levam a conclusão de uma tarefa. Em outras palavras, algoritmo é uma série de procedimentos estabelecidos com base em fórmulas matemáticas definidas para resolver um problema determinado, especialmente pelos computadores.

Em termos práticos, para entender o que é e como funciona um algoritmo, deve-se pensar numa receita de bolo, por exemplo, que traz o passo a passo para chegar a um resultado determinado (o bolo), esta receita seria um exemplo de algoritmo. Além destes, existem outros exemplos, tais como um conjunto de instruções para recuperar uma senha, obter um extrato de um aplicativo bancário, explicar o caminho de casa ao trabalho etc. Em suma, o objetivo do algoritmo é resolver um problema, seguindo uma sequência de etapas.

Entretanto diante da busca pelas decisões automatizadas, essa ideia foi aprimorada. Em outras palavras, inicialmente, o computador apenas solucionava os problemas com base nas informações que tinha armazenado (*input*), o que impedia, por exemplo, que o computador percebesse outras circunstâncias variáveis e imprevisíveis que não tinham sido carregadas na memória do computador.

Posteriormente, começou a se buscar técnicas pelas quais os algoritmos pudessem solucionar o problema ainda em um ambiente com diversas variáveis. Assim, a computação criou algoritmos que definem determinado padrão de fatos, e com base nestes, podem, inclusive, prever acontecimentos futuros com base em generalizações.

Por exemplo, aplicando fórmulas matemáticas, que traduzem a sintática e a semântica, os *agentes inteligentes* assim programados buscam aprender para melhorar seu desempenho em tarefas futuras após fazer observações sobre o mundo. Tal necessidade surgiu primeiro porque os programadores não podem antecipar todas as situações possíveis com as quais o agente inteligente irá lidar. Segundo, os programadores não podem antecipar todas as mudanças que podem ocorrer, como por exemplo, um programa que atue com base na bolsa de valores, não se tem certeza de como a bolsa estará no dia seguinte. Por isso, o programa deve ser capaz de aprender para se adaptar quando as condições mudarem. Terceiro, às vezes, os programadores humanos não têm ideia de como programar uma

---

53. RUSSEL, Stuart; NORVIG, Peter. Op. cit., p. 08.

solução. Por isso foram desenvolvidos algoritmos de aprendizado, que viabilizam o aprendizado de máquina.[54]

Os algoritmos de aprendizado aprimoram seu conhecimento a partir de informações que lhes sejam fornecidas, como ilustra a figura *infra*:[55]

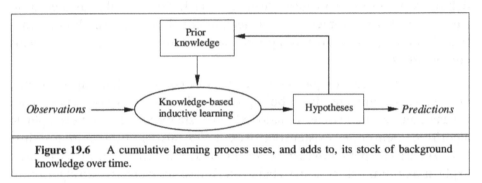

Figura 19.6 A cumulative learning process uses, and adds to, its stock of background knowledge over time.

Por exemplo, os algoritmos de pesquisa da *Google* são ferramentas de sistemas de auto aperfeiçoamento, pois seus algoritmos de aprendizado estão constantemente ajustando e atualizando os resultados com base no que os usuários fazem depois de revisar os resultados. É cediço que a *Google* faz muito mais do que simplesmente retornar páginas da *web*, além disso, coletam-se informações, que são organizadas e classificadas antes de serem apresentadas ao usuário.

Neste sentido, Yuval Noah Harari[56] alerta que muitas vezes os algoritmos comandam a vida (o pensar, o agir e o sentir) do ser humano. Atualmente, os algoritmos são os mais importantes compradores de títulos, ações e commodities na bolsa de valores. Igualmente na publicidade, como os clientes, o algoritmo de pesquisa da *Google* sempre tem razão e deve ser agradado se quiser aparecer nos resultados de pesquisa. Tudo isso foi viabilizado pelo acúmulo cada vez maior de informações que são digitalizadas, tudo trafega na Internet podendo ser *inputs* valiosos para se estabelecerem soluções para os problemas definidos como explicado acima.

Este volume cada vez maior de informações viabiliza a evolução e o aprimoramento dos algoritmos. Até um ponto, talvez, em que a ferramenta de pesquisa da *Google* se tornar tão rápida e precisa, retornando aos usuários respostas convincentes e precisas baseadas em conhecimento coletado e analisado de todo o registro da história humana. O resultado será respostas cada vez mais subjetivas, podendo ser até opiniões ou sábios conselhos do que as atuais declarações factuais.

---

54. RUSSEL, Stuart; NORVIG, Peter. Op. cit., p. 693.
55. RUSSEL, Stuart; NORVIG, Peter. Op. cit., p. 777.
56. *21 lições para o século 21*. Op. cit., p. 61.

Este cenário não é difícil de imaginar ao se constatar a evolução da ferramenta de busca, *Google Search,* desde seu lançamento, o que passou a ser um bom exemplo de "machine learning".

1.2.2 Machine learning

Afinal, o que significa "aprender".[57] Na língua portuguesa, o verbo designa a capacidade de adquirir conhecimento. Normalmente, esta habilidade está associada ao ser humano, todavia, os animais têm habilidades semelhantes e, porque não dizer, as máquinas também as têm.

Entende-se que os seres humanos são inteligentes porque o cérebro está estruturado para reter conhecimento, que pode ser obtido de diversas maneiras, ou seja, tanto pela observação direta, quanto pelo estudo ou pela prática em reiteradas condutas. Por isso, não é difícil concluir que um sistema físico de símbolos e planejamento, com base em "observação direta" (entendida como o acúmulo de informações) e a prática em realizar determinado planejamento, pode estabelecer um processo de aprendizagem muito parecido ao dos seres humanos. Este procedimento é denominado "machine learning".

Machine learning é o aprendizado usando algoritmos, ou seja, algoritmos que aprendem. Estes podem ser simbólicos, probabilísticos ou mesmo conexionistas, como é o caso das redes neurais.[58]

Importante estabelecer o que seriam essas "redes neurais artificiais", entendidas como um modelo inspirado na estrutura neural do ser humano, porém estabelecido a partir de fórmulas matemáticas que realizam correlações com base em experiências. Em outras palavras, as pesquisas com base em "redes neurais artificiais" buscam simular como o cérebro humano funciona com o objetivo de traduzir tal funcionamento em equações matemáticas a fim de solucionar problemas práticos apresentados.[59]

Tudo isso pode ser representado na figura abaixo:[60]

---

57. *Dicionário da Língua Portuguesa.* Op. cit., v. I, p. 223: "Aprender – Adquirir instrução; entender; memorizar;".
58. ROUSE, Margaret. What Is Machine Learning. *Whatis.com.* Disponível em: http://whatis.techtarget. com/definition/machine-learning [https://perma.cc/NCV5-83KF]. Acesso em: 10 abr. 2020. "Machine learning is a type of artificial intelligence (AI) that provides computers with the ability to learn without being explicitly programmed. Machine learning focuses on the development of computer programs that can teach themselves to grow and change when exposed to new data."
59. KAPLAN, Jerry. Op. cit., 28.
60. RUSSEL, Stuart; NORVIG, Peter. Op. cit., p. 728.

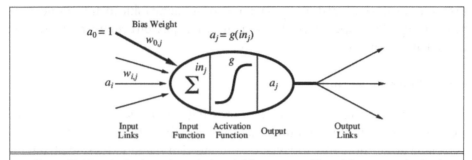

Figure 18.19 A simple mathematical model for a neuron. The unit's output activation is $a_j = g(\sum_{i=0}^{n} w_{i,j} a_i)$, where a_i is the output activation of unit i and $w_{i,j}$ is the weight on the link from unit i to this unit.

Esta figura ilustra o que seria um nó ou "neurônio artificial", sendo a rede neural artificial uma coleção de unidades, denominadas "nós" (*nodes*), que estão conectadas por uma diversidade de *links*, como se fossem a estrutura neural do cérebro humano. As propriedades da rede neural são determinadas por sua topologia e pelas propriedades dos "neurônios" (artificialmente criados consoante a neurociência computacional).[61] Na figura, constata-se, também, o funcionamento destes "neurônios artificiais", pois recebem uma série de informações (tanto os dados de entrada, isto é, *input*, quanto os dados de saída, *output*) e, conforme suas propriedades, elaboram diversos *outputs*.

Todavia, estas pesquisas estão limitadas pela falta de conhecimento sobre como realmente o cérebro humano realiza as conexões, ou seja, muito embora os cientistas tenham mapeado o cérebro humano, ainda há muito que avançar para que se possa dizer que é possível equacionar o cérebro humano totalmente. De fato, há conhecimento e experiências que resistem a qualquer tipo de codificação ou representação simbólica.

Assim, a aprendizagem pode ser vista como um processo de execução a partir de generalizações temporalmente sequenciais, isto é, toma-se por base experiências prévias e as correlaciona com análises futuras, como um raciocínio por analogia.

Neste sentido, um sistema computacional é capaz de analisar uma diversidade de informações, desde curtidas no *Facebook*, cliques em anúncios *online*, registros de nascimento, filmes ou séries assistidas, conteúdo e quantidade de *Tweets*, transações online, gravações de fala humana, alteração no volume das águas dos oceanos. Enfim, qualquer coisa que possa ser capturada, quantificada, ou representado em formato digital, pode ser objeto do que se

---

61. Idem, p. 728.

chama de aprendizagem de máquina, pois o sistema computacional analisa todos estes conteúdos, organizando-os e, quando programado para determinado fim, traçar um planejamento para se atingir um objetivo. Em todos estes contextos, analisa-se o passado (o que foi "aprendido") para prever os acontecimentos futuros.

As pesquisas sobre aprendizagem de máquina avançaram muito a partir do estudo de Warren McCulloch (psiquiatra) e Walter Pitts (da Universidade de Chicago), que mapearam o cérebro humano, em 1943, com o objetivo de auxiliar em tratamentos psiquiátricos. Todavia, tal possibilidade destacou a importância de aprofundar estes trabalhos iniciais o que foi feito por Frank Rosemblatt da Cornell Tech University (Nova York), que desenvolveu um dispositivo denominado "percetron", dito ser o primeiro programa a pensar como o ser humano (*primeira onda da corrente conexionista da computação*). Dada a morte prematura de Rosemblatt, aos quarenta e um anos de idade, estes estudos foram continuados por Marvin Minsky e Seymour Papert (MIT), no livro *Perceptron*. Os autores correlacionaram este sistema às tecnologias de Inteligência Artificial.[62]

De 1943 até 1960, como destacado anteriormente, prevaleceu a corrente da computação simbólica, programas fundados em análise sintática e, portanto, muito limitados. De 1960 até 1990, muitas arquiteturas de redes foram construídas, algumas com várias camadas, período em que surgiu e se consolidou a corrente *conexionista* na computação, tomando por base as redes neurais artificiais. Entretanto, essas redes sofriam de dois problemas: – *dissipação do gradiente*, ou seja, multiplicações sucessivas degradavam os resultados finais e; – *falta de memória temporal*, ou seja, não consideravam, por exemplo, a ordem de sequência de palavras numa frase. A fim de resolver estes problemas, surgiram com grande força as redes profundas com memória, principalmente as redes de longa memória de curto prazo (*LSTM*).

Atualmente, portanto, a ideia do que se denomina "deep learning", ou seja, uso de redes neurais, que possuem muitas camadas internas (multilayer feed-forward neural networks),[63] inclusive camadas ocultas, viabilizado pelo aumento considerável na capacidade de armazenamento e de processamento de dados (os "supercomputadores").

A técnica de *deep learning* foi fundamental para o avanço da inteligência artificial como foi destacado na Comunicação da União Europeia sobre IA em

---

62. *Perceptrons: An Introduction to Computational Geometry.* 3. ed. Cambridge: MIT Press, 1988. p. 08.

63. RUSSEL, Stuart; NORVIG, Peter. Op. cit., p. 732-733.

2018, que exemplificou algumas das possibilidades como classificação de objetos a partir de imagens:[64]

> *Training a deep learning algorithm to classify objects Works by exposing it to a large number of labelled examples (e.g. pictures) that are correctly categorized (e.g. pictures of planes). Once trained, algorithms can correctly classify objects that they have never seen, in some cases with accuracies that exceed those of humans.*

Tal habilidade é fundamental para a viabilidade dos carros autônomos que podem, com precisão, identificar outros carros, pessoas e animais na estrada, traçando estratégias e soluções para desviar destes obstáculos de maneira mais segura como se verá adiante. Por isso, esta obra está centrada nas técnicas de aprendizado de máquina.

Outros exemplos importantes ressaltam o uso de aprendizagem de máquina, como o reconhecimento de dígitos manuscritos, em muitos aplicativos, incluindo classificação automática de correspondência por código postal, leitura automatizada de cheques e declarações fiscais, e entrada de dados para computadores de mão. Assim, as máquinas podem ler imagens como as da figura abaixo com uma margem de erro de 0,7% (comprovados pelos testes realizados no projeto *LeNet*):[65]

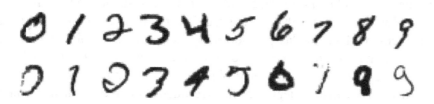

Figura 18.36   Examples from the NIST database of handwritten digits. Top row: examples of digits 0–9 that are easy to identify. Bottom row: more difficult examples of the same digits.

Muitos de nós (seres humanos) teríamos grande dificuldade em identificar alguns destes números. De fato, a margem de erro nos serviços dos correios dos Estados Unidos, na leitura dos códigos postais por humanos, é de 2,5%,[66] muito maior do que a margem de erro se aplicada a técnica de redes neurais artificiais. O que comprova a confiabilidade e eficiência da tecnologia de inteligência artificial.

---

64. UNIÃO EUROPEIA. *Communication from the Commission to the European Parliament, the European Council, the Council, the European Economic and Social Committee and the Committee of the Regions on Artificial Intelligence for Europe*. Bruxelas: 25 de abril de 2018. Disponível em: https://ec.europa.eu/digital-single-market/en/news/communication-artificial-intelligence-europe. Acesso em: 20 nov. 2019. p. 10.
65. RUSSEL, Stuart; NORVIG, Peter. Op. cit., p. 754.
66. Idem, p. 755.

Outro uso interessante da inteligência artificial foi no processamento de língua natural, utilizado em aplicações da Google (*Tradutor* e *Voice*), a *Siri* da *Apple*, e etc. Veja que a linguagem é estruturada em códigos, regras de gramática, sintática, que podem ser traduzidas em equações matemáticas como foi analisado no subcapítulo anterior. Contudo, esse processo resultava em diversos equívocos, como a impossibilidade de distinguir homônimos sem "ver" o contexto em que as palavras estão inseridas. Portanto, para corrigir esta distorção, passou-se aplicar a aprendizagem de máquina no processamento de língua natural, ou seja, a partir dos *inputs* de fatos, figuras, significado e uso das palavras, o sistema computacional pode constatar ("ver") o contexto em que tais palavras estão inseridas com uma margem de erro muito menor, até aceitável. Assim, o reconhecimento de linguagem utiliza técnicas de aprendizagem de máquina para corrigir eventuais distorções de uma mera aplicação matemática da linguagem.

Para compreender o processo de tradução, por exemplo, o programa deve ser estruturado levando-se em consideração sintática e semântica, como na figura abaixo, estas correlações são equacionadas em linguagem de programação para traduzir, e.g. "John loves Marie", do inglês para o francês:[67]

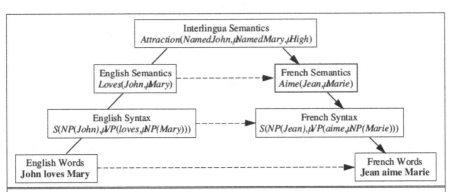

Figure 23.12 The Vauquois triangle: schematic diagram of the choices for a machine translation system (Vauquois, 1968). We start with English text at the top. An interlingua-based system follows the solid lines, parsing English first into a syntactic form, then into a semantic representation and an interlingua representation, and then through generation to a semantic, syntactic, and lexical form in French. A transfer based system uses the dashed lines as a shortcut. Different systems make the transfer at different points; some make it at multiple points.

O funcionamento de aprendizado de máquina não depende só de um grande volume de informação, pois com base nas informações coletadas, o passo seguinte é classificar estes dados. A partir desta fase, deve-se buscar estabelecer

---

67. RUSSEL, Stuart; NORVIG, Peter. Op. cit., p. 909.

generalizações. E assim deve-se elaborar uma série de treinamento da técnica de aprendizagem de máquina.[68]

Mike Loukides e Ben Lorica[69] sintetizam de maneira muito didática como esta ferramenta é utilizada nos carros autônomos, que precisam integrar o reconhecimento de padrões com outros recursos, incluindo raciocínio, planejamento e memória. Um sistema de aprendizado de máquina aplicado para tal finalidade precisa reconhecer padrões, para que ele possa reagir a obstáculos e placas de rua, ou seja, precisa raciocinar, tanto para entender os regulamentos de direção quanto para resolver problemas como evitar obstáculos; precisa planejar uma rota a partir de localização atual ao seu destino, levando em consideração o tráfego e outros padrões. Este é um exemplo de inteligência artificial *multipropósito*, ou seja, um sistema muito mais complexo do que as funções *unipropósito* evidenciada, por exemplo, no jogo de xadrez entre um campeão mundial e uma máquina inteligente. Este último é bem mais simples, pois as conexões que devem ser feitas são limitadas pelos movimentos possíveis das jogadas. Já o contexto do trânsito, a situação é desafiadora, pois o sistema terá de lidar com situações absolutamente imprevisíveis. Observe-se que tal sistema precisa fazer tudo isso repetidamente, atualizando suas soluções constantemente.

Quanto ao impacto do *Big Data* na aprendizagem de máquina, deve-se entender como este recurso impulsionou este sistema de IA. A ideia de *Big Data* surgiu a partir do aumento exponencial de informações todas digitalizadas que trafegam pela Internet, ficando impossível para que um computador tivesse capacidade de processar tanta informação (*information overload*),[70] por isso, estas informações são processadas em nuvem (*cloud computing*).

Em linhas gerais, as tecnologias relacionadas à tal expressão demonstram que o volume (*1º "v"*) da coleta e do armazenamento de informações é cada vez maior, sendo que o processamento destas é cada vez mais veloz (*2º "v"*), resultando em informações precisas e verídicas (*3º "v"*) sobre as pessoas. Este fenômeno oferece vantagens, como a descoberta dos efeitos colaterais do *Vioxx*, que só foi possível mediante a coleta de dados pela Kaiser Permanente,[71] uma empresa sediada na Califórnia, que com base na coleta de dados e processamento desses dados en-

---

68. DOMINGOS, Pedro. A few useful things to know about machine learning. *Communications of the ACM*, vol. 55, n. 10, pp. 78 – 87. Disponível em: https://homes.cs.washington.edu/~pedrod/papers/cacm12.pdf. Acesso em: 20 mar. 2020. p. 80-81.

69. Op. cit., p. 03.

70. MAYER-SCHÖNBERGER, Victor; CUKIER, Kenneth. *Big Data*: a revolution that will transform how we live, work, and think. Boston: Houghton Mifflin Harcourt Publishing Company, 2013. p. 09.

71. TENE, Omer; POLONETSKY, Jules. Privacy in the age of big data: a time for big decisions. *Stanford Law Review Online*, v. 64, p. 64, 02 fev. 2012.

tre 1999 a 2003, comprovou-se a ligação de 27 mil paradas cardíacas ao uso do *Vioxx*, resultando na retirada do medicamento do mercado e a preservação da vida de milhares de usuários. Além deste exemplo, entre 2003 a 2008, a *Google* demonstrou a previsibilidade de possíveis epidemias, coletando 50 mil termos de busca mais usados pelos norte-americanos e comparou com a lista do "Center for Disease Control and Prevention", a partir disso foi desenvolvida uma fórmula matemática capaz de diagnosticar em tempo real os locais em que a epidemia podia ser constatada, o que antes demorava semanas aplicando os métodos tradicionais do referido órgão. Essa ferramenta foi de grande valia para mitigar os efeitos da grave ameaça de epidemia da *gripe H1N1* em 2009, pois as localidades com maior número de infectados era identificada em tempo real, o que auxiliou na contenção da disseminação do vírus.[72] Em alguns meses, acredita que será divulgada como tal ferramenta atuou no combate à *Covid-19*.

Portanto, a possibilidade de realizar previsões para o futuro exemplifica o uso de aprendizagem de máquina. Entretanto, o uso irrestrito desta ferramenta apresenta alguns riscos decorrentes do processamento deste grande volume de dados que acaba, por vezes, interferindo na coleta e no tratamento de dados pessoais ("datafication").[73]

A confluência das duas grandes revoluções, na Biologia e na Ciência da Computação, produzirá algoritmos que, quando aplicados ao universo de dados disponíveis *Big Data)*, são capazes de monitorar e compreender os sentimentos do ser humano melhor que ele mesmo.[74]

A fim de evitar estas ameaças, a lei norte-americana, "Algorithmic Accountability Act" de 2019, prevê o relatório de impacto das decisões tomadas de maneira automatizadas por algoritmos (seção 2, alínea 6), in verbis: "means a study evaluating the extent to which an information system protects the privacy and security of personal information the system processes."

Na LGPD brasileira, garante-se ao titular de dados pessoais o direito de rever as decisões automatizadas a seu respeito no art. 20, para tanto deve-se, desconfiando sobre algum *perfil online* criado a seu respeito, ele pode peticionar ao controlador ou ao operador do tratamento de dados pessoais para rever.[75]

---

72. MAYER-SCHÖNBERGER, Victor; CUKIER, Kenneth. *Big Data...* op. cit., p. 02.
73. Idem, p. 78.
74. HARARI, Yval Noah. *21 lições para o século 21*. Op. cit., p. 74.
75. Cf. DE LIMA, Cíntia Rosa Pereira; RAMIRO, Livia Froner Moreno. Direitos do titular dos dados pessoais. In: DE LIMA, Cíntia Rosa Pereira. *Comentários à Lei Geral de Proteção de Dados Pessoais* (Lei 13.709/2018). São Paulo: Almedina, 2020. p. 249-278.

Neste contexto, deve-se atentar para a mineração de dados ou *data mining* que utiliza ferramentas de inteligência artificial para principalmente fundamentar campanhas publicitárias como será detalhada no tópico seguinte.

1.2.3 Mineração de dados

A expressão *data mining* (ou descoberta de conhecimento de dados ou mineração de dados) foi utilizada pelo economista Michael C. Lovell[76] para se referir à prática de captura de dados utilizando conhecimentos estatísticos e econômicos. A mineração de dados é o processo de descobrir padrões em grandes conjuntos de dados que envolvem métodos na interseção de aprendizado de máquina, estatística e sistemas de banco de dados, com o objetivo geral de extrair informações (com métodos inteligentes) de um conjunto de dados e transformar as informações em uma estrutura compreensível para uso posterior, geralmente uso publicitário.

Na verdade, o que se busca é inferir padrões e conhecimentos de grandes quantidades de dados, não apenas sua extração (mineração). Por exemplo, a etapa de mineração de dados pode identificar vários grupos nos dados, que podem ser usados para obter resultados de previsão mais precisos por um sistema de suporte a decisões. Justamente por isso, a mineração de dados é uma ferramenta importante para o desenvolvimento da IA.[77]

1.2.4 *Machine behavior*

Mais recentemente, estudos revelam que os agentes com inteligência artificial têm um comportamento identificado a partir do estudo dos algoritmos utilizados e o ambiente em que se inserem. Este campo da IA é o estudo científico do comportamento adotado por máquinas inteligentes, aliando conhecimento dos sistemas cognitivos de engenharia, interação entre homem e computador, tecnologia e sociedade. Alguns exemplos comprovam a relevância deste estudo, a saber: os algoritmos aplicados em sistema de *credit-scoring*, que decidem realizar ou não o empréstimo ou financiamento; os algoritmos de preços *online*, que decidem o valor dos bens e serviços a depender do perfil do consumidor; os algoritmos de atuação na bolsa de valores, que realizam ou não transações com uma velocidade incrível. Veja que nestas situações, há um comportamento destes agentes inteligentes ou máquinas inteligentes.[78]

---

76. Data mining. *The Review of Economics and Statistics*, v. 65, n. 01, p. 1-12, fev. 1983.
77. RAHWAN, Iyad et al. Machine Behavior. *Nature Review*, v. 568, p. 447, 25 abr. 2019..
78. RAHWAN, Iyad; et al. Op. cit., p. 477-478.

Na hipótese dos carros autônomos, constata-se um determinado comportamento ao mudar de pista, ultrapassagem ou diante de pedestres e ciclistas. Todos estes comportamentos podem ser modulados a partir de uma série de testes específicos, ou por si mesmos a partir de suas experiências. Em outras palavras, ainda que a máquina não tenha sido treinada para tomar uma decisão diante de um buraco na pista cujo desvio irá atropelar um ciclista ou, alternativamente, um pedestre; é possível que, pela experiência adquirida pelo sistema do carro autônomo, ele não desvie do buraco mas adote outra alternativa menos gravosa que não cause atropelamento.

Quando se estuda o comportamento de máquinas não significa atribuir a estas, personalidade jurídica; o que se busca é compreender como as máquinas se comportam para antever algumas distorções. Esse é um campo novo que merece pesquisas para que sejam estabelecidas as diretrizes éticas para o desenvolvimento destas ferramentas, além de nortear a atribuição de direitos e obrigações no campo do Direito.

1.2.5 Automação total e robótica

Automação é a tecnologia pela qual um processo ou procedimento é realizado com o mínimo de assistência humana ou sem nenhuma, pois são utilizados vários sistemas de controle para operar equipamentos ou máquinas, em fábricas, caldeiras e fornos de tratamento térmico, ligar redes telefônicas, direcionar e estabilizar navios, aeronaves e outras aplicações em veículos com o mínimo ou intervenção humana reduzida.

Geralmente se utiliza a automação total quando a função a ser desempenhada represente um grave risco à vida e à saúde dos seres humanos. Não se pode utilizar essa ferramenta como a total substituição da mão de obra humana, sob pena de vivenciarmos a *Quarta Revolução Industrial* como alertado por Klaus Schwab:[79]

> A quarta revolução industrial poderá robotizar a humanidade e, portanto, comprometer as nossas fontes tradicionais de significado – trabalho, comunidade, família e identidade. Ou, então, podemos usar a quarta revolução industrial para elevar a humanidade a uma nova consciência coletiva e moral com base em um sentimento comum de destino. Cabe a todos nós garantir a ocorrência deste último cenário.

Todavia para mitigar os efeitos danosos que a aplicação da automação total em determinadas áreas pode ocasionar, as diretrizes éticas para o desenvolvimento

---

79. SCHWAB, Klaus. *A Quarta Revolução Industrial.* Trad. Daniel Moreira Miranda. São Paulo: Edipro, 2016. p. 114. Esta preocupação também está retratada na obra: HARARI, Yval Noah. *21 lições para o século 21.* Op. cit., p. 41. No mesmo sentido: BELL, Daniel. *The Coming of Pos-Industrial Society*: a venture in social forecasting. Cambridge, MA: Basic Books, 1976. p. 345-346.

e implementação da IA em diversos países ressaltam o necessário investimento na educação seja dos trabalhadores que perderão seus postos de trabalho em função da aplicação da IA, seja dos brasileiros que precisam estar preparados para trabalhar com as novas tecnologias a fim de se evitar o "colonialismo digital".

A automação total, além do uso de IA, depende de avanços em dispositivos mecânicos, hidráulicos, pneumáticos, elétricos, eletrônicos e computadores, que serão utilizados no sistema automatizado. Automação não significa necessariamente robótica, ambos são áreas em que se utiliza alguma técnica de IA.

Robótica pode ser entendida como a construção máquinas capazes de executar tarefas físicas e/ou intelectuais. É muito comum pensar em robôs como réplicas dos seres humanos, mas essa não é uma condição necessária. Existe, também, a conotação de robô computacional, por exemplo, os algoritmos de *trading* no mercado de ações são robôs, máquinas de coleta de dados pela *web*, dentre outros tantos tipos de robôs computacionais.

Stuart Russel e Peter Norvig[80] definem robôs como:

> [...] physical agents that perform tasks by manipulating the physical world. To do so, they are equipped with effectors such as legs, wheels, joints, and grippers. Effectors have a single purpose: to assert physical forces on the environment. Robots are also equipped with sensors, which allow them to perceive their environment.

A robótica é utilizada em diversos setores, por exemplo, mecanização nas linhas de produção de muitas empresas. Além disso, geralmente os robôs são utilizados para explorar lugares em que os seres humanos não conseguem ir, *e. g.*, missões espaciais, o fundo do oceano, uma área com alta contaminação nuclear como Fukushima etc.

Assim como toda e qualquer tecnologia, não se pode afirmar que são genuinamente boas ou más, ao contrário, depende do uso que se dê a estas ferramentas. Neste sentido, Jerry Kaplan[81] afirma que: "This does not mean that machines have to actually be moral; they simply have to be designed to act in ethically acceptable ways".

Ainda sobre tal reflexão, concluem, Stuart Russel e Peter Norvig, que os seres humanos têm tendência agressiva em função da seleção natural; as máquinas não têm esta essência, a menos que sejam programadas para tanto:[82]

> Humans sometimes use their intelligence in aggressive ways because humans have some innately aggressive tendencies, due to natural selection. The machines we build need not be innately

---

80. Op. cit., p. 971.
81. Op. cit., p. 150.
82. Op. cit., p. 1.037.

aggressive, unless we decide to build them that way (or unless they emerge as the end product of a mechanism design that encourages aggressive behavior).

É justamente o caso da robótica, que oferece diversos benefícios, como um notável e desejável avanço na medicina, bem como otimizar algumas tarefas humanas como limpar a casa. Entretanto, há diversos malefícios que podem ameaçar toda a humanidade, como o potencial uso militar ou terrorista destas tecnologias para controlar e matar os seres humanos. Além disso, pode gerar um grande problema de socialização quando se imagina uma dependência emocional dos robôs criados para tal finalidade como alerta a socióloga, Sherry Turkle.[83]

Justamente por tais ameaças, pesquisadores e a própria Organização das Nações Unidas preocupam-se com os limites éticos dos avanços destas pesquisas e a utilização de robôs para tais finalidades.[84]

Especificamente, a União Europeia aprovou a denominada "Carta Robótica,"[85] em que se destacam diversos aspectos positivos do desenvolvimento e aplicação da robótica em diversos setores, notadamente na área da saúde, bem como os aspectos negativos tais como o possível aumento de desemprego, de concentração de renda e desigualdade social, danos advindos do uso da robótica, dentre outros ainda desconhecidos.

Como diretrizes principiológicas nesta área, a União Europeia impõe a transparência, prevenção, prestação de contas e responsabilidade (*accountability*), que serão detalhados no próximo subcapítulo. O documento europeu menciona, ainda, que estes limites éticos podem ser desenvolvidos a partir das três leis da robótica idealizadas por Issac Asimov, em seu livro de ficção científica, quais sejam:[86]

1. *A robot may not injure a human being or, through inaction, allow a human being to come to harm.*

2. *A robot must obey orders given to it by human beings, except where such orders would conflict with the First Law.*

---

83. *Alone Together: Why We Expect More from Technology and Less from Each Other.* New York: Basic Books, 2012.

84. *Composition of the World Commission on the Ethics of Scientific Knowledge and Technology of UNESCO.* COMEST. 2020 – 2021. Disponível em: https://unesdoc.unesco.org/ark:/48223/pf0000373075?posInSet=1&queryId=N-EXPLORE-d141e829-c0cc-40aa-b212-dcfdb774b092. Acesso em: 10 abr. 2020.

85. European Parliament resolution of 16 February 2017 with recommendations to the Commission on Civil Law Rules on Robotics (2015/2103(INL)). Disponível em: https://eur-lex.europa.eu/legal-content/EN/TXT/?uri=CELEX%3A52017IP0051. Acesso em: 20 mar. 2020.

86. *Runaround.* Nova York: Street and Smith Publications, 1944. Cf. *Runaround. I, Robot.* Nova York: Bantam Books, 1950.

3. A robot must protect its own existence as long as such protection does not conflict with the First or Second Law.

Na introdução à "*Carta Robótica*", a União Europeia sugere a criação de uma agência reguladora de robótica e inteligência artificial, para acompanhar de perto estas questões que envolvem a robótica e a inteligência artificial. O que nos parece uma excelente medida, como vimos neste capítulo, as diversas tecnologias de inteligência artificial e suas aplicações são multidisciplinares, as quais são mais bem compreendidas por especialistas no tema. Neste sentido, caminha bem a União Europeia, que pode servir como um exemplo para o Brasil começar a pensar em uma possível *Autoridade Nacional de Robótica e Inteligência Artificial*, se não quiser ficar à mercê do "colonialismo digital".

É bem verdade que esta é uma decisão que envolve aumento de despesas, o que foi um grande impasse na criação da Autoridade Nacional de Proteção de Dados, cuja existência defendemos e demonstramos ser essencial ao *enforcement* da LGPD.[87] Justamente por isso, o Brasil deve desde já pensar neste modelo de agência, que precisará existir cedo ou tarde, quanto mais precoce for a existência deste órgão, menos prejuízos o país sofrerá em virtude do avanço que os outros países estão fazendo nesta área.

Por fim, outros pontos que merecem atenção na "Carta Robótica" da União Europeia dizem respeito: 1) à *responsabilidade civil* por danos advindos da robótica: "os engenheiros de robótica são responsáveis pelos impactos sociais, ambientais e para a saúde humana que a robótica possa ter nas gerações presentes e futuras; 2) à *obrigatoriedade de realizar seguros* para a utilização dos robôs por parte dos engenheiros; 3) aos cuidados ao estabelecer as *licenças* tanto para os desenvolvedores quanto aos consumidores que utilizarão os robôs.

Enfim, a partir desta busca pelos limites éticos da inteligência artificial, surgiu a ideia do que se denomina "friendly artificial intelligence",[88] ou seja, a inteligência artificial utilizada em quaisquer das ferramentas acima analisadas deve ser desenvolvidas desde o início de forma a proteger a humanidade o que se poderia chamar de *human friendly design* ou *by default*, fazendo uma analogia

---

87. DE LIMA, Cíntia Rosa Pereira. *A imprescindibilidade de uma entidade de garantia para a efetiva proteção dos dados pessoais no cenário futuro do Brasil*. Tese de Livre Docência apresentada à Faculdade de Direito de Ribeirão Preto, Universidade de São Paulo. Ribeirão Preto, 2015. Cf. atualização da tese publicada: DE LIMA, Cíntia Rosa Pereira. *Autoridade Nacional de Proteção de Dados e a efetividade da Lei Geral de Proteção de Dados*. São Paulo: Almedina, 2020.
88. YUDKOWSKY, Eliezer. *Creating Friendly AI 1.0*: The Analysis and Design of Benevolent Goal Architectures. São Francisco (CA): Machine Intelligence Research Institute, 2001. Disponível em: https://intelligence.org/files/CFAI.pdf. Acesso em: 10 fev. 2020.

aos conceitos *privacy by design* e *privacy by default*,[89] muito utilizada nos sistemas de proteção de dados. Em outras palavras, todo o sistema que utilize inteligência artificial deve ser configurado de forma mais protetiva aos seres humanos. Este tema será retomado, a seguir, sobre o Plano Nacional para Inteligência Artificial (item 1.4).

1.3 INTELIGÊNCIA ARTIFICIAL E SUA NECESSÁRIA REGULAÇÃO

Um dos grandes desafios da inteligência artificial é sua regulamentação. Isto porque não basta somente ter um quadro normativo, mas se deve assegurar sua eficácia. Ademais, como se pode constatar neste capítulo, há diversos temas sensíveis que devem ser incorporados, que vão desde a proteção dos trabalhadores que ficarão sem emprego se não houver investimento em requalificação destas pessoas, até a proteção do segredo industrial e comercial, bem como questões relacionadas à justa e livre concorrência.

Realmente, são muitos temas, cada qual com sua complexidade. No entanto, isto não intimidou algumas propostas legislativas nesta área, como serão analisadas as principais propostas de regulação da inteligência artificial.

1.3.1 Diretrizes da OCDE sobre Inteligência Artificial

O Comitê de Políticas sobre Economia Digital (*Committee on Digital Economy Policy – CDEP*) apresentou uma proposta sobre o tema, em 22 de maio de 2019, qual seja: Recomendação sobre Inteligência Artificial da Organização para a Cooperação e Desenvolvimento Econômico – OCDE,[90] que foi aprovada nesta data por todos os membros. Esta proposta foi pioneira no contexto supranacional e indica a preocupação de diversos países sobre os rumos e o futuro da inteligência artificial em seus respectivos países.

Trata-se de uma proposta essencialmente principiológica que estabelece algumas diretrizes para o desenvolvimento responsável de tecnologias de inteligência artificial confiáveis, orientando os atores deste grande mercado a

---

89. Esses mecanismos foram idealizados pela Dra. Ann Cavoukian (*Information & Privacy Commissioner* da Província de Ontário, Canadá), que desenvolveu o conceito de *privacy by design* na década de 1990, entendido como a imposição de que o próprio sistema de informação (arquitetura da rede) garanta um ambiente seguro para a coleta, tratamento e transferência de dados, sempre informando o titular destes. Cf. DE LIMA, Cíntia Rosa Pereira. *Autoridade Nacional de Proteção de Dados*. Op. cit., p. 260.

90. *The Recommendation on Artificial Intelligence (AI)* – the first intergovernmental standard on AI, de 22 de maio de 2019. Disponível em: https://legalinstruments.oecd.org/en/instruments/OECD-LE-GAL-0449. Acesso em: 10 dez. 2019.

implementá-las. Estes princípios são: a) *crescimento inclusivo, desenvolvimento sustentável e bem-estar*, segundo o qual os envolvidos no projeto devem adotar ferramentas proativas que beneficiem o ser humano e o planeta; b) *valores de justiça centrados no homem*, ou seja, os agentes devem respeitar a dignidade humana, a democracia, os direitos humanos fundamentais, proteção de dados, igualdade e não discriminação por sexo, gênero, raça etc., bem como desenvolver medidas de garantia de autodeterminação; c) *transparência e clareza*, ou seja, os *stakeholders* devem adotar ferramentas favoráveis ao pleno conhecimento das técnicas e dos objetivos da aplicação da inteligência artificial em seus serviços e produtos; d) *robustez, segurança e proteção*, deve-se atentar a todos os possíveis riscos em decorrência do uso da inteligência artificial, prevenindo-os sempre que possível, por isso, os agentes devem desenvolver constantemente uma análise dos riscos envolvidos em seu produto ou serviço que utilize inteligência artificial; e e) *prestação de contas e responsabilização* ("accountability"), os agentes devem ser responsabilizados pelos danos advindos do uso da inteligência artificial, levando-se em consideração suas funções, o contexto e o estado da arte.

Este documento sugere ainda medidas de políticas públicas sobre o tema, a saber: a) *investir em pesquisa e desenvolvimento de IA*, ou seja, o Governo deve investir em IA diretamente, bem como incentivar os entes privados a fazê-lo; b) *promover um ecossistema digital para IA*, o Governo deve assegurar tecnologias digitais, infraestrutura e mecanismos de compartilhamento, prestigiando sistemas justos, éticos e legais de compartilhamento de dados (ex. *Data Trusts*); c) *moldar um ambiente político favorável para a IA*, o Governo deve disponibilizar condições para o desenvolvimento dos testes dos produtos e serviços que utilizem IA, bem como encorajar e estimular a inovação; d) *capacitação humana e preparação para a transformação do mercado de trabalho*, o Governo deve observar de perto a transição dos trabalhadores neste novo contexto de automação, seja a partir de projetos de cidadania e educação, seja determinando que os agentes econômicos invistam em requalificação dos trabalhadores que perderão os empregos; e e) *cooperação internacional para IA confiável*, haja vista a circulação transfronteiriça de bens e pessoas, esta medida é importante para que o Governo congregue esforços com a comunidade internacional para que estes princípios e recomendações sejam eficazes no contexto global.

Estas diretrizes foram construídas simultaneamente ao quadro normativo da União Europeia que se verá adiante, por isso, há grande semelhança entre estas e as normativas da União Europeia sobre inteligência artificial, inclusive a discussão sobre a matéria nos Estados Unidos é muito similar.

1.3.2 Plano estratégico para o desenvolvimento da Inteligência Artificial nos Estados Unidos

Os Estados Unidos foram pioneiros em propor padrões éticos para o desenvolvimento e a implementação da inteligência Artificial, por meio da lei "Fundamentally Understanding the Usability and Realistic Evolution of Artificial Intelligence Act", de 12 de dezembro de 2017.[91] Esta lei criou a Comissão Federal para o Desenvolvimento e Implementação da Inteligência Artificial ("Federal Advisory Committee on the Development and Implementation of Artificial Intelligence") a quem compete estabelecer diretrizes notadamente sobre: a) promoção de investimentos públicos e privados para o avanço da IA; b) requalificação da mão de obra; c) educação, priorizando as áreas de tecnologia, engenharia e matemática; d) desenvolvimento ético da IA; e) compartilhamento de tecnologias de inteligência artificial; f) cooperação internacional; g) prestação de contas e responsabilidade, enfatizando a proteção dos direitos fundamentais; h) não discriminação ("machine learning bias"); i) aplicação da IA em comunidades rurais; e j) eficiência governamental.

Em 2019, estes temas foram retomados na Ordem Executiva do Presidente Donald Trump,[92] em que ficaram evidenciadas as principais preocupações dado o uso crescente de tecnologia IA em diversas atividades cotidianas, tais como: privacidade e proteção de dados; segurança; critérios de interoperabilidade e modelos e formatos legíveis por máquinas; e governança.

Portanto, em 27 de fevereiro de 2019, o Congresso norte-americano apoiou a construção de diretrizes éticas para a inteligência artificial.[93] Estes esforços culminaram na denominada "Algorithmic Accountability Act of 2019."[94]

Neste documento, destacou-se os pontos críticos das decisões automatizadas, ou seja, as que são estabelecidas a partir dos algoritmos, justificando o título da lei. Nota-se a preocupação em torno da proteção de dados pessoais, por isso a lei determina que seja feito um Relatório de Impacto à Proteção de Dados ("Data Protection Impact Assessment") ao utilizar tecnologias de IA. Por fim, coube à

---

91. *House Resolution 4625 de 12 de dezembro de 2017*. FUTURE of Artificial Intelligence Act. Disponível em: https://www.congress.gov/115/bills/hr4625/BILLS-115hr4625ih.pdf. Acesso em: 10 mar. 2020.

92. WHITE HOUSE. *Executive Order on Maintaining American Leadership in Artificial Intelligence*. 11 de fevereiro de 2019. Disponível em: https://www.whitehouse.gov/presidential-actions/executive-order--maintaining-american-leadership-artificial-intelligence/. Acesso em: 10 mar. 2020.

93. HOUSE OF REPRESENTATIVES. House Resolution 153. *Supporting the development of guidelines for ethical development of artificial intelligence*. Data: 27 de fevereiro de 2019. Disponível em: https://www.congress.gov/bill/116th-congress/house-resolution/153/text. Acesso em: 10 mar. 2020.

94. HOUSE OF REPRESENTATIVES. *House Resolution 2231, de 10 de abril de 2019. Algorithmic Accountability Act*. Disponível em: https://www.congress.gov/116/bills/hr2231/BILLS-116hr2231ih.pdf. Acesso em: 10 mar. 2020.

Federal Trade Commission regular a matéria e fiscalizar o efetivo cumprimento de seus regulamentos.

Muito embora estes documentos não sejam tão detalhistas, pois serão complementados pelos regulamentos da *FTC (Federal Trade Commission)*, percebe-se que os fundamentos e as diretrizes éticas inicialmente estabelecidos inspiraram as diretrizes que foram adotadas na União Europeia como se irá constatar.

1.3.3 Plano estratégico para o desenvolvimento da Inteligência Artificial na Europa

A Europa já identificou a necessidade de elaborar um planejamento estratégico sério tendo em vista o progresso da inteligência artificial, com destaque para diversas iniciativas a partir de 10 de abril de 2018, quando os 24 Estados-Membros assinaram um termo de cooperação para tratar do tema durante o evento "Digital Day 2018".[95] Em 25 de abril de 2018, a Comissão Europeia emitiu uma comunicação sobre inteligência artificial,[96] em que sugeriu o avanço na capacidade tecnológica e industrial da União Europeia em prol da IA, o preparo para as mudanças socioeconômicas que virão em decorrência da IA e um marco regulatório eficaz baseado nos valores democráticos e proteção aos direitos fundamentais para garantir um desenvolvimento ético da inteligência artificial. Ao final, a Comissão Europeia solicitou que os Estados-Membros coordenassem em seus respectivos países planos estratégicos para a implementação da IA até o final de 2018.

Nesta ocasião foi criado um grupo de 52 peritos de alto nível em inteligência artificial (*High Level Expert Group on Artificial Intelligence – AI HLEG*), cuja composição é multissetorial, pois congrega pesquisadores, acadêmicos, representantes da indústria e da sociedade civil. Além deste grupo, foi criada a "Aliança Europeia para a IA" ("European AI Alliance"),[97] que estimula a participação democrática, como audiências públicas, sobre diversos temas relacionados à inteligência artificial.

Em 18 de dezembro de 2018, o grupo *AI HLEG* submeteu à consulta pública o primeiro esboço das "Diretrizes Éticas para a Confiabilidade da Inteligência Artificial".[98] Após intensos e interessantes debates, o grupo apresentou a versão

---

95. Disponível em: https://ec.europa.eu/digital-single-market/en/news/eu-member-states-sign-cooperate-artificial-intelligence. Acesso em: 20 nov. 2019.
96. Disponível em: https://ec.europa.eu/digital-single-market/en/news/communication-artificial-intelligence-europe. Acesso em: 20 nov. 2019.
97. Disponível em: https://ec.europa.eu/digital-single-market/en/european-ai-alliance. Acesso em: 20 nov. 2019.
98. Disponível em: https://ec.europa.eu/digital-single-market/en/news/draft-ethics-guidelines-trustworthy-ai. Acesso em: 20 nov. 2019.

final em 08 de abril de 2019, com as diretrizes e princípios que devem nortear o desenvolvimento da IA no bloco ("Ethics Guidelines for Trustworthy AI").[99] Este documento apresenta quatro princípios éticos para a inteligência artificial, quais sejam: a) *respeito à autodeterminação do ser humano* ("the principle of respect for human autonomy"), ou seja, toda tecnologia IA deve respeitar os direitos e as garantias fundamentais, bem como a democracia; b) *prevenção de danos* ("the principle of prevention of harm"), devem-se adotar medidas robustas e eficazes a fim de se evitar danos aos seres humanos; c) *justiça* ("the principle of fairness"), isto é, assegurar uma distribuição equitativa dos lucros e dos custos, bem como eliminar qualquer tipo de preconceito (*unfair bias*), seja por motivo de gênero, raça, crença religiosa e etc.; e d) *transparência e clareza* ("the principle of explicability"), ou seja, os sistemas de IA devem ser claros e compreensíveis aos seres humanos que irão operacionalizar tais sistemas.

Ademais, foram apresentados alguns requisitos exemplificativos para a confiabilidade da IA, que compreendem aspectos individuais e sociais de maneira sistêmica, a saber: a) assistência e supervisão humana; b) robustez técnica e segurança; c) privacidade e proteção de dados pessoais; d) transparência; e) diversidade, não discriminação e justiça; f) bem-estar social e ambiental; e g) prestação de contas e responsabilidade.

Portanto, a União Europeia, atenta ao crescente uso da IA nas mais diversas áreas, estabeleceu um plano coordenado de medidas para a implementação da inteligência artificial em 07 de dezembro de 2018,[100] encorajando que os Estados-Membros elaborem os respectivos planos nacionais para IA até meados de 2019. Mais recentemente, em 19 de fevereiro de 2020, a Comissão Europeia colocou em consulta até 19 de maio de 2020, o relatório "White Paper on Artificial Intelligence: an European approach to excellence and trust".[101] Este relatório reforçou as Diretrizes Éticas acima mencionadas e destacou a necessária regulação sobre a responsabilidade civil em decorrência de danos causados por produtos e serviços que utilizem inteligência artificial. Para tanto, ressaltou-se a necessária revisão da "Product Liability Directive", Dir. 85/374/EEC, de julho de 1985, que disciplina a responsabilidade civil pelo fato do produto e pelos vícios do produto.[102]

---

99. Disponível em: https://ec.europa.eu/digital-single-market/en/news/ethics-guidelines-trustworthy-ai. Acesso em: 20 nov. 2019.
100. Disponível em: https://ec.europa.eu/knowledge4policy/node/32954_sl. Acesso em: 20 nov. 2019.
101. Disponível em: https://ec.europa.eu/info/sites/info/files/commission-white-paper-artificial-intelligence-feb2020_en.pdf. Acesso em: 15 mar. 2020.
102. Disponível em: https://eur-lex.europa.eu/legal-content/EN/TXT/PDF/?uri=CELEX:31985L0374&-from=EN. Acesso em: 15 mar. 2020.

Consoante esta diretiva, o fornecedor é responsável por danos causados em virtude do fato do produto; entretanto, em tecnologias de inteligência artificial, como os carros autônomos, é difícil provar que os danos foram causados em virtude de um defeito de programação, por exemplo. Sendo que em algumas circunstâncias, os danos decorrerão dos *comportamentos emergentes* diante situações absolutamente imprevisíveis como no contexto dos carros autônomos, não podendo ser estes classificados como vícios ou defeitos do produto ou do serviço, na medida em que foram programados justamente para tomarem decisões nas mais diversas situações, porém não é possível prever com antecedência quais seriam todas as possíveis circunstâncias na dinâmica do trânsito (diferente da IA aplicada à uma partida de xadrez, na qual é possível prever todos os movimentos, pois as jogadas são limitadas).

Neste sentido, a Comissão Europeia sinalizou a necessidade de uma regulamentação específica para este setor e a consequente adequação do Direito interno de cada Estado-Membro.

Na mesma data, 19 de fevereiro de 2020, a Comissão Europeia aprovou um plano estratégico para os dados ("European Strategy for Data"),[103] levando em consideração o volume de informações que trafegam na sociedade informacional, de 33 *zettabytes* (em 2018) para 175 *zettabytes* (projetado para 2025) na era do *Big Data*. Este documento destaca a necessária cooperação internacional sobre a matéria para o *enforcement* das medidas regulatórias neste setor dada a circulação transfronteiriça de dados. Neste sentido, todos os países precisam estar atentos a estas medidas para sua inserção no capitalismo informacional.

A Itália, seguindo estas diretrizes, estabeleceu um plano estratégico para a implementação da IA no país, "Strategia Nazionale per l'Intelligenza Artificiale",[104] elaborado pelo Ministério do Desenvolvimento Econômico em julho de 2019, que está em consulta pública. Esta proposta está calcada no princípio do antropocentrismo, confiança e sustentabilidade, cujos objetivos foram definidos da seguinte forma:

1. *incrementare gli investimenti, pubblici e privati, nell'IA e nelle tecnologie correlate;*

2. *potenziare l'ecosistema della ricerca e dell'innovazione nel campo dell'IA;*

3. *sostenere l'adozione delle tecnologie digitali basate sull'IA;*

---

103. Disponível em: https://eur-lex.europa.eu/legal-content/EN/TXT/PDF/?uri=CELEX:52020DC0066&-from=EN. Acesso em: 15 mar. 2020.
104. Disponível em: https://www.mise.gov.it/index.php/it/strategia-intelligenza-artificiale/contesto. Acesso em: 20 nov. 2019.

CAPÍTULO 1 • INTELIGÊNCIA ARTIFICIAL **39**

4. *rafforzare l'offerta educativa a ogni livello, per portare l'IA al servizio della forza lavoro;*

5. *sfruttare il potenziale dell'economia dei dati, vero e proprio carburante per l'IA;*

6. *consolidare il quadro normativo ed etico che regola lo sviluppo dell'IA;*

7. *promuovere la consapevolezza e la fiducia nell'IA tra i cittadini;*

8. *rilanciare la pubblica amministrazione e rendere più efficienti le politiche pubbliche;*

9. *favorire la cooperazione europea ed internazionale per un'IA responsabile e inclusiva.*

No contexto socioeconômico europeu, a Itália deve se acautelar para garantir uma participação importante no cenário da IA. Por isso, interessante a previsão de educação para requalificar os trabalhadores (muitos dos quais ficarão desempregados em virtude do emprego da IA), algo a que se deve atentar o Brasil.

Percebe-se que estas iniciativas regulatórias são essencialmente principiológicas, com destaque para: 1) fundamentos: respeito aos direitos e garantias fundamentais, democracia e justiça; 2) princípios: autodeterminação do ser humano; prevenção; não discriminação; transparência e clareza; 3) objetivos: aumentar os investimentos públicos e privados em IA e tecnologias correlatas; criar um ecossistema de pesquisa e inovação propício à IA; adotar tecnologias de IA; estruturar a educação para a requalificação da mão de obra; estruturar a economia dos dados; estabelecer diretrizes éticas para o desenvolvimento e implementação da IA; fomentar a cooperação internacional.

Estes são alguns pontos importantes que devem ser incorporados no futuro Plano Nacional para a Inteligência Artificial que deve ser adotado no Brasil.

1.4 PRINCÍPIOS PARA O DESENVOLVIMENTO E USO DA INTELIGÊNCIA ARTIFICIAL: PROPOSTA DE UM PLANO NACIONAL DE INTELIGÊNCIA ARTIFICIAL PARA O BRASIL

O Ministério da Ciência, Tecnologia, Inovação e Comunicação realizou consulta pública até 02 de março de 2020 sobre o tema, evidenciando que as diretrizes da OCDE e da União Europeia como um ponto de partida.[105]

---

105. Disponível em: Governance Principles for a New Generation of Artificial Intelligence: Develop Responsible Artificial Intelligence. Acesso em: 10 mar. 2020.

Este debate centrou-se, além das prioridades e objetivos da IA no Brasil, nos seguintes questionamentos: 1) legislação, regulação e uso ético da IA; 2) governança de IA; 3) aspectos internacionais; 4) qualificações para um futuro digital; 5) força de trabalho e capacitação; 6) pesquisa, desenvolvimento, inovação e empreendedorismo; 7) aplicação nos setores produtivos; 8) aplicação pelo Poder Público; e 9) segurança pública.

Semelhantemente ao Marco Civil da Internet (Lei 12.965, de 22 de abril de 2014 – MCI) e à Lei Geral de Proteção de Dados Pessoais (Lei 13.709, de 14 de agosto de 2018 – LGPD), que resultaram de longos e intensos debates, a proposta brasileira para um *Plano Nacional sobre Inteligência Internacional* começa de maneira aberta e democrática.

A análise desta primeira consulta pública não foi concluída, infelizmente o Brasil e o mundo paralisaram-se em meio à pandemia de Covid-19, que tragicamente ceifou a vida de milhões de pessoas. Assim, devem-se aguardar os desdobramentos desta consulta pública.

Entretanto, esta consulta pública ficou aberta por pouco tempo (de dezembro de 2019 a 02 de março de 2020), diante da densidade dos pontos a serem debatidos e da complexidade da matéria, parece-nos que o período foi escasso. Apenas a título argumentativo, o MCI ficou um ano na 1ª fase e 2ª fase da consulta pública, que ainda está acessível.[106] A LGPD, de igual forma, foi idealizada por volta de 2011, submetida à consulta pública, audiência pública até que fosse consolidada em 2018.

Por isso, é de se supor que esta foi apenas a 1ª fase da consulta pública do *Plano Nacional de Inteligência Artificial do Brasil*, espera-se que outros debates surgirão para consolidar alguns pontos e suprir lacunas importantes como, por exemplo, a proteção de dados pessoais, que merece um eixo de discussão à parte tendo em vista à monetização dos dados pessoais o que contribuiu sobremaneira para o avanço da inteligência artificial.

De qualquer maneira, o *Plano Nacional para Inteligência Artificial no Brasil* deve ser essencialmente principiológico, para estabelecer princípios básicos para o desenvolvimento e implementação da inteligência artificial, notadamente: autodeterminação do ser humano; precaução; prevenção; transparência; não discriminação; prestação de contas e responsabilidade. Além disso, deverá explicitar os seus fundamentos, quais sejam: respeito aos direitos e garantias fundamentais, democracia e justiça. Por fim, deve, ainda, estabelecer os objetivos para sua consolidação, estabelecendo ferramentas para aumentar os investimentos

---

106. Disponível em: http://culturadigital.br/marcocivil/consulta/. Acesso em: 23 mar. 2020.

públicos e privados em IA, criar um ecossistema de pesquisa e inovação propício à IA, estruturar a educação para a requalificação da mão de obra, estabelecer diretrizes éticas para o desenvolvimento e implementação da IA e fomentar a cooperação internacional.

Desta forma, como é muito diversificado o uso da inteligência artificial em diversos setores, tais como saúde, Poder Público, carros autônomos e etc., o ideal é que cada setor seja regulado especificamente, sempre coordenado com o que estabelecer o futuro *Plano Nacional de Inteligência Artificial do Brasil.*

Paralelamente, o Projeto de Lei 5.691/2019, de autoria do Senador Styvenson Valentim (PODEMOS/RN), atualmente tramita no Senado Federal, sob a relatoria do Senador Rogério Carvalho, parece ter incorporado os princípios e diretrizes da OCDE e da União Europeia acima destacados.[107]

Esta proposta merece louvor pela iniciativa e estabelece os princípios para a Política Nacional de Inteligência Artificial, no art. 2º, a saber: 1) desenvolvimento inclusivo e sustentável; 2) respeito à ética, aos direitos humanos, aos valores democráticos e à diversidade; 3) proteção à privacidade e aos dados pessoais; e 4) transparência, segurança e confiabilidade.

Ainda há uma importante lacuna ao não mencionar o princípio da prevenção ou precaução, ou seja, impor aos que utilizem tecnologias de IA todas as medidas necessárias para prevenir a ocorrência de danos virtude do uso destas. Este princípio é de suma importância para sustentar a obrigatoriedade de realizar testes nas aplicações de IA desenvolvidas e, consequentemente, sua adequação ao Código de Defesa do Consumidor e Lei Geral de Proteção de Dados, ambos preveem o princípio da prevenção, o que pode suprir a lacuna do referido projeto de lei.

Outra omissão inaceitável é o princípio da *accountability,* segundo o qual deve-se demonstrar a adoção de procedimento completo, isto é, a adoção de medidas jurídicas, organizacionais e técnicas para a segurança das ferramentas que utilizam IA. Para chegar a tal conclusão pode-se inspirar no princípio da responsabilização e prestação de contas previsto no art. 6º, inc. X da LGPD, segundo o qual determina que o princípio da responsabilização e prestação de contas é a: "demonstração, pelo agente, da adoção de medidas eficazes e capazes de comprovar a observância e o cumprimento das normas de proteção de dados pessoais e, inclusive, da eficácia dessas medidas".[108]

---

107. Disponível em: https://www25.senado.leg.br/web/atividade/materias/-/materia/139586. Acesso em: 20 mar. 2020.
108. FINOCCHIARO, Giusella. Il Quadro d'Insieme sul Regolamento Europeo sulla Protezione dei Dati Personali. In: FINOCCHIARO, Giusella (Coord.). *Il nuovo Regolamento europeo sulla privacy e sulla protezione dei dati personali.* Torino: Zanichelli Editore, 2017. p. 14.

Nota-se uma forte inspiração nos modelos de outros países, todavia, o Brasil tem especificidades que precisam ser levadas em consideração em uma matéria tão relevante. No art. 1º, há pontos positivos, por exemplo, ficou expressa a necessária proteção à privacidade e aos dados pessoais, porém poderia acrescentar "na forma da lei", pois existem diversas leis de proteção de dados direta, como a Lei Geral de Proteção de Dados; ou indireta, como a Lei do Cadastro Positivo (Lei 12.414/2011), Lei de Acesso à Informação (Lei 12.527/2011), Marco Civil da Internet, Código de Defesa do Consumidor, dentre outras.

Todavia, o projeto de lei poderia ter estabelecido os fundamentos do Plano Nacional de Inteligência Artificial, em especial: a Democracia e a Segurança Nacional. O que nos parece estar no art. 4º do Projeto de Lei 5.691/2019, como possíveis soluções de Inteligência Artificial, *in verbis:*

> Art. 4º As soluções de Inteligência Artificial devem:
>
> I – respeitar a autonomia das pessoas;
>
> II – preservar a intimidade e privacidade das pessoas;
>
> III – preservar os vínculos de solidariedade entre os povos e as diferentes gerações;
>
> IV – ser inteligíveis, justificáveis e acessíveis;
>
> V – ser abertas ao escrutínio democrático e permitir o debate e controle por parte da população;
>
> VI – ser compatíveis com a manutenção da diversidade social e cultural e não restringir escolhas pessoais de estilo de vida;
>
> VII – conter ferramentas de segurança e proteção que permitam a intervenção humana sempre que necessária;
>
> VIII – prover decisões rastreáveis e sem viés discriminatório ou preconceituoso;
>
> IX – seguir padrões de governança que garantam o contínuo gerenciamento e a mitigação dos riscos potenciais da tecnologia.

Ainda que tenha a excelente intenção de tentar estabelecer um Plano Nacional de Inteligência Artificial, parece muito precoce oferecer soluções em uma matéria ainda pouco desvendada. Na Europa, nos Estados Unidos e nas Diretrizes da OCDE, não constaram soluções, até para não correr o risco de serem inócuas ou imprecisas, pois se devem considerar as especificidades de cada setor em que usa IA. Portanto, parece-nos que seria mais apropriado falar em "fundamentos da inteligência artificial".

Quanto às diretrizes consubstanciadas no art. 3º do Projeto de Lei 5.691/2019, estão: 1) estabelecimento de padrões éticos para o uso da IA; 2) promoção de crescimento inclusivo e sustentável; 3) melhoria da qualidade e da eficiência dos serviços oferecidos à população; 4) estímulo a investimentos públicos e privados em pesquisa e desenvolvimento de IA; 5) promoção da cooperação e interação entre os entes públicos e entre os setores público e privado; 6) desenvolvimento de estratégias para incrementar o intercâmbio de informações e a colaboração nacional e internacional; 7) estímulo às atividades de pesquisa e inovação; 8) fomento à inovação e ao empreendedorismo digital; 9) capacitação dos profissionais da área de tecnologia em IA; 10) valorização do trabalho humano; e 11) promoção de uma transição digital justa com a mitigação das consequências adversas da IA para o mercado de trabalho e para as relações trabalhistas.

Como o próprio Projeto de Lei 5.691/2019 prevê no art. 4º, inc. V, a participação popular, o ideal seria aguardar o resultado da consulta pública sobre os diversos tópicos acima destacados, para construir uma Política Nacional de Inteligência Artificial sólida e que seja eficaz haja vista as características socioeconômicas da sociedade brasileira, evitando, assim, o "colonialismo digital".

O projeto não menciona a aconselhável criação da *Autoridade Nacional de Robótica e Inteligência Artificial* como destacado *supra*, trata-se de medida necessária para as auditorias dos sistemas que utilizam inteligência artificial e o constante monitoramento do uso de suas ferramentas, que foram analisadas neste capítulo.

Enfim, a ideia é salutar, pois o Brasil precisa ter um plano sólido para o desenvolvimento sustentável e a aplicação ética da IA no país, mas se trata de matéria complexa que demanda estudos e pesquisas de especialistas no tema para embasar o futuro *Plano Nacional de Inteligência Artificial do Brasil* à semelhança do que ocorreu nos outros países comentados neste subcapítulo em que as discussões sobre a regulação da IA duraram alguns anos e avançam com cautela para assegurar a efetividade da futura normativa.

1.5 PRINCIPAIS EXEMPLOS DE UTILIZAÇÃO DE INTELIGÊNCIA ARTIFICIAL: DESAFIOS DA SUA IMPLEMENTAÇÃO

Como se pode constatar, a aplicação das diversas técnicas de IA é bem variada, cada qual com suas especificidades. Semelhantemente, as áreas em que são aplicadas estas tecnologias são bem diversificadas o que demanda um olhar atento para os benefícios e os riscos em cada setor.

Neste subcapítulo, a título exemplificativo, sem a intenção de esgotar o assunto, serão apresentados alguns setores nos quais se constata a utilização de inteligência artificial, para que se possa ter uma completa compreensão do fenômeno e de sua amplitude.

1.5.1 Desafios à proteção de dados pessoais em decorrência do uso de Inteligência Artificial

Os recursos utilizados na mineração de dados, *Big Data* e aprendizado de máquina revelam que sua matéria prima são informações, ou seja, os *inputs* para que os algoritmos sejam treinados para realizar classificação, definição de padrões e generalizações. Em outras palavras, os dados pessoais são utilizados como verdadeiras *commodities*, gerando graves riscos à efetiva proteção de dados pessoais, sendo esta uma preocupação constante em várias iniciativas regulatórias sobre o tema.

As técnicas de inteligência artificial são utilizadas em atividades rotineiras, tais como: programas que examinam as comunicações (para o bem ou para o mal), negociam valores mobiliários, detectam ataques cibernéticos, analisam as transações com cartão de crédito (geralmente para evitar fraudes), dentre outras.

Os avanços na tecnologia de reconhecimento facial são preocupantes. Eles trazem diversos benefícios, como sinalizar possíveis criminosos (suspeitos conhecidos) ou alguém que entre em uma área restrita a funcionários ou, mesmo, constata tentativas de furtos (como, por exemplo, alguém que pegue mercadorias em determinada loja sem pagar). No entanto, a precisão e a ampla utilização de tais sistemas estão aumentando consideravelmente, acirrando os debates sobre proteção de dados e a privacidade.

Neste sentido, as diretrizes sobre IA são uníssonas a garantir a proteção à privacidade e à proteção de dados pessoais. O mesmo deve ser feito aqui no Brasil, principalmente, após a aprovação da LGPD.

Os *softwares* de reconhecimento fácil mapeiam o rosto humano traduzindo para a linguagem computacional, ou seja, um código numérico único, que é armazenado. Estas ferramentas têm sido utilizadas em projeto de vigilância e segurança principalmente em grandes cidades. Por exemplo, em janeiro de 2020, o governo de São Paulo criou o "Laboratório de Identificação Biométrica – Facial e Digital",[109] o qual, desde 2014, realiza a coleta e o cruzamento de dados e impressões digitais, e, agora, irá incluir o reconhecimento facial, utilizando algoritmos de busca para identificação dos possíveis suspeitos de determinado delito.

A Defensoria Pública do Estado de São Paulo propôs, em conjunto com a Defensoria Pública da União, o Instituto Brasileiro de Defesa do Consumidor (IDEC) e a associação civil Intervozes, ação em face da Companhia do Metropolitano de São Paulo, em 10 de fevereiro deste ano.[110]

Na petição inicial a Defensoria Pública alega a existência de potencial violação aos direitos constitucionais, principalmente em relação à privacidade

---

109. Governo de SP inaugura Laboratório de Identificação Biométrica – Facial e Digital. *Governo do Estado de São Paulo*, São Paulo, 2020. Disponível em: http://www.saopaulo.sp.gov.br/sala-de-imprensa/release/governo-de-sp-inaugura-laboratorio-de-identificacao-biometrica-facial-e-digital/. Acesso em: 25 fev. 2020.

110. Defensoria e entidades questionam câmeras no metrô de SP. *Migalhas*, São Paulo, 12 de fev. 2020. Disponível em: https://migalhas.com.br/quentes/320279/defensoria-e-entidades-questionam-cameras-de-reconhecimento-facial-no-metro-de-sp. Acesso em: 25 fev. 2020.

e intimidade, em decorrência da instalação de sistema de reconhecimento facial no metrô de São Paulo (as linhas 1-Azul, 2-Verde e 3-Vermelha), sem a obtenção do consentimento dos usuários do metrô de São Paulo.

Em decisão interlocutória o juízo da 1ª Vara da Fazenda Pública da Comarca de São Paulo concedeu o pedido de produção de provas requerido, estabelecendo prazo de 30 dias úteis para que a ré junte a documentação em questão. Dentre as provas deferidas, verifica-se "prova documental sobre análise de impacto de proteção de dados, contendo quais dados serão coletados e tratados, a base legal para essa coleta (art. 7º LGPD), a finalidade desse tratamento, se há dentre os dados que serão coletados algum que seja definido como sensível pela LGPD, o período de retenção dos dados, o grau de risco e finalmente as ações para a mitigação do risco envolvido".

Este caso denota uma grave ameaça se tais informações forem utilizadas para finalidade diversa, o que é terminantemente proibido pela LGPD (art. 6º, inc. I). Por isso, a ANPD deve auditar os sistemas de reconhecimento facial para constatar o fiel cumprimento da lei.

Para minimizar estes riscos, deve-se obrigar os desenvolvedores de produtos e serviços que utilizem IA a: 1) demonstrarem que adotam todas as medidas técnicas e organizacionais para a efetiva proteção dos dados pessoais (*accountability*); 2) elaborarem uma avaliação do impacto destas tecnologias à proteção de dados pessoais (*Data Protection Impact Assassement*); – adotarem sistemas mais protetivos aos dados pessoais já na configuração de seus produtos e serviços (*privacy by design* e *privacy by default*). Além disso, deve-se dar uma atenção especial aos direitos dos titulares de dados, notadamente aos direitos de portabilidade, oposição ao tratamento de dados, exclusão de dados, esquecimento, desindexação e revisão das decisões automatizadas (*online profiling*).[111]

1.5.2 Riscos e benefícios da aplicação da Inteligência Artificial na área da saúde

A partir das diretrizes europeias e norte-americanas, pode-se constatar um reforço aos diversos benefícios que a inteligência artificial pode trazer ao desenvolvimento da medicina.

---

111. PIZZETTI, Franco. La protezione dei dati personali e la sfida dell'Intelligenza Artificiale. In: PIZZETTI, Franco. (Org.). *Intelligenza artificiale, protezione dei dati personali e regolazione*. Torino: Giappichelli Editore, 2018. p. 186. Sobre os direitos dos titulares de dados pessoais: DE LIMA, Cíntia Rosa Pereira; RAMIRO, Livia Froner Moreno. Direitos do titular dos dados pessoais. Op. cit., p. 249-278. Sobre as obrigações dos controladores e dos operadores: DE LIMA, Cíntia Rosa Pereira. Agentes de tratamento de dados pessoais (controlador, operador e encarregado pelo tratamento de dados pessoais). *Comentários à Lei Geral de Proteção de Dados Pessoais (Lei 13.709/2018)*. São Paulo: Almedina, 2020. p. 279-326.

Destacam-se aplicativos robóticos e dispositivos inteligentes para ajudar ou substituir a cirurgia humana, *software* de mineração de dados capaz de comparar tratamentos, adaptando-os às características físicas de um único paciente, plataformas digitais para interações complexas entre vários bancos de dados para melhorar o diagnóstico e o prognóstico médico. Além disso, existem aplicativos, plataformas de telemedicina ou de equipes médicas virtuais e outros sistemas que possibilitam a comunicação e o intercâmbio de informações entre pacientes e entre eles e médicos ou profissionais de saúde,[112] o que foi autorizado haja vista às medidas de distanciamento social necessárias ao combate à Covid-19.[113]

A IBM,[114] por exemplo, está estendendo seu programa Watson de reprodução de *Jeopardy* em uma ampla variedade de aplicações médicas, aconselhando oncologistas no tratamento para pacientes com câncer, para selecionar pacientes com maior probabilidade de beneficiar de novos medicamentos em ensaios clínicos para ajudar a descobrir novos tratamentos e medicamentos agregando e analisando múltiplos fontes de dados.

Entretanto, deve-se analisar com cautela estas aplicações ou mesmo o *DataSus*, bem como outras informações coletadas a partir de *data mining* ou *Big Data Analitics* porque podem revelar aspectos da vida da pessoa sem que tenha real consciência disto.

No julgamento da Corte de Justiça europeia[115] ficou determinado que as informações ainda que consideradas públicas (disponíveis) devem ser tratadas com cautela para não expor a rotina de vida, alimentação, dentre outras ameaças à privacidade e à proteção de dados pessoais. No que diz respeito aos dados clínicos dos pacientes, o cuidado deve ser redobrado.

---

112. SPINA, Alessandro. La medicina degli algoritmi: Intelligenza Artificiale, medicina digitale e regolazione dei dati personali. In: PIZZETTI, Franco (Org.). *Intelligenza artificiale, protezione dei dati personali e regolazione*. Torino: Giappichelli Editore, 2018. p. 320.
113. Portaria 467/2020 do Ministério da Saúde. Disponível em: https://bvsms.saude.gov.br/bvs/saudelegis/gm/2020/prt0467_23_03_2020_extra.html. Acesso em: 10 abr. 2020.
114. Introducing IBM Watson Health. Disponível em: http://www.ibm.com/smarterplanet/us/en/ibmwatson/health/. Acesso em: 10 mar. 2020.
115. Judgment of the Court (Grand Chamber) of 8 April 2014 (requests for a preliminary ruling from the High Court of Ireland (Ireland) and the Verfassungsgerichtshof (Austria)) – Digital Rights Ireland Ltd (C-293/12) v Minister for Communications, Marine and Natural Resources, Minister for Justice, Equality and Law Reform, The Commissioner of the Garda Síochána, Ireland and the Attorney General, and Kärntner Landesregierung, Michael Seitlinger, Christof Tschohl and Others (C-594/12) (Joined Cases C-293/12 and C-594/12). Disponível em: https://eur-lex.europa.eu/legal-content/EN/TXT/HTML/?uri=CELEX:62012CA0293&from=EN. Acesso em: 20 mar. 2020.

1.5.3 Aplicação da Inteligência Artificial na predição de julgamentos e polícia preditiva

As técnicas de inteligência artificial têm auxiliado em diversas funções desempenhadas pelos aplicadores do Direito, utilizando uma ferramenta conhecida como "codificação preditiva", que permite que um computador execute a tarefa de analisar um volume enorme de documentos com velocidade, diligência, e precisão que excede em muito a atuação dos seres humanos.

Para que esta técnica seja viabilizada, primeiro, é necessária uma revisão por advogados de um conjunto de documentos que servirão de amostra (*input*) para representar algumas características de um entendimento por um determinado tribunal, por exemplo. Então, um programa de aprendizado de máquina começa a funcionar para identificar os critérios que lhe permitam identificar a tendência de um determinado tribunal sobre certa matéria. Os critérios podem se estabelecer a partir da constatação de correspondência de frase simples, bem como a partir de uma sofisticada análise semântica do texto, contexto e participantes. Esta ferramenta pode auxiliar de maneira interessante os advogados.[116]

No entanto, destacam-se alguns conflitos éticos importantes. Os advogados não exercerão sua profissão com liberdade de pensamento, pois reproduzirão os argumentos que são confirmados pelos tribunais, prejudicando possíveis mudanças de entendimento nos tribunais ou a consolidação de novas técnicas jurídicas. Por isso, não se pode admitir o uso antiético e ilimitado destes tipos de aplicações de técnicas de inteligência artificial.

1.6 ALGUNS PROJETOS DE LEI BRASILEIROS SOBRE INTELIGÊNCIA ARTIFICIAL

Além do Projeto de Lei 5.691/2019, comentado acima, cujo objetivo é instituir o *Plano Nacional de Inteligência Artificial*. Também de autoria do Senador Styvenson Valentim (PODEMOS/RN), tramita no Senado Federal o Projeto de Lei 5.051/2019, que "estabelece os princípios para o uso da Inteligência Artificial no Brasil".

---

116. KAPLAN, Jerry. Op. cit., p. 94-95. O autor resume alguns dos principais conflitos em se utilizar tecnologias de predição de julgamento, alertando que o sistema está tão avançado que consegue predizer julgamentos da Suprema Corte dos Estados Unidos com 70% de acerto: "For instance, a recent effort to apply machine learning techniques to predicting the outcome of U.S. Supreme Court decisions was able to correctly guess the judges' decisions more than 70 percent of the time, using data only from cases prior to the case predicted. It does so by analyzing the voting behavior of each individual justice from a database of sixty-eight thousand such votes. Such information is critical for lawyers in preparing their cases and advising their clients."

Ambos projetos de lei são muito parecidos, pois se o Projeto de Lei n. 5.051/2019 tem por finalidade apenas de estabelecer os princípios do uso da IA, bastaria que tais princípios estivessem no Plano Nacional de Inteligência Artificial, como comentado acima; e, de fato, está.

Esta lei poderia ser uma tentativa de regulamentar o uso da IA no Brasil, hipótese em que seria insuficiente por algumas razões. Primeiro, a lei não traz um rol de conceitos, como a lei *Algorithms Accountability Act*" dos Estados Unidos e as normativas da União Europeia anteriormente citadas, dentre outras. A exemplo do que fez o MCI e a LGPD, ao tratar de matéria inovadora, estabeleceram alguns conceitos importantes na lei. No caso da IA, dever-se-ia conceituar o que é inteligência artificial, aprendizagem de máquinas, algoritmos, robótica, comportamento de máquina, redes neurais artificiais, desenvolvedor de tecnologias de IA, programador, usuário de IA, dentre outros.

Este projeto de lei é bem sucinto, apenas 07 (sete) artigos. O art. 1º estabelece o fundamento da IA tomando por pressuposto que sua finalidade seja a de melhorar o bem-estar humano em geral, além de outros, a saber: 1) respeito à dignidade humana, à liberdade, à democracia e à igualdade; 2) respeito aos direitos humanos, à pluralidade e à diversidade; 3) garantia da proteção da privacidade e dos dados pessoais; 4) transparência, a confiabilidade e a possibilidade de auditoria dos sistemas.

Neste Projeto de Lei 5.051/2019, não constou deste rol o princípio da não discriminação, como o fez o Projeto de Lei 5.691/2019 de autoria do mesmo Senador, o que deve ser suprida haja vista ser algo importante e já amplamente reconhecido pelas leis anteriormente comentadas. Segundo o princípio da não discriminação pelas tecnologias de IA, não se admite nenhum tipo de algoritmo que possa fazer distinção em função de gênero, raça, crença religiosa, filiação partidária e etc.[117]

A compreensão da tecnologia de inteligência artificial é fundamental para analisar esta ferramenta aplicada na automação dos carros. Porém, além da inteligência artificial, os carros conectados, como serão analisados no capítulo 3 desta obra, são um exemplo de aplicação da Internet das Coisas. Por isso, é importante compreendê-la para, depois, distinguir entre os carros autônomos e os carros conectados.

---

117. Sobre a análise do Projeto de Lei n. 5051/2019 vide: PARENTONI, Leonardo (Coord.) DTI-BR POLICY PAPER. Assunto: Projeto de Lei do Senado 5.051/2019, que "estabelece os princípios para o uso da inteligência artificial no Brasil". Disponível em: https://00678f5b-7933-4993-bd6e-f1f26caf33b2. filesusr.com/ugd/bedd5d_098606875e6747af87e8718259fe5fab.pdf?index=true. Acesso em: 05 mar. 2020.

CAPÍTULO 2
INTERNET DAS COISAS E SUA APLICAÇÃO NA AUTOMAÇÃO DOS CARROS

> *The consumer "Internet of Things" is suddenly reality, not science fiction. Electronic sensors are now ubiquitous in our smartphones, cars, homes, electric systems, health-care devices, fitness monitors, and workplaces. [...] For example, insurers can price automobile coverage more accurately by using sensors to measure exactly how you drive (e.g., Progressive's Snapshot system), which should theoretically lower the overall cost of insurance.*
>
> *Scott R. Peppet (Universidade de Colorado, Estados Unidos)[1]*

Internet das Coisas ou *Internet of Things (IoT)*, na expressão inglesa consagrada em nível global, vem chamando a atenção de empresas e do Governo haja vista os enormes benefícios sociais e econômicos. Este interesse pode ser evidenciado com a consolidação de consórcios para desenvolver esta tecnologia a ser aplicada em diversos segmentos do mercado e das chamadas "Cidades Inteligentes" ("Smart Cities").[2] Por exemplo, a aquisição da *Nest* pela *Google* por 3,2 bilhões de dólares

---

1. PEPPET, Scott R. Regulating the Internet of Things: First Steps Toward Managing Discrimination, Privacy, Security, and Consent. *Texas Law Review*, v. 93, p. 85-176, 1º mar. 2014. Disponível em: https://papers.ssrn.com/sol3/papers.cfm?abstract_id=2409074. Acesso em: 12 fev. 2020. p. 85: "O consumo de 'Internet das Coisas' é uma realidade, deixou de ser ficção científica. Os sensores eletrônicos agora são onipresentes em nossos *smartphones*, carros, residências, sistemas elétricos, dispositivos de saúde, monitores de *fitness* e locais de trabalho. [...] Por exemplo, as seguradoras podem precificar a cobertura de automóveis com mais precisão usando sensores para medir exatamente como você dirige (por exemplo, o sistema *Progressive's Snapshot*), o que teoricamente deve reduzir o custo total do seguro." (tradução livre)
2. Entretanto, a Internet das Coisas pode ser uma solução em diversos segmentos, tais como: *Connected Cars, Smart Homes, Smart Industry, Smart Health, Smart Transport, Smart Banking, Smart Investment, Smart Insurance, Smart Farmsmart Supply Chains, Smart Retail,* e etc.

e as subsequentes aquisições da *Dropcam* pela *Nest* revelam o potencial lucrativo da aplicação da *IoT*. De fato, estima-se que esta tecnologia possa representar um ganho econômico na ordem de 7,1 trilhões de dólares até 2020.[3]

A corrida pela Internet das Coisas destas grandes empresas ressalta o interesse econômico devido ao valor adicionado que a *IoT* viabiliza. Isto porque as soluções com base em Internet das Coisas coletam, armazenam e processam uma quantidade enorme de informações, geralmente, muito úteis para o aprimoramento de serviços e produtos. Atentos a estes fatos, diversos países passaram a regular a Internet das Coisas com o objetivo de incentivar a inovação e garantir a proteção a direitos fundamentais equilibrando os interesses econômicos envolvidos. Neste sentido, o art. 170 da CF/88 impõe ao Governo brasileiro uma abordagem da Internet das Coisas com base no desenvolvimento econômico e na proteção da propriedade privada, soberania nacional, livre concorrência, busca pelo pleno emprego, tutela do consumidor e do meio ambiente, dentre outros.

A ideia básica da *IoT* é a conexão generalizada entre vários objetos, utilizando ferramentas como identificação por radiofrequência (*RFID*),[4] etiquetas, sensores, telefones celulares, para atingir objetivos comuns. Destaca-se que os sensores desempenham um importante papel na medida em que eles cooperaram com os sistemas *RFID* para melhorar os resultados acompanhando o *status* das coisas, ou seja, sua localização, temperatura, movimentos etc. E, por fim, a conexão de todos estes dados com a *web* viabiliza a análise de enorme quantidade de dados de maneira muito rápida e com resultados bem assertivos (*Big Data Analitics*). Por isso, muitos passaram a identificar esta nova fase da *IoT* como "Web of Things".[5]

Assim, o Decreto 9.854, de 25 de junho de 2019, que estabelece o Plano Nacional de Internet das Coisas no Brasil, é uma medida preliminar para auxiliar na regulação da Internet das Coisas em diversos setores no país, tais como:

---

3. WORTMANN, Felix; FLÜCHTER, Kristina. Internet of Things Technology and Value Added. *Business Information System Engineering*, v. 57, issue 3, p. 221-224, 27 de março de 2015. Disponível em: https://www.researchgate.net/publication/276439592. Acesso em: 10 fev. 2020. p. 221.

4. Sobre o conceito de *RFID* cf. ATZORI, Luigi; IERA, Antonio; MORABITO, Giacomo. The Internet of Things: A survey. *Computer Networks*, Campus Elsevier, 31 maio 2010. 19 páginas. Disponível em: https://www.cs.mun.ca/courses/cs6910/IoT-Survey-Atzori-2010.pdf. Acesso em: 20 jan. 2020. p. 04: "From a physical point of view a RFID tag is a small microchip attached to an antenna (that is used for both receiving the reader signal and transmitting the tag ID) in a package which usually is similar to an adhesive sticker. Dimensions can be very low: Hitachi has developed a tag with dimensions 0.4 mm x 0.4 mm x 0.15 mm."

5. CIRANI, Simone; FERRARI, Gianluigi; PICONE, Marco; VELTRI, Luca. *Internet of Things: architectures, protocols and standards*. New Jersey: John Wiley & Sons, 2019. p. 97: "The Web of Things (WoT) provides an application layer that simplifies the creation of the IoT. By bringing the patterns of the web to the IoT, it will be possible to create robust applications in the long term and to build an infrastructure designed to scale indefinitely over time. WoT applications will bring to the IoT the same usability as the World Wide Web did with the Internet. The WoT will use a mix of HTTP and CoAP protocols, according to the specific application requirements and deployment scenarios."

agronegócio, automóveis e mobilidade urbana, cidades inteligentes, educação, energia, finanças e seguros.

Quanto aos transportes, os carros conectados (conceituados no capítulo 3 desta obra) é um exemplo de aplicação da *IoT* para viabilizar a interconexão entre os carros e entre estes a infraestrutura viária. Para compreender esta aplicação, é mister assimilar a origem, conceito, aplicações e perspectivas regulatórias da Internet das Coisas, objeto deste capítulo.

2.1 ORIGEM E EVOLUÇÃO DA INTERNET DAS COISAS

Originariamente, a concepção da comunicação entre as coisas surgiu da evolução das tecnologias que viabilizavam o intercâmbio de dados entre equipamentos ("machine-to-machine" – M2M tecnologies),[6] baseadas nos protocolos IP, cujo objetivo era otimizar a atividade industrial reduzindo os custos e aumentando a segurança, *e. g.* auxiliando no gerenciamento de estoque e etc. Em outras palavras, é a conexão entre sensores e outros dispositivos usando sistemas de tecnologia da informação e comunicação (TIC) via redes com ou sem fio, também conhecida como *Internet dos Objetos (Internet of Objects – IoO)*.

Hoje, o maior segmento que tem usado esta tecnologia é a indústria automotiva viabilizando os carros telemáticos ou conectados. A Internet das Coisas estrutura-se a partir do mesmo racional descrito acima, ou seja, o intercâmbio de informações, porém, com um complemento, qual seja, a conexão de todas as coisas em um contexto mais amplo: a Internet. Podendo-se dizer que a *IoT* é uma extensão da Internet ("The IoT is not a new Internet, it is an extension to the existing Internet").[7]

---

6. O Decreto 9.854/2019 que a seguir será analisado traz um conceito sobre "comunicação de máquina à máquina", no art. 8°: "são considerados sistemas de comunicação máquina a máquina as redes de telecomunicações, incluídos os dispositivos de acesso, para transmitir dados a aplicações remotas com o objetivo de monitorar, de medir e de controlar o próprio dispositivo, o ambiente ao seu redor ou sistemas de dados a ele conectados por meio dessas redes.

§ 1° Para fins do disposto no caput, os sistemas de comunicação máquina a máquina não incluem os equipamentos denominados máquinas de cartão de débito e/ou crédito, formalmente considerados terminais de transferência eletrônica de débito e crédito, classificados na posição 8470.50 da Tabela de Incidência do Imposto sobre Produtos Industrializados – TIPI, aprovada pelo Decreto 8.950, de 29 de dezembro de 2016.

§ 2° Compete à Agência Nacional de Telecomunicações regulamentar e fiscalizar o disposto neste artigo, observadas as normas do Ministério da Ciência, Tecnologia, Inovações e Comunicações."

7. HÖLLER, Jan; TSIATSIS, Vlasios; MULLIGAN, Catherine; KARNOUSKOS, Stamatis; AVESAND, Stefan; BOYLE, David. *From Machine-to-Machine to the Internet of Things*: Introduction to a New Ag of Intelligence. Oxford: Elsevier, 2014. p. 11-12: "A typical M2M system solution consists of M2M devices, communication networks that provide remote connectivity for the devices, service enablement and application logic, and integration of the M2M application into the business processes provided by an Information Technology (IT) system of the enterprise [...]".

A expressão "Internet of Things" foi usada pela primeira vez há quase 20 anos, sendo atribuída ao chefe do Laboratório de Identificação Automática do Instituto de Tecnologia de Massachusetts (MIT),[8] Kevin Ashton,[9] cujas pesquisas pretendiam desenvolver uma rede de infraestruturas de identificação por radiofrequência (*RFID*).[10] O objetivo destas pesquisas era o desenvolvimento de um código eletrônico para identificar produtos (*Electronic Product Code™ – EPC*) e para viabilizar o uso disseminado de *RFID* em redes comerciais modernas em todo o mundo a partir de padrões globais para a indústria (*EPCglobal Network™*).[11]

Desde então, a Internet das Coisas tem extrapolado bastante estes objetivos iniciais. Atualmente, a *IoT* é uma ferramenta importante para a chamada "Smart Industry" *(Industry 4.0),* que utiliza a Internet das Coisas para otimizar a produção e a distribuição dos bens produzidos; "Smart Homes", com uma diversidade de aplicações desde termostatos e sensores que se comunicam até a *Smart Tv* e geladeiras, que coletam informações e alertam o morador sobre os inconvenientes de passar tantas horas em frente à televisão ou sobre os alimentos que estão acabando; "Smart Transport", para rastrear os veículos e disponibilizar um sistema de pagamento de estacionamento e etc.; "Smart Health", auxilia no monitoramento de pacientes com doenças crônicas que demandam atenção constante; e "Smart Cities", que auxilia nos sistemas de administração de trânsito em tempo real. Tudo isso graças ao gerenciamento destas ferramentas cada vez mais eficiente, o avanço na comunicação de banda larga, o aumento de memória, o desenvolvimento de tecnologias de microprocessador, dentre outros.

O fortalecimento da Internet das Coisa em escala global e sua aplicação no mercado devem-se ao barateamento dos sensores de sistemas micro eletromecânicos, que convertem dados físicos, tais como movimento, calor, pressão ou localização, em dados digitalizados. Inicialmente, por volta da década de 1980, estes sensores custavam cerca de 25 dólares por unidade; hoje, eles custam menos de um dólar por unidade. Alguns estimam que, até 2025, mais de um trilhão de dispositivos baseados em sensores estarão conectados à Internet ou um ao outro.[12]

A tendência atual é desenvolver diversas plataformas que irão sustentar a conexão de qualquer coisa viabilizando o oferecimento de serviços pela Internet,

---

8. Cf. http://www.autoidlabs.org/.
9. WEBER, Rolf H. Internet of Things – New security and privacy challenges. *Computer Law & Security Review,* v. 2 6, Campus Elsevier, 2010. p. 23.
10. WORTMANN, Felix; FLÜCHTER, Kristina. Internet of Things Technology and Value Added. *Business Information System Engineering,* v. 57, issue 3, p. 221-224, 27 mar. 2015. Disponível em: https://www. researchgate.net/publication/276439592. Acesso em: 10 fev. 2020. p. 221.
11. ATZORI, Luigi; IERA, Antonio; MORABITO, Giacomo. Op. cit., p. 02.
12. PEPPET, Scott R. Op. cit., p. 98.

CAPÍTULO 2 • INTERNET DAS COISAS E SUA APLICAÇÃO NA AUTOMAÇÃO DOS CARROS   **53**

inclusive os carros, por isso, alguns falam em "Internet of Everything".[13] Estima-se que em 2025, a quantidade de sensores conectados aos mais diversos bens chegará a 6,2 trilhões de novos dispositivos conectados por ano.[14] Os carros conectados, como serão analisados no capítulo 3, resultam da aplicação da Internet das Coisas viabilizando a comunicação interativa entre os automóveis ("vehicle-to-vehicle" – V2V), bem como a conexão destes com toda a infraestrutura viária ("vehicle--to-infrastructure" – V2I).

Assim, o avanço da Internet das Coisas está marcado pelo grande volume de dados associado às ferramentas de inteligência artificial, cujo conceito é complexo por envolver diversas camadas da economia informacional e segmentos do mercado, inclusive o Governo que tende a ser um exemplo em soluções com base em *IoT* a fim de assegurar mais eficiência aos serviços públicos.

2.2 TERMINOLOGIA, CONCEITO E CARACTERÍSTICAS DA INTERNET DAS COISAS

A União Internacional de Telecomunicações (*International Telecommunication Union*)[15] define Internet das Coisas como uma infraestrutura global para a sociedade informacional, que permite serviços avançados interconectando coisas (físicas e virtuais) com base em dados existentes e em tecnologias interoperáveis de informação e comunicação.

A União Europeia, por sua vez, usa o termo Internet das Coisas para se referir aos objetos que possuem algum sistema de identificação e operações de funcionalidades virtuais em espaços usando interfaces inteligentes para se conectarem e comunicarem dentro de vários ambientes.[16]

---

13. O termo foi usado pelo CEO da Cisco, John Chambers, quando entrevistado pela Revista Forbes: PEARL, Robert. Cisco CEO John Chambers: American Health Care Is at a Tipping Point. Disponível em: https://www.forbes.com/sites/robertpearl/2014/08/28/cisco-ceo-john-chambers-american-health-care-is-at-a-tipping-point/#273d43ec79f2. Acesso em: 11 fev. 2020: "He envisions a world that's connected by what he calls the 'Internet of Everything.' According to Chambers, it's about "bringing together people, process, data and things to make networked connections more relevant and valuable than ever before."

14. PEPPET, Scott R. Op. cit., p. 89.

15. *Recommendation ITU-T Y.2060*. Disponível em: https://www.itu.int/rec/T-REC-Y.2060-201206-I. Acesso em: 10 fev. 2020. "3.2.2 Internet of things (IoT): A global infrastructure for the information society, enabling advanced services by interconnecting (physical and virtual) things based on existing and evolving interoperable information and communication technologies."

16. *IoT* European Research Cluster (IERC). Enabling Consumer Connectivity Through Consensus Building. Disponível em: http://standardsinsight.com/ieee company detail/. Acesso em: 12 jan. 2020. consensus-building "A dynamic global network infrastructure with self-configuring capabilities based on standard and interoperable communication protocols where physical and virtual 'things' have

No Brasil, o Decreto 9.854/2019 traz, no art. 2º, o conceito de Internet das Coisas e outros termos fundamentais para a compreensão do tema, *in verbis*:

Art. 2º Para fins do disposto neste Decreto, considera-se:

I – *Internet das Coisas – IoT* – a infraestrutura que integra a prestação de serviços de valor adicionado com capacidades de conexão física ou virtual de coisas com dispositivos baseados em tecnologias da informação e comunicação existentes e nas suas evoluções, com interoperabilidade;

II – *coisas* – objetos no mundo físico ou no mundo digital, capazes de serem identificados e integrados pelas redes de comunicação;

III – *dispositivos* – equipamentos ou subconjuntos de equipamentos com capacidade mandatória de comunicação e capacidade opcional de sensoriamento, de atuação, de coleta, de armazenamento e de processamento de dados; e

IV – *serviço de valor adicionado* – atividade que acrescenta a um serviço de telecomunicações que lhe dá suporte e com o qual não se confunde novas utilidades relacionadas ao acesso, ao armazenamento, à apresentação, à movimentação ou à recuperação de informações, nos termos do disposto no art. 61 da Lei 9.472, de 16 de julho de 1997.

Pode-se concluir que Internet das Coisas é uma rede mundial de objetos interconectados endereçados de forma única, com base na comunicação padrão de protocolos.[17] Estas definições tomam por base a interconexão entre as coisas, a conexão das coisas com a Internet ou, ainda, os objetivos genéricos da *IoT,* quais sejam, a coleta de informações, o seu compartilhamento e armazenamento.

Para a implementação de um produto conectado, como os carros conectados, sob o ponto de vista tecnológico, a Internet das Coisas demanda uma combinação de vários componentes de *software* e *hardware* organizados em multicamadas de três ordens: 1ª) dos produtos e dos equipamentos; 2ª) da conectividade entre eles; e 3ª) do armazenamento em nuvem das informações coletadas. Justamente esta diversificação dos agentes econômicos envolvidos que desafia a regulação efetiva da Internet das Coisas.

A partir das definições apresentadas, pode-se dizer que uma das características da *IoT* é a ampla conexão em três aspectos: – comunicação entre pessoas; – comunicação entre pessoas e objetos; e – comunicação entre os objetos.

Além desta, a *IoT* resulta em serviços de valor agregado, o que movimenta bilhões de dólares e este número só tende a crescer. Em 2016, as oportunidades de mercado que a Internet das Coisas viabilizou foram avaliadas em 15,3 bilhões de dólares. Isto justifica os elevados investimentos para o desenvolvimento e im-

---

identities, physical attributes and virtual personalities and use intelligent interfaces, and are seamlessly integrated into the information network."

17. ATZORI, Luigi; IERA, Antonio; MORABITO, Giacomo. Op. cit., p. 02.

plantação desta tecnologia.[18] Este valor agregado deve-se ao compartilhamento das informações coletadas entre as empresas, desde que observados os requisitos legais, e são avaliadas com base no seu potencial de colaborar para o aprimoramento de produtos e serviços.

Outra característica da *IoT* é a ubiquidade, pois esta tecnologia viabiliza a conexão *(any network)* de quaisquer objetos *(anything)*, utilizados cotidianamente com funcionalidades distintas *(any context)*, por qualquer pessoa *(anybody)*, em qualquer lugar *(anywhere)*, a qualquer momento *(anytime)*.[19]

Outrossim, a Internet das Coisas apresenta outras características, a saber: – *invisível*, pois os sensores e chips estão ficando cada vez menores, o que passa imperceptível ao usuário que esteja usando uma solução com base em *IoT*; – *ambiguidade*, uma vez que tudo e todos podem estar conectados; – *identificável*, na medida em que todas estas coisas conectadas podem revelar a identidade do usuário, bem como outras informações pessoais; – *ultra conectividade*, pois a Internet das Coisas se insere no contexto de *Big Data*, ou seja, diversas conexões que geram um volume elevado de dados; – *autonomia e imprevisibilidade*, isto é, ressaltando o comportamento autônomo e imprevisível dos objetos conectados a partir dos algoritmos inteligentes que são agregados às ferramentas de *IoT* para oferecer soluções; – *inteligência incorporada*, justamente em função do uso destes algoritmos inteligentes, a *IoT* contribui para os comportamentos emergentes; – *descentralização das operações*, ou seja, a diversidade dos segmentos de mercado, além do Governo, impede a centralização das soluções com base em Internet das Coisas; – *dificuldade em determinar os direitos autorais* daqueles envolvidos nas soluções *IoT* porque é comum congregar pesquisas desenvolvidas por vários órgãos; – *acessibilidade dos dados*; e – *vulnerabilidade*.[20]

No entanto, para poder usufruir destas vantagens econômicas, os agentes devem garantir segurança destes sistemas, por exemplo, os carros conectados exigem que as aplicações de *IoT* em semáforos inteligentes estejam sempre em bom funcionamento, e em todas as camadas dos múltiplos agentes econômicos, pois a falta de energia pode prejudicar este sistema de sinalização de trânsito podendo causar graves acidentes. Para evitar, é preciso diagnosticar possíveis vulnerabilidades do sistema e estabelecer alternativas para recuperar eventuais falhas do sistema.

---

18. HÖLLER, Jan; TSIATSIS, Vlasios; MULLIGAN, Catherine; KARNOUSKOS, Stamatis; AVESAND, Stefan; BOYLE, David. Op. cit., p. 39.
19. TZAFESTAS, Spyros G. Ethics and Law in the Internet of Things World. *In: Smart Cities*, v. 1, issue 1, p. 98-120, 2018. Disponível em: https://doi.org/10.3390/smartcities1010006. Acesso em: 12 jan. 2020. Op. cit., p. 99.
20. Cf. TZAFESTAS, Spyros G. Op. cit., p. 110-111.

Além disso, as informações coletadas durante o funcionamento de um carro conectado tais como os lugares frequentados pelos passageiros, o itinerário realizado, associado a tantas outras informações mesmo não estruturadas podem gerar uma superexposição dos indivíduos.[21] A fim de eliminar estes possíveis danos, o sistema de *IoT* aplicado aos carros conectados deve estabelecer outros componentes para o gerenciamento de identidade, a autenticação, a autorização e a confiança de que o tratamento de dados esteja sendo realizado de acordo com os preceitos legais, em especial a Lei Geral de Proteção de Dados, no Brasil; e o Regulamento Geral Europeu sobre Proteção de Dados (GDPR), na Europa. Neste sentido, as soluções de *IoT* apresentam ferramentas para o registro do usuário (*device authentication/authorization*), ferramentas de configuração (*device configuration*), ferramentas de monitoramento (*device monitoring*), ferramentas para detectar falhas (*device fault diagnosis*) e ferramentas para resolver eventuais problemas com o funcionamento da aplicação com base em *IoT* (*device troubleshooting*).[22]

Diante da necessidade do envolvimento de diversas camadas da economia informacional para a implementação de soluções com base em *IoT,* somada à circulação transfronteiriça destas informações, não é tarefa fácil estabelecer um modelo regulatório eficiente que concilie todos os interesses conflitantes e que seja tecnológica e economicamente viável.

2.3 PERSPECTIVAS REGULATÓRIAS DA INTERNET DAS COISAS

As vantagens da utilização da Internet das Coisas, para além do incremento à economia de maneira geral, são socialmente visíveis. Por exemplo: a otimização na produção agrícola, como auxiliar no monitoramento do plantio e da colheita detectando necessidades do solo e adaptando o ambiente para cada tipo de plantação; a automação industrial complementada pela Internet das Coisas trará mais segurança aos trabalhadores, diminuindo drasticamente os acidentes de trabalho; a segurança alimentar na medida em que sensores poderão monitorar os produtos a partir de um sistema de identificação por radiofrequência (*RFID*), podendo rastrear os alimentos por toda a cadeia de consumo, inclusive, com a possibilidade de viabilizar efetivamente a transparência nas relações de consumo ao detectar a origem dos alimentos; a automação dos veículos, pois os

---

21. PEPPET, Scott R. Op. cit., p. 90: "Even Internet of Things devices far more innocuous than the Breathometer can generate data that present difficult issues. Sensor data capture incredibly rich nuance about who we are, how we behave, what our tastes are, and even our intentions. Once filtered through "Big Data" analytics, these data are the grist for drawing revealing and often unexpected inferences about our habits, predilections, and personalities. I can tell a lot about you if I know that you often leave your oven on when you leave the house, fail to water your plants, don't exercise, or drive recklessly."

22. TZAFESTAS, Spyros. Op. cit., p. 100.

CAPÍTULO 2 • INTERNET DAS COISAS E SUA APLICAÇÃO NA AUTOMAÇÃO DOS CARROS

carros conectados entre si e com a infraestrutura viária podem detectar situações perigosas com maior antecedência o que permite adotar soluções mais eficientes para evitar os acidentes de trânsito.

Todavia, a Internet das Coisas traz uma série de desafios, tais como: a defesa da soberania nacional, pois muitas destas aplicações de Internet das Coisas usam programas privados (proprietários) desenvolvidos por empresa de outras países que teriam acesso às informações de toda a sociedade brasileira; a proteção de dados e privacidade, uma vez que o intercâmbio de informações entre as coisas pressupõe a coleta, o tratamento e o armazenamento de dados pessoais; a segurança cibernética, porque a Internet das Coisas aumenta a exposição dos equipamentos utilizados vez que viabiliza o acesso não autorizado a estes sistemas por *hackers*.

Scott R. Peppet[23] detectou quatro pontos principais que devem ser enfrentados no contexto da Internet das Coisas, a saber: 1) uma possível discriminação tendo em vista que a análise de *Big Data* aliada às funcionalidades da *IoT* pode resultar em informações sensíveis, como convicção religiosa, orientação sexual, filiação partidária de determinada pessoa; 2) a inviabilidade da manutenção dos procedimentos de anonimização de dados o que potencializa os danos à privacidade e à proteção de dados; 3) a vulnerabilidade dos dispositivos que podem ser violados por *hackers*; e 4) a ineficiência das políticas de privacidade e de proteção de dados para o uso de sensores contidos nos mais diversos dispositivos.

Observe-se que o amplo acesso às mais diversas aplicações foi facilitado pelas plataformas de banda larga móveis, o que contribuiu para gerar uma quantidade de informações coletadas sobre uma pessoa jamais imaginada. Informações sobre localização, nível de educação, emprego, saúde, dados fiscais (CPF), classificação de crédito (*credit scoring*), padrões de compra, histórico de pesquisa (nas plataformas de busca), *status* de relacionamento, fotos, curtidas nas redes sociais, todas elas são armazenadas, interconectadas e interligadas numa plataforma empresarial de comunicações convergentes. Este contexto revela a fragilidade do direito à proteção de dados pessoais e o direito à privacidade, o que tem chamado a atenção do legislativo e das agências reguladoras de diversos países.

Neste sentido, destaca-se que a constante preocupação das diretrizes e das propostas regulatórias da *IoT* é justamente com a proteção à privacidade e aos dados pessoais na medida em que os riscos são evidentes como a possibilidade do uso de etiquetas *RFID* para rastrear pessoas, hipótese que suscita conflitos éticos e legais. Os possíveis danos a estes direitos são acentuados a partir da implantação em massa de sensores em vários ambientes, inclusive em *smartphones*, porque

---

23. Op. cit., p. 117.

potencializam a coleta de dados e informações pessoais de forma constante. Outro ponto a ser enfrentado são as ferramentas de análise destes dados, que podem criar perfis dos usuários, ainda que aparentemente anônimos.[24]

Quanto à segurança da informação, estes sistemas devem prever mecanismos para elaborar um relatório de impacto à proteção de dados pessoais e à privacidade, bem como notificar à ANPD sobre vulnerabilidades à proteção dos dados pessoais e da privacidade nos termos do art. 48 da LGPD.

O modelo regulatório da Internet das Coisas tem sido preferencialmente a autorregulação, pois como destacado *supra* esta é uma realidade complexa que congrega diversas camadas da economia informacional, desde as empresas de telecomunicações às provedoras de diversas aplicações. No entanto, como a Internet das Coisas opera com dados pessoais, todas estas soluções estão sujeitas à LGPD e aos regulamentos da ANPD. O ideal é estabelecer alguns padrões e princípios a serem seguidos por todos os agentes, sem excluir a possibilidade de se elaborarem códigos de boas práticas para as soluções de *IoT*.[25]

Além disso para assegurar a eficiência de qualquer regulação sobre a matéria, bem como a viabilidade de um Plano Nacional para a Internet das Coisas, alguns obstáculos devem ser superados, notadamente: – proteção à privacidade e aos dados pessoais; – medidas eficazes para a cibersegurança; – modelos de negócios sustentáveis; – estrutura governamental; e – a dificuldade de se estabelecer um padrão de interoperatividade.

A União Europeia, atenta aos entraves para uma regulação eficiente sobre *IoT*, criou em março de 2015 a *Alliance for Internet of Things Innovation*,[26] cujo primeiro relatório apresentado em abril de 2016 caracteriza-se por oferecer diretrizes gerais pautado pelo incentivo à Internet das Coisas, pela abordagem antropocêntrica e a construção de um mercado único para a Internet das Coisas.

No Brasil, semelhantemente, optou-se por uma regulação preliminar para preparar o terreno para a futura regulação da Internet das Coisas no país. Neste sentido, o Decreto 9.854/2019, que instituiu o "Plano Nacional de Internet das

---

24. HÖLLER, Jan; TSIATSIS, Vlasios; MULLIGAN, Catherine; KARNOUSKOS, Stamatis; AVESAND, Stefan; BOYLE, David. Op. cit., p. 31: "Concepts like Provenance of Data and Quality of Information (QoI) become important, especially considering aggregation of data and analytics. As there is a risk of relying on inaccurate or even faulty information in a decision process, the issue of accountability, and even liability, becomes an interest." Cf. FROOMKIN, A. Michael. The Death of Privacy? *Stanford Law Review*, v. 52, p. 1461-1543, 2000. Disponível em: https://papers.ssrn.com/sol3/papers.cfm?abstract_id=2715617. Acesso em: 10 mar. 2020. p. 1.481.

25. WEBER, Rolf H. Op. cit., p. 25: "So far, the regulatory model in the *IoT* is based on selfregulation through manifold business standards, starting from technical guidelines and leading to fair information practices."

26. Cf. https://ec.europa.eu/digital-single-market/en/internet-of-things.

Coisas", não pode ser visto como uma regulação exaustiva, mas sim o primeiro passo para a implementação sustentável da *IoT* no país.

2.4 PLANO NACIONAL DE INTERNET DAS COISAS: DESAFIOS AO *ENFORCEMENT* DO DECRETO 9.854/2019

O Decreto 9.854, de 25 de junho de 2019, em vigor desde a data de sua publicação, revogou o Decreto 8.234, de 2 de maio de 2014, que estabelecia um conceito sobre comunicação entre máquinas e atribuía à ANATEL (Agência Nacional de Telecomunicações) a função de fiscalizar e regulamentar estas ferramentas, sujeita às normas do Ministério das Comunicações.[27]

O atual Decreto 9.854/2019 tem por finalidade implementar e desenvolver a Internet das Coisas no Brasil, observadas a livre concorrência, a livre circulação de dados, as diretrizes de segurança da informação e de proteção de dados pessoais (art. 1º). Como visto, importante referência feita à necessária proteção aos dados pessoais tendo em vista a coleta e o tratamento de dados pessoas em larga escala pelas funcionalidades da *IoT*. Portanto, a LGPD deve ser respeitada por todas as empresas e aplicações que utilizam Internet das Coisas, equilibrando os interesses em jogo nos termos do art. 170 da CF/88.

Os objetivos do Plano Nacional de Internet das Coisas, conforme o art. 3º do referido Decreto são: – melhorar a qualidade de vida e eficiência dos serviços a partir da implementação de soluções de *IoT*; – a capacitar profissionais para o desenvolvimento de aplicações de *IoT* e a gerar empregos na economia digital; – aumentar a produtividade e competitividade das empresas brasileiras desenvolvedoras de *IoT*, por meio da promoção de um ecossistema de inovação neste setor; – buscar parcerias com os setores público e privado para a implementação da *IoT*; e – aumentar a integração do País no cenário internacional, por meio da participação em fóruns de padronização, da cooperação internacional em pesquisa, desenvolvimento e inovação e da internacionalização de soluções de *IoT* desenvolvidas no País.

Nota-se uma preocupação do Governo brasileiro com o mercado de trabalho, devendo buscar mecanismos para capacitar os cidadãos para enfrentar essa

---

27. A antiga redação do Decreto 8.234, de 02 de maio de 2012: "Art. 1º Para fins do disposto no art. 38 da Lei 12.715, de 17 de setembro de 2012, são considerados sistemas de comunicação máquina a máquina os dispositivos que, sem intervenção humana, utilizem redes de telecomunicações para transmitir dados a aplicações remotas com o objetivo de monitorar, medir e controlar o próprio dispositivo, o ambiente ao seu redor ou sistemas de dados a ele conectados por meio dessas redes. [...] § 3º Compete à Anatel regulamentar e fiscalizar as disposições previstas neste artigo, observado o disposto nas normas do Ministério das Comunicações."

nova dinâmica de aplicação da Internet das Coisas em diversos setores por meio de cursos técnicos e profissionalizantes, bem como curso de nível superior. Desta forma, o Brasil terá melhores condições de se inserir no capitalismo informacional, para não ser refém do fenômeno do "colonialismo digital". Além disso, o Decreto estabelece uma diretriz importante, qual seja, a análise antropocêntrica para o desenvolvimento e a implementação da Internet das Coisas na medida em que se justifica para a melhoria da qualidade de vida e a eficiência dos serviços.

Cabe ao Ministro de Estado da Ciência, Tecnologia, Inovações e Comunicações (art. 4º) indicar os setores priorizados para aplicações de soluções de *IoT*, sendo que o Decreto determina *a priori* quais setores obrigatoriamente serão priorizados (saúde, cidades, indústrias e rural).

Como destacado no início deste capítulo, as áreas priorizadas no Decreto vão ao encontro da tendência global em aplicação da *IoT*. A área da saúde (*Smart Health)* é uma das principais preocupações, pois as soluções de *IoT* viabilizam monitoramento constante de pacientes em estado grave, por exemplo, além de diagnosticar com precisão e antecedência possíveis agravamentos do estado de saúde das pessoas. Outra área priorizada são as cidades (*Smart Cities)*, hoje muito populosas e intensamente urbanizadas, sendo que as soluções em *IoT* auxiliam no gerenciamento do trânsito da cidade, transportes públicos, iluminação pública de maneira que os recursos possam ser aplicados com mais eficiência e, portanto, maior economia. Na indústria (*Smart Industry)* as soluções de *IoT* associadas à automação do processo industrial são valiosas ferramentas para o aumento da produção com otimização da administração de estoque, por exemplo. Por fim, o agronegócio poderá ser beneficiado com as soluções de *IoT*, realçando o potencial brasileiro neste setor extremamente importante à economia do país.

Os carros conectados não foram expressamente previstos no Decreto 9.854/2019, mas o Ministro de Estado da Ciência, Tecnologia, Inovações e Comunicações deve considerar este um setor importante, pois impacta diretamente na melhoria da qualidade de vida das pessoas, eficiência do serviço, além dos setores expressamente previstos no Decreto, ou seja, saúde, cidades, indústria e rural. Observe-se que otimizando o tempo no trânsito e diminuindo os acidentes, o sistema de carros conectados desafoga os serviços hospitalares que estão abarrotados de pacientes, muitos dos quais são vítimas de acidentes de trânsito. Otimizando o sistema de colheitas no campo e transporte de mercadorias, os lucros contribuirão para o fortalecimento da indústria e do agronegócio brasileiro. Por fim, os carros conectados contribuem para uma gestão de tráfego de maneira muito mais eficiente nas cidades, além dos serviços públicos de forma geral.

O ato do Ministro de Estado da Ciência, Tecnologia, Inovações e Comunicações deve observar os critérios de "oferta, de demanda e de capacidade de desenvolvimento local" nos termos do § 1º do art. 4º. Ainda que não exista um ato do Ministro destacando o setor automotivo, as empresas, como se verá no próximo capítulo já estão investindo nestas tecnologias. Porém, a vantagem de o ato do Ministro priorizar os carros conectados, além das áreas indicadas no Decreto, é que os carros conectados tornar-se-ão referência para: – o acesso a mecanismos de fomento à pesquisa científica, ao desenvolvimento tecnológico e à inovação; e – o apoio ao empreendedorismo de base tecnológica (§ 2º do art. 4º).

Além disso, os órgãos e as entidades públicas com projetos relacionados à *IoT* poderão aderir ao Plano Nacional de Internet das Coisas para se valerem destes benefícios por meio de acordo de cooperação técnica com o Ministério da Ciência, Tecnologia, Inovações e Comunicações (§ 3º do art. 4º do Decreto 9.854/2019).

O Brasil deve se adequar à economia informacional, para tanto, os temas que integração o plano de ações para viabilizar o Plano Nacional de Internet das Coisas nos termos do art. 5º do Decreto são:

I – ciência, tecnologia e inovação;

II – inserção internacional;

III – educação e capacitação profissional;

IV – infraestrutura de conectividade e interoperabilidade;

V – regulação, segurança e privacidade; e

VI – viabilidade econômica.

Outro ponto importante do Plano Nacional de Internet das Coisas do Brasil foi a identificação de projetos para facilitar a sua implementação que serão co-ordenados pelo Ministério da Ciência, Tecnologia, Inovações e Comunicações (art. 6º), são eles: I – Plataformas de Inovação em Internet das Coisas; II – Centros de Competência para Tecnologias Habilitadoras em Internet das Coisas; e III – Observatório Nacional para o Acompanhamento da Transformação Digital.

Por fim, o art. 7º do Decreto 9.854/2019 criou um órgão denominado "Câmara de Gestão e Acompanhamento do Desenvolvimento de Sistemas de Comunicação Máquina a Máquina e Internet das Coisas – Câmara IoT", um colegiado (não deliberativo nos termos do § 1º do art. 7º), dispensado o quórum mínimo para votação. Percebe-se, portanto, que este órgão é apenas consultivo cuja missão é assessorar e acompanhar a implementação do Plano Nacional de Internet das Coisas.

O art. 7º do referido Decreto estabelece as competências deste órgão, a saber:

I – monitorar e avaliar as iniciativas de implementação do Plano Nacional de Internet das Coisas;

II – promover e fomentar parcerias entre entidades públicas e privadas para o alcance dos objetivos do Plano Nacional de Internet das Coisas;

III – discutir com os órgãos e entidades públicas os temas do plano de ação de que trata o art. 5º;

IV – apoiar e propor projetos mobilizadores; e

V – atuar conjuntamente com órgãos e entidades públicas para estimular o uso e o desenvolvimento de soluções de IoT.

Portanto, não se trata de uma agência reguladora, pois não tem função regulatória, fiscalizatória ou sancionatória. Ademais, o exercício da função não é remunerado, pois é considerado prestação de serviço público relevante (§ 10 do art. 7º). O órgão é composto por representantes do Ministério da Ciência, Tecnologia, Inovações e Comunicações, que a presidirá; Ministério da Economia; Ministério da Agricultura, Pecuária e Abastecimento; Ministério da Saúde; e Ministério do Desenvolvimento Regional (§ 2º do art. 7º), que serão indicados pelos respectivos ministérios e designados pelo Secretário de Empreendedorismo e Inovação do Ministério da Ciência, Tecnologia, Inovações e Comunicações (§ 4º do art. 7º).

Este órgão poderia fazer uma assessoria melhor se tivesse representantes de outros setores como mercado, sociedade civil e comunidade científica. Todavia, tal lacuna pode ser sanada, pois o § 5º do art. 7º do Decreto 9.854/2019 permite que o Secretário de Empreendedorismo e Inovação do Ministério da Ciência, Tecnologia, Inovações e Comunicações convide representantes de associações e de entidades públicas e privadas para participar das reuniões da Câmara *IoT*. Todavia, ressalte-se que esta participação é fundamental para resultar em medidas efetivas em uma área tão segmentada como a Internet das Coisas, sendo a indústria automotiva um exemplo de sua aplicação, com os chamados "carros conectados".

2.5 INTERNET DAS COISAS: O EXEMPLO DE SUA APLICAÇÃO NOS CARROS CONECTADOS E MOBILIDADE URBANA

A *IoT* permite que as coisas estejam conectadas, viabilizando uma integração mais sólida e rápida entre vários objetivos, desde os mais simples, como televisão, até os mais complexos como os carros conectados podem se comunicar de maneira mais controlada e inteligente, por isso, o adjetivo "objetos inteligentes" (exemplo, *Smart Tv, Smart Cities, Smart Cars*, e etc.). Neste contexto, toda essa interconexão gera mais dados e informações, que podem ser utilizados para otimizar os sistemas de mobilidade urbana e o funcionamento dos carros autônomos, inclusive.

O diferencial da Internet das Coisas está justamente no volume de dados com que esta tecnologia trabalha para realizar diversos tipos de análises das

CAPÍTULO 2 • INTERNET DAS COISAS E SUA APLICAÇÃO NA AUTOMAÇÃO DOS CARROS

informações coletadas resultando em predições muito eficazes.[28] Levando esta ferramenta para o contexto do tráfego de veículos, esta tecnologia viabiliza detectar possíveis acidentes e solucionar de maneira eficiente para que estes acidentes não venham a ocorrer. Justamente por isso, os carros conectados oferecerão maior segurança no trânsito.

Carros, trens e ônibus, juntamente com as estradas e os trilhos, todos equipados com identificadores, sensores e poder de processamento podem fornecer informações importantes ao motorista. Os carros conectados viabilizam, assim, um amplo sistema de prevenção de colisões e monitoramento de transportes de materiais perigosos, por exemplo, o que representa muitas vantagens às pessoas de forma geral, aos governos (que terão mais informações para uma administração eficiente da malha viária) e às empresas, como no caso das transportadoras na medida em que oferece maior segurança e economia.[29]

Neste sentido, Fei Hu[30] explica como a chamada "Internet dos Veículos" (*Internet of Vehicles – IoV*) facilitou a implementação do sistema de transporte inteligente ("Inteligent Transport System" – ITS) na medida em que a *IoV* enseja aos veículos a capacidade avançada de detecção e comunicação com infraestruturas inteligentes na estrada ("Vehicle to Infrastructure" – V2I), bem como com outros veículos ("Vehicle to Vehicle – V2V), a partir de unidades de bordo de veículos ("Onboard Units" – OBUs) e unidades de beira de estrada ("Roadside Units" – RSUs).

Os carros conectados demandam a participação de diversos setores, como o Governo, as empresas do ramo automotivo, os provedores de conexão e os provedores de aplicação, todos com interesses econômicos próprios que precisarão atuar em conjunto para a viabilidade da "Internet dos Carros". Em outras palavras, é necessária a integração entre múltiplas infraestruturas e de um grande conjunto de dispositivos diferentes, tais como semáforos, radares, GPS, bem como o compartilhamento de dados e informações em vários domínios. Portanto, deve-se adotar uma abordagem horizontal da qual participem todos os envolvidos no segmento para se estabelecer um padrão comum de interoperabilidade entre as tecnologias e os protocolos que serão utilizados.

Atualmente, cerca de 90% dos automóveis novos vendidos nos Estados Unidos vêm equipados com um sistema de gravação de eventos ("Event Data Recorder – EDR"), capaz de armazenar as informações sobre a locomoção do

---

28. HÖLLER, Jan; TSIATSIS, Vlasios; MULLIGAN, Catherine; KARNOUSKOS, Stamatis; AVESAND, Stefan; BOYLE, David. Op. cit., p. 36.
29. ATZORI, Luigi; IERA, Antonio; MORABITO, Giacomo. Op. cit., p. 08.
30. HU, Fei. *Security and Privacy in Internet of Things (IoTs)*: models, algoritms, and implementations. Nova York: CRC Press, 2016. p. 169.

veículo tais como excesso de velocidade.[31] Muito embora esta tecnologia esteja sendo comercializada em muitos países, algumas questões precisam ser respondidas, como: será possível passar estas informações às seguradoras de veículos?

Apenas dezessete estados norte-americanos enfrentaram a questão, sendo que somente em quatro deles ficou proibido o compartilhamento destas informações com as seguradoras seja para comprovar a culpa do segurado ou de terceiro, seja para aumentar o valor do seguro em função de se identificar a irresponsabilidade do motorista.[32]

Alguns exemplos de uso de sensores em automóveis são: *ZenDrive*,[33] um aplicativo para o *iPhone* que monitora a direção dando um feedback ao motorista, bem como dicas sobre trânsito e atrações nas proximidades; e o *DriveScribe*,[34] que é um aplicativo para o controle parental sobre a direção de seus filhos adolescentes.

No campo da responsabilidade civil, a *Internet dos Carros* traz uma série de questionamentos, notadamente a partir da proteção à privacidade, à proteção dos dados pessoais e à segurança cibernética contra a invasão destes sistemas por pessoas não autorizadas (*hackers).*

Um exemplo foi a primeira ação coletiva sobre *IoT* contra três fabricantes de automóveis, *Ford Motor Company, General Motors* e *Toyota Motor Corporation* nos EUA em março de 2015. O caso ficou conhecido como "Cahen et al. v. Toyota Motor Corporation",[35] julgado pelo Tribunal Distrital do Distrito Norte da Califórnia sobre a vulnerabilidade dos sistemas eletrônicos dos veículos destas gigantes da Indústria Automotiva, pelo possível acesso não autorizado por *hackers* comprometendo a segurança dos passageiros e a proteção de seus dados pessoais. As investigações revelaram que os *hackers* poderiam se apropriar dos controles dos veículos para acelerá-lo inesperadamente, realizar curvas, ativar a buzina, modificar o velocímetro e as leituras do nível de combustível. Todavia, a Corte de Apelações ("Court of Appeals") do 9º Circuito dos Estados Unidos arquivou a ação, pois os requerentes não demonstraram efetivo prejuízo, na medida em

---

31. PEPPET, Scott R. Op. cit., p. 92.
32. Cf. Privacy of Data from Event Data Recorders: State Statutes. NATIONAL CONFERENCE STATE LEGISLATURES. Disponível em: http://www.ncsl.org/research/telecommunications-and-informationtechnology/privacy-ofdata-from-event-data-recorders.aspx, archived at http://perma.cc/7XR-Z-TNZ7. Acesso em: 12 fev. 2020: "Arkansas, California, Colorado, Connecticut, Delaware, Maine, Montana, Nevada, New Hampshire, New Jersey, New York, North Dakota, Oregon, Texas, Utah, Virginia and Washington – have enacted statutes relating to event data recorders and privacy. Among other provisions, these states provide that data collected from a motor vehicle event data recorder may only be downloaded with the consent of the vehicle owner or policyholder, with certain exceptions."
33. Cf. https://zendrive.com/. Acesso em: 13 fev. 2020.
34. Cf. https://techguysmartbuy.com/2014/04/review-drivescribe-the-app-that-will-improve-your-driving-video.html. Acesso em: 13 fev. 2020.
35. 147 F. Supp.3d 955, N.D. Cal.

que a ação foi motivada pela vulnerabilidade do sistema por si só e não diante de invasão por *hackers* de fato. Neste caso, o pedido era por danos morais em função do abalo psíquico dos motoristas ao constatarem estar expostos a estas invasões.

Poucos meses depois, em julho de 2015, outra ação coletiva, "Brian Flynn et al. v. Fiat Chrysler Harman",[36] o Tribunal Distrital de *Southern District of Illinois* determinou o *recall* de 1,4 milhões de carros cujo *software* "Chrysler's UConnect" foi diagnosticado vulnerável a ataques por *hackers,* que poderiam controlar o rádio e ar condicionado do veículo.

Estes casos despertaram nos Estados Unidos a urgência em regulamentar os carros conectados, cabendo à agência norte-americana de segurança de trânsito, "National Highway Traffic Safety Administration" (NHTSA) e pela agência que tem competência em defender os direitos dos consumidores, "Federal Trade Commission", avaliar estas ferramentas.[37] No Brasil, caberá ao CONTRAN e à SENACON verificar a segurança dos sistemas utilizados nos carros conectados, além da ANPD quanto à proteção de dados pessoais e à privacidade.

A inteligência artificial e a Internet das Coisas não são expressão sinônimas, mas são ferramentas tecnológicas que estão muito próximas, seja por parte da IA que utiliza um volume de informações gerado pela IoT; seja a IoT que utiliza ferramentas de aprendizado de máquina para incorporar inteligência nas soluções oferecidas. Portanto, são duas ferramentas utilizadas pela indústria automotiva, notadamente os carros autônomos e os carros conectados.

---

36. Case No. 15-cv-0855-MJR-DGW.
37. CHIKE, Patrick. The Legal Challenges of Internet of Things. *Technical Report.* Disponível em: https://www.researchgate.net/publication/322628457. Acesso em: 12 jan. 2020.

Capítulo 3
CARROS AUTÔNOMOS

The idea stems from the realization that as software systems become more complex, like humans, they will never be perfect, and that eliminating all bugs is impossible. As humans, we use the same strategy: we don't expect to be perfect, but we usually try to recover from inevitable mistakes.

Ray Kurzweil[1]

A automação de carros é algo do cotidiano de milhões de pessoas, visto que os carros têm se tornado cada vez mais complexos do ponto de vista tecnológico tendo em vista o desenvolvimento de diversas funções seja para gerenciar avisos, desde nível de combustível, assessoria em estacionamento com câmeras e sensores até a função denominada "piloto automático", que na verdade é um controle automático do limite de velocidade (*cruise control*).[2]

Em 2009, um carro novo já possuía mais de 100 microprocessadores, 50 unidades de controle eletrônico, cinco milhas (8 quilômetros) de fiação e aproximadamente 100 milhões de linhas de códigos de programação.[3] E ainda muitos avanços acontecerão nos próximos anos, tendo em vista a tecnologia automotiva disruptiva, notadamente em função do desenvolvimento das tecnologias de IA e Internet das Coisas que estão sendo aplicadas nos veículos automotores.

---

1. *The Singularity Is Near: When Humans Transcend Biology*. Nova York: Viking (Penguin Group), 2005. p. 191: "A ideia deriva da percepção de que, à medida que os sistemas de software se tornam mais complexos, como os humanos, eles nunca serão perfeitos e que é impossível eliminar todos os erros. Como seres humanos, usamos a mesma estratégia: não esperamos ser perfeitos, mas geralmente tentamos nos recuperar de erros inevitáveis." (tradução livre)
2. Não se deve utilizar o termo "piloto automático" para não gerar confusão terminológica com o carro autônomo que será conceituado neste capítulo.
3. CARTER, Arthur; FREEMAN, David et al. An Overview of NHTSA's Electronics. Reliability and Cybersecurity Research Programs. *National Highway Traffic Safety Administration*. Disponível em: http://www.esv.nhtsa.dot.gov/proceedings/24/files/24ESV-000454.pdf. Acesso em: 20 mar. 2020.

Nota-se que a automação dos carros está sendo realizada de maneira progressiva, em que foram desenvolvidas algumas ferramentas de assistência ao condutor, como o controle automático de estabilidade, *cruise control,* freios automáticos de emergência, dentre outros e, atualmente os carros autônomos.

Busca-se, neste momento, consolidar as tecnologias que permitem a auto direção pelos próprios sistemas operacionais instalados nos carros, muitos já em testes, como alguns protótipos da *Google*, iniciados em 2009, dentre outros.

Os próximos passos são os carros plenamente autônomos, Selecione as datas conforme a disponibilidade destacada no calendário. inclusive com a possibilidade de "comunicação" interativa e com inteligência artificial com outros carros e com a própria infraestrutura viária, o que trará diversos benefícios como economia em combustível, menos poluição ambiental e, principalmente, a redução de acidentes de trânsito. Mas para que seja seguro, deve-se atentar à cibersegurança e à proteção de dados que são o calcanhar de Aquiles destas tecnologias disruptivas.

Todavia para tudo isso ser viabilizado, requerem-se, além do interesse da iniciativa privada, investimentos públicos e regulação do desenvolvimento e implementação destas tecnologias.

Estas novas perspectivas tecnológicas têm afetados e afetarão ainda mais as empresas de transporte, em todos os setores, sejam os transportes públicos, quanto os privados, bem como os sistemas de compartilhamento de carona e etc. A *Uber*[4] já está se movendo, estudando o tema, para que possa se reinventar nos próximos anos, uma vez que os benefícios são tantos que justificam o enfrentamento dos riscos de forma sustentável como será discutido neste capítulo.

Assim, para compreender em que consistem os carros autônomos e diferenciá-los de outras categorias, importante destacar os diversos níveis de automação.

3.1 NÍVEIS DE AUTOMAÇÃO DE CARROS E O ESTADO DA ARTE DA INTELIGÊNCIA ARTIFICIAL APLICADA AOS CARROS AUTÔNOMOS

Em princípio deve-se entender que a automação, como o uso de dispositivos eletrônicos ou mecânicos para substituir atividades realizadas por seres humanos, no caso dos carros para auxiliar ou substituir as tarefas desempenhadas pelo motorista na condução de um veículo automotor, pode ser implementada

---

4. BRANDOM, Russell. Uber Will Partner With University of Arizona for Self-Driving Car Research. *The Verge*, de 25 de Agosto de 2015. Disponível em: http://www.theverge.com/2015/8/25/9207229/uber-university-of-arizona-tucson-autonomous-self-driving-cars. Acesso em: 20 mar. 2020.

em diversos níveis conforme o grau de intervenção humana na condução e de autonomia do sistema de condução.

Como destacado, existem níveis de automação, desde os níveis iniciais, que oferecem algumas funções automatizadas para auxiliar o motorista, até níveis mais avançados que viabilizarão a condução sem intervenção humana (*driverless cars*), utilizando estes últimos dos avanços da inteligência artificial, em especial, tecnologias de aprendizagem de máquina e comportamento de máquina, analisado no capítulo 1 desta obra.

Segundo o órgão norte-americano, *National Highway Traffic Safety Administration – NHTSA*,[5] existem seis níveis de automação de carros (de zero a cinco). Veículos de *Nível 0* não possuem automação, sendo que o motorista tem o controle completo e exclusivo do veículo (freio, direção, acelerador e força motriz). Em um nível um pouco mais automatizado, os veículos de *Nível 1* têm funções específicas de automação como controle de cruzeiro adaptável (*cruise control*), controle eletrônico de estabilidade, ou suporte de interrupção dinâmica. Estas funções auxiliam o motorista que, ainda neste nível tem o controle do carro. Os veículos de *Nível 3* oferecem automação limitada, permitindo ao motorista passar o controle de todas as funções críticas em determinadas circunstâncias para o sistema operacional do carro. Mas, ainda neste nível, o motorista deve estar monitorando constantemente o veículo para assumir o controle quando necessário. No *Nível 4*, o carro utiliza um sistema que viabiliza a execução de todas as operações críticas do veículo. E, no *Nível 5,* o carro teria completa autonomia e controle da direção, que é um projeto para um futuro próximo.

Já a Sociedade Internacional de Engenheiros Automotivos[6] explica e exemplifica estes 06 (seis) níveis de automação, com algumas nuances se comparados com a classificação anterior da NHTSA, quais sejam: – *Nível Zero*, em que o sistema se limita a dar avisos e assistência ao motorista, sendo que o condutor do veículo é o motorista ainda que não esteja acionando os freios ou o acelerador (ex. freios de emergência automáticos, avisos sobre ponto cego, alerta de ultrapassagem); *Nível 1*, o sistema dá assistência ao motorista, que é o condutor do veículo ainda que não esteja acionando os freios ou o acelerador, auxiliando o na troca de marchas, frenagem ou aceleração (exemplos destas aplicações são o centralizador de faixa *ou* controle de velocidade – *cruise control*); – *Nível 2*, a mesma assistência do nível um, porém simultaneamente (ex. centralizador de

---

5. Disponível em: https://www.nhtsa.gov/technology-innovation/automated-vehicles-safety#topic-road-self-driving. Acesso em: 20 mar. 2020.
6. SHUTTLEWORTH, Jennifer. *International Society of Automobilist Engineers – SAE Standards News*: J3016 automated-driving graphic update (de 07 de janeiro de 2019). Disponível em: https://www.sae.org/news/2019/01/sae-updates-j3016-automated-driving-graphic. Acesso em: 20 mar. 2020.

faixa e controle de velocidade – *cruise control*); – *Nível 3,* o sistema pode assumir o controle da direção em situações pontuais, por exemplo, em um engarrafamento, o carro acelera e feria automaticamente, mas o motorista deverá monitorar para assumir a direção quando necessário; – *Nível 4,* o sistema permite a direção sem motorista em determinadas circunstâncias, ou seja, quando for permitida pelas autoridades locais a direção autônoma do carro; e – *Nível 5,* o carro se auto dirige sem intervenção do motorista em quaisquer circunstâncias.

Conforme esta classificação, os carros com automação nos níveis zero, 1 e 2, exigem constante supervisão humana, que é considerado o condutor para todos os fins ainda que estiver utilizando as ferramentas de automação. Já os carros com automação nível 3 podem exigir que o motorista assuma a condução, por isso, é obrigatória a supervisão do condutor. Por fim, os carros com nível de automação quatro e cinco utilizam efetivamente tecnologia de inteligência artificial (aprendizagem de máquina) para realizar a condução do veículo sem necessidade de supervisão ou intervenção humana. No entanto, esta tecnologia está em desenvolvimento.

Existem alguns carros já com certo nível de automação, e.g., o recurso "piloto automático" da *Tesla* foi reconhecido ser uma tecnologia NHTSA "Nível 2". O "carro autônomo" da *Google* foi descrito como um veículo NHTSA "Nível 4". O Modelo S da *Tesla* foi projetado com *hardware* para permitir o incremento de tecnologia de direção autônoma, cujos *softwares* deverão ser atualizados periodicamente para automatizar cada vez mais os carros Modelo S.[7]

No Brasil, caberá ao CONTRAN – Conselho Nacional de Trânsito, nos termos do art. 12 do Código de Trânsito Brasileiro (CTB, Lei 9.503, de 23 de setembro de 1997), regular e reconhecer os níveis de automação de veículos, o ideal é seguir um padrão universal, e.g. a classificação da Sociedade Internacional de Engenheiros Automotivos *supra* descrita, pois estas tecnologias são divulgadas em diversos países.

A Resolução 717, de 30 de novembro de 2017, determinou a realização de estudos técnicos para o aprimoramento de alguns temas, no item 37 deste anexo, estão os veículos autônomos, com 48 meses para apresentar o relatório após a entrada em vigor da lei, que se deu em 30 dias de sua publicação, ou seja, o comitê técnico tem até dia 30 de dezembro de 2021 para apresentar o relatório.[8]

---

7. CRANE, Daniel A.; LOGUE, Kyle D.; PILZ, Bryce C. A Survey of Legal Issues Arising From The Deployment of Autonomous and Connected Vehicles. *Michigan Telecommunications and Technology Law Review*, v. 23, p. 191-320 (2017). Disponível em: https://repository.law.umich.edu/mttlr/vol23/iss2/1. Acesso em: 10 mar. 2020. p. 199.

8. Este prazo pode ser suspenso em função de todas as restrições em virtude da pandemia pela Covid-19.

O grupo *"The Boston Consulting"*[9] explicou que o *software* para veículos continuará sendo cada vez mais complexo, *in verbis*:

> The other critical technology in need of further development is the software that will interpret sensor data and trigger the actuators that govern vehicle braking, acceleration, and steering. The software will need to be highly intricate to contend with the complexity of the driving environment. To put things in perspective, the software in the latest Mercedes S-class vehicle, which is loaded with several ADAS features, contains roughly 15 times more lines of code than the software in a Boeing 787. The quantity of code required will multiply as vehicle manufacturers move from ADAS to partial autonomy and then full autonomy.

Este fator deverá influenciar, inclusive, o aumento da vulnerabilidade do consumidor como será analisado no capítulo 4.

Tendo em vista estes estágios distintos de automação, destaca-se a distinção técnica entre "carros automatizados", "carros autônomos" e "carros conectados", que serão explicados a seguir.

3.2 CONCEITOS E TERMINOLOGIA REFERENTE AOS CARROS AUTÔNOMOS

Preliminarmente, deve-se explicar alguns conceitos utilizados quando se fala em carros autônomos. Isto porque é uma área nova e pouco estudada, o que leva a alguns equívocos quando não se utilizam os termos em sua correta acepção.

Em síntese, automação de carros pode ser entendida como a tecnologia utilizada nos veículos automotores baseada nas informações adquiridas pelos sensores a bordo do veículo, sem a necessária comunicação ou cooperação ativa com outras entidades (outros veículos ou a infraestrutura viária, como ocorre se for aplicada a tecnologia *Vehicle-to-Vehicle* ou *Vehicle-to-Infrastructure*).[10]

Desta forma, conforme o nível de automação, os carros podem ser de duas espécies, quais sejam: carros automatizados ou carros autônomos. Há quem acrescente uma terceira categoria, isto é, subdivide os carros autônomos em *"carros autônomos condicionais"* e *"carros autônomos completos"*. Conforme esta classificação, os carros automatizados são aqueles em que a direção é compartilhada entre o motorista e a máquina, cuja função é meramente auxiliá-lo

---

9. MOSQUET, Xavier; et al. Revolution in the Driver's Seat: The Road to Autonomous Vehicles, *Boston Consulting Group* (Abril 2015). Disponível em: https://www.bcgperspectives.com/Images/BCG-Revolution-in-the-Drivers-Seat-Apr-2015_tcm80-186097.pdf. Acesso em: 20 mar. 2020.

10. PETIT, Jonathan; SHLADOVER, Steven. Potential Cyberattacks on Automated Vehicles. *IEEE Transactions on Intelligent Transportation Systems*, v. 16, (2015), p. 546-557. Disponível em: https://www.academia.edu/8748571/Potential_Cyberattacks_on_Automated_Vehicles. Acesso em: 20 mar. 2020. p. 02.

na condução do veículo ("monitored automation"). Já os carros autônomos se subdividem em: "conditional automation", isto é, o motorista pode ceder a direção ao sistema em circunstâncias determinadas, como estacionar o carro ou manter o veículo na faixa acelerando e freando observado o limite de velocidade fixado pelo motorista conforme as leis de trânsito locais; e "full automation", que seria a condução do veículo integralmente desempenhada pelo sistema operacional do carro, cabendo ao motorista informar apenas o destino.[11]

Carros conectados, por sua vez, não são propriamente uma categoria de automação, pois esta ferramenta pode ser utilizada em quaisquer níveis de automação; na verdade, é um complemento que pretende conferir maior segurança no trânsito, além de outras vantagens como economia de combustível e etc.

O escopo desta obra é analisar o desenvolvimento dos carros autônomos, no entanto, existem diversos níveis de automação e funcionalidades tecnológicas aplicadas à assistência do motorista na condução, por isso, usam-se três conceitos distintos, a saber: *carros conectados*, *carros automatizados* e *carros autônomos*, como se verá a seguir.

Em algumas leis não é feita tal distinção, como no *California Vehicle Code*,[12] que usa o termo "autonomous mode" para representar tanto os carros automatizados quanto os carros autônomos:

> (a) "Autonomous mode" is the status of vehicle operation where technology that is a combination of hardware and software, remote and/or on-board, performs the dynamic driving task, *with or without a natural person actively supervising* the autonomous technology's performance of the dynamic driving task. An autonomous vehicle is operating or driving in autonomous mode when it is operated or driven with the autonomous technology engaged. (grifo nosso)

Entretanto, no estado norte-americano de Nevada, é feita a distinção entre "automated cars" e "autonomous cars", como se verá a seguir. Parece-nos importante que se faça tal distinção técnica, pois tem impacto em como a lei deve ser aplicada num e noutro caso, justamente em relação à exigência ou dispensa da condução humana.

---

11. WOOD, Stephen P.; CHANG, Jesse; HEALY, Thomas; WOOD, John. The Potential Regulatory Challenges of Increasingly Autonomous Motor Vehicles. *Santa Clara Law Review*, v. 52, n. 4, 20 de dezembro de 2012, p. 1423-1502. Disponível em: https://digitalcommons.law.scu.edu/cgi/viewcontent.cgi?article=2734&context=lawreview. Acesso em: 15 dez. 2019. p. 1.430-1432.

12. Disponível em: https://leginfo.legislature.ca.gov/faces/codesTOCSelected.xhtml?tocCode=VEH&tocTitle=+Vehicle+Code+-+VEH. Acesso em: 20 mar. 2020.

Na União Europeia, esta distinção é feita no Regulamento (UE) 2019/2144 do Parlamento Europeu e do Conselho, de 27 de novembro de 2019,[13] no art. 3º, alíneas 21 e 22, a saber:

> 21) «Veículo automatizado», um veículo a motor concebido e construído para se deslocar autonomamente por determinados períodos de tempo sem supervisão contínua de um condutor, mas *para o qual a intervenção do condutor é ainda esperada ou necessária;*
>
> 22) «Veículo totalmente automatizado», um veículo a motor concebido e construído para se deslocar autonomamente, *sem qualquer supervisão de um condutor,* (grifo nosso)

O comitê técnico do CONTRAN que irá analisar o tema e apresentar o relatório deverá estar atento às categorias de carros, bem como à tecnologia de conexão entre carros e entre estes e a infraestrutura viária, para deixar claro os requisitos e as especificidades que cada um deve conter, além dos direitos e obrigações do motorista e das empresas envolvidas com estas tecnologias de cada uma das categorias dos carros conforme o nível de automação, ou seja, carros automatizados, carros autônomos e carros conectados.

3.2.1 Carros automatizados

Os carros automatizados, conhecidos na expressão inglesa por "driver assist cars" ou "automated cars" são aqueles que tem algum tipo de tecnologia para determinadas funções, tais como, o controle de velocidade (*cruise control*), sistema de freios automáticos de emergência, avisos de monitoramento ao estacionar com sensores e/ou câmeras. Em outras palavras, seriam os carros com nível zero, 1 e 2 de automação conforme à classificação da SAE.[14]

Nos Estados Unidos, no estado de Nevada, "Nevada Administrative Code",[15] utiliza-se a terminologia "*automated cars*" para significar os carros que tem algu-

---

13. Disponível em: https://leginfo.legislature.ca.gov/faces/codesTOCSelected.xhtml?tocCode=VEH&-tocTitle=+Vehicle+Code+-+VEH. Acesso em: 20 mar. 2020.
    à sua segurança geral e à proteção dos ocupantes dos veículos e dos utentes da estrada vulneráveis, que altera o Regulamento (UE) 2018/858 do Parlamento Europeu e do Conselho e revoga os Regulamentos (CE) 78/2009, (CE) 79/2009 e (CE) 661/2009 do Parlamento Europeu e do Conselho e os Regulamentos (CE) 631/2009, (UE) 406/2010, (UE) 672/2010, (UE) 1003/2010, (UE) 1005/2010, (UE) 1008/2010, (UE) 1009/2010, (UE) 19/2011, (UE) 109/2011, (UE) 458/2011, (UE) 65/2012, (UE) 130/2012, (UE) 347/2012, (UE) 351/2012, (UE) 1230/2012, e (UE) 2015/166 da Comissão. Disponível em: https://eur-lex.europa.eu/legal-content/PT/TXT/HTML/?uri=CELEX:32019R2144&from=EN#d1e990-1-1. Acesso em: 10 jan. 2020.
14. CRANE, Daniel A.; LOGUE, Kyle D.; PILZ, Bryce C. Op. cit., p. 202.
15. Chapter 482a – Autonomous Vehicles. Disponível em: https://www.leg.state.nv.us/NAC/NAC-482A. html. Acesso em: 20 mar. 2020: "NAC 482A. 104 Requirements for testing or operating vehicle upon highways of this State. (NRS 482A.100)
    1. An autonomous vehicle may not be tested on the highways of this State until the person who is responsible for the testing of the autonomous vehicle has submitted to the Department a certificate

mas funcionalidades automatizadas como descrito pela "Sociedade Internacional de Engenheiros Automotivos, com nível 1 e 2 de automação".

A título de exemplo desse tipo de tecnologia cita-se o controle eletrônico de estabilidade, que usa um sistema de trava automática controlada por um sistema operacional computadorizado conectado com as rodas (traseiras – sistema de rotação ou dianteiras – sistema arado), cuja função é auxiliar o motorista a manter o controle do veículo em situações adversas que possam comprometer o controle da direção do carro.

Outro exemplo seria um sistema que auxilie o condutor do automóvel a mantê-lo na faixa, guiando o veículo de volta ao centro de sua faixa quando o sistema detecta que o veículo está à deriva ou avançou na faixa adjacente, ou ainda, que esteja em rota de colisão com um veículo em uma pista adjacente.[16]

3.2.2 Carros autônomos

Os carros autônomos, ou na expressão inglesa "self-driving cars", "driverless cars", ou ainda, "fully driverless cars", são aqueles identificados sendo do *nível 3, 4 ou 5* conforme a classificação da SAE, isto é, o sistema pode assumir o controle da direção em situações pontuais (*nível 3*), o sistema permite a direção sem motorista em determinadas circunstâncias, ou seja, quando as vias estiverem preparadas para a direção autônoma do carro (*nível 4*), ou, ainda, quando os carros se dirigirem sem necessidade de supervisão humana (*nível 5*), esta tecnologia está prevista para 2025.

Este conceito norteou a legislação do estado norte-americano de Nevada ("Nevada Administrative Code")[17] que define "autonomous vehicles" como: "a motor vehicle that is equipped with an automated driving system which is de-

---

of compliance for the autonomous vehicle and obtained a testing certificate and testing license plates pursuant to NAC 482A.110.

2. An autonomous vehicle may not be operated on the highways of this State until: (a) The manufacturer of the autonomous vehicle, the manufacturer or developer of the automated driving system utilized in the autonomous vehicle or an autonomous vehicle certification facility has submitted to the Department a certificate of compliance for the autonomous vehicle; and (b) The owner or operator of the autonomous vehicle has obtained from the Department registration for the autonomous vehicle pursuant to chapter 482 of NRS.

3. A certificate of compliance required by this section must: (a) Be made on a form prescribed by the Department; and (b) Certify that the autonomous vehicle or the automated driving system installed in the autonomous vehicle, as applicable, meets the applicable requirements of NRS 482A.070 and 482A.080. (Added to NAC by Dep't of Motor Veh. by R136-17, eff. 8-30-2018)".

16. WOOD, Stephen P.; CHANG, Jesse; HEALY, Thomas; WOOD, John. Op. cit., p. 1.430.

17. Chapter 482a – Autonomous Vehicles. Disponível em: https://www.leg.state.nv.us/NAC/NAC-482A. html. Acesso em: 20 mar. 2020: "NAC 482A. 104 Requirements for testing or operating vehicle upon highways of this State. (NRS 482A.100)

signed to function at a level of driving automation of level 3, 4 or 5 pursuant to SAE J3016. The term includes a fully autonomous vehicle."

Estas são as duas categorias de carros, isto é, os carros automatizados e os carros autônomos (compreendidos os condicional e plenamente autônomos). Independentemente da categoria, pode-se agregar ferramentas de conexão entre os veículos e entre estes e a infraestrutura viária, os denominados "carros conectados", que não é uma terceira categoria, e sim um *plus* que pode ser agregado tanto aos carros automatizados quanto aos carros autônomos.

3.2.3 Carros conectados

A ideia de carros conectados ou telemáticos está intimamente relacionada à Internet das Coisas (cf. cap. 2 desta obra), isto é, os carros estão conectados com uma série de dispositivos a fim de viabilizar transmissão de informações entre eles, e entre eles e a infraestrutura viária.

Há, portanto, duas espécies de carros conectados: – a primeira é a conexão entre carros (*Vehicle-to-Vehicle – V2V*); – a segunda é a conexão entre o carro e a infraestrutura (*Vehicle-to-Infrastructure – V2I*).[18]

Por exemplo, um carro estando conectado com outro pode comunicar alguma pane elétrica de maneira imediata, assim o sistema verificando que o carro com problemas está na sua rota, poderá alterar a rota, ou mesmo, diminuir a velocidade, o que diminuirá consideravelmente os acidentes no trânsito e mesmo os congestionamentos. Utilizando as técnicas de aprendizado de máquina analisada no capítulo 1 desta obra, esta comunicação pode ser feita antes mesmo da pane

---

1. An autonomous vehicle may not be tested on the highways of this State until the person who is responsible for the testing of the autonomous vehicle has submitted to the Department a certificate of compliance for the autonomous vehicle and obtained a testing certificate and testing license plates pursuant to NAC 482A.110.

2. An autonomous vehicle may not be operated on the highways of this State until: (a) The manufacturer of the autonomous vehicle, the manufacturer or developer of the automated driving system utilized in the autonomous vehicle or an autonomous vehicle certification facility has submitted to the Department a certificate of compliance for the autonomous vehicle; and (b) The owner or operator of the autonomous vehicle has obtained from the Department registration for the autonomous vehicle pursuant to chapter 482 of NRS.

3. A certificate of compliance required by this section must: (a) Be made on a form prescribed by the Department; and (b) Certify that the autonomous vehicle or the automated driving system installed in the autonomous vehicle, as applicable, meets the applicable requirements of NRS 482A.070 and 482A.080. (Added to NAC by Dep't of Motor Veh. by R136-17, eff. 8-30-2018)".

18. CRANE, Daniel A.; LOGUE, Kyle D.; PILZ, Bryce C. A Survey of Legal Issues Arising From The Deployment of Autonomous and Connected Vehicles. *Michigan Telecommunications and Technology Law Review*, v. 23, p. 191, 2017. Disponível em: https://repository.law.umich.edu/mttlr/vol23/iss2/1. Acesso em: 10 mar. 2020. p. 202.

elétrica acontecer. Em outras palavras, os algoritmos, analisando o sistema de informação do veículo, resultará numa predição do que acontecerá com o carro. Desta forma, todas as ações no trânsito podem ser coordenadas em tempo real. Para tanto, requer-se um investimento por parte das empresas automotivas nestas tecnologias, além de se adequarem aos padrões de segurança contra *cyber* ataques e proteção da privacidade e dos dados pessoais o que será analisado adiante.

Os carros *V2I* são aqueles que estão conectados à infraestrutura das estradas, comunicação constante e em tempo real, podendo alertar (inclusive com predições usando aprendizado de máquina) sobre o trânsito, enchentes, acidentes, e outros eventuais problemas que possam ser constatados. Neste caso, além dos investimentos das empresas, o Governo e as concessionárias deverão investir nestas tecnologias, para se adequar às ferramentas de interconexão viabilizando todo o sistema como ocorre nas "cidades inteligentes" (cf. Capítulo 2).

As tecnologias *V2V* e *V2I* não substituem os sistemas automatizados ou autônomos, mas os complementam, fornecendo um fluxo adicional de informações conforme os exemplos acima destacados. Note-se que o órgão norte-americano, *National Highway Traffic Safety Administration – NHTSA,* destacou a relevante colaboração destas tecnologias para evitar acidentes, e conceitua os carros conectados como: [19]

> "Connected vehicle" can also be used to refer to telematics that transmit and enable various information and "infotainment" applications to vehicles. This report will use the term "connected vehicle" to refer to the vehicle-to-vehicle or vehicle to infrastructure communication technology supporting crash avoidance technologies.

Estima-se que a tecnologia dos *carros conectados* é capaz de prevenir 90% dos acidentes, assim, o impacto econômico positivo da prevenção de acidentes somaria cerca de US$ 563 bilhões anualmente. Portanto, pode-se afirmar que tal funcionalidade apresenta benefícios além da prevenção de acidentes, tais como: aumento produtividade, diminuição do congestionamento, economia de combustível, compartilhamento de carros (*carona compartilhada)* e aumento da mobilidade para as pessoas atualmente incapazes de dirigir, o que representaria uma economia superior a um trilhão de dólares anualmente. [20]

Em suma, os carros conectados inserem-se no contexto das "cidades inteligentes", indo ao encontro dos objetivos previsto no art. 3º do Decreto 9.854, de 25 de junho de 2019, que instituiu o Plano Nacional para Internet das Coisas,

---

19. Vehicle-to-Vehicle Communications: Readiness of V2V Technology for Application. Disponível em: https://www.nhtsa.gov/sites/nhtsa.dot.gov/files/readiness-of-v2v-technology-for-application-812014.pdf. Acesso em: 10 mar. 2020. p. 02-24.
20. CRANE, Daniel et. al. Op. cit., p. 299.

CAPÍTULO 3 • CARROS AUTÔNOMOS **77**

quais sejam: – melhorar a qualidade de vida das pessoas e promover ganhos de eficiência nos serviços; – promover a capacitação profissional relacionada ao desenvolvimento de aplicações de IoT e a geração de empregos na economia digital; – incrementar a produtividade e fomentar a competitividade das empresas brasileiras desenvolvedoras de IoT; – buscar parcerias com os setores público e privado para a implementação da IoT; e – aumentar a integração do País no cenário internacional (cf. Item 2.4 desta obra).

Para além dos filmes de ficção científica, os carros automatizados já são realidade, e as pesquisas e o desenvolvimento de tecnologia para os carros autônomos e carros conectados já estão bem avançados, o que revela alguns exemplos.

3.3 ALGUNS EXEMPLOS E AVANÇOS NO DESENVOLVIMENTO DOS CARROS AUTÔNOMOS

Algumas empresas estão desenvolvendo a tecnologia de carros autônomos, automatizados e conectados. Para tanto, requer-se apoio do Governo, para regulamentar as condições e os requisitos para que os testes possam ser realizados.

A *Google*, como se constatou, utiliza muito IA em seu sistema de busca e outras ferramentas de análise de dados e aplicações como o *Google Maps* e *Google Street View*, por isso, tem um ambiente propício tanto quanto o material humano para o desenvolvimento destes projetos, bem como a tecnologia, para viabilizar o seu "Projeto de Carro Autônomo", iniciado em 2009, hoje o denominado *Waymo*.[21] Em 2015, após testes exaustivos, o carro autônomo da *Google* circulou pelas vias públicas do Arizona, nos Estados Unidos. Em 2018, a empresa convidou a cidade de Phoenix (Arizona) a participar do projeto a fim de que o carro autônomo pudesse circular em vias públicas.[22]

Claro que esta possibilidade é uma ameaça para um determinado setor, em especial o dos taxistas (que já vem sofrendo desde que a *Uber* entrou no mercado, e agora ela tem enfrentado o temor de ser substituída pelos avanços tecnológicos) e o setor das caronas compartilhadas, pois os carros autônomos serão uma alternativa à mobilidade urbana com maior eficiência e a menor custo. Todavia, recorda-se que as diretrizes éticas para o uso de IA determinam que deve ser dada uma atenção especial a estes trabalhadores que perderão seus empregos na dinâmica da economia digital. Em outras palavras, estas empresas que estão

---

21. Disponível em: https://waymo.com/journey/. Acesso em: 12 mar. 2020.
22. HAWKINS, Andrew. Waymo's driverless car: ghost-riding in the back seat of a robot taxi. *The Verge*, publicação de 09 de dezembro de 2019. Disponível em: https://www.theverge.com/2019/12/9/21000085/waymo-fully-driverless-car-self-driving-ride-hail-service-phoenix-arizona. Acesso em: 12 mar. 2020.

desenvolvendo tais tecnologias e o Governo devem investir em programas sociais para a requalificação destes profissionais (vide item 1.3 desta obra).

A corrida pelo desenvolvimento de carros autônomos e a possibilidade de serem utilizados como substitutos dos táxis, acionaram o "radar" da *Uber* com relação à sua provável substituição. Por isso, a empresa tem se movimentado a este respeito, e em agosto de 2016, adquiriu a *Otto* (empresa que desenvolve projetos de caminhões autônomos) por nada mais nada menos que 680 milhões de dólares.[23] Entretanto este projeto levou a *Uber* a ser processada pela *Google* por violação de segredo comercial e industrial. Neste caso, um ex-engenheiro da *Google* baixou muitos arquivos importantes do sistema *Lidar* (que é um sistema de IA que funciona como os "olhos" do carro autônomo viabilizando sua locomoção), e passou estes arquivos para a *Uber,* que utilizou em seu projeto de automação de carros sem obter licença de uso. Cinco dias antes de iniciar o julgamento, que provavelmente iria durar semanas, a *Uber* fechou um acordo com a *Google* e pagou à empresa 245 milhões de dólares.[24]

A *Uber* está se dedicando muito ao tema, pois a empresa fechou uma parceria com a *Volvo* para disponibilizar os táxis autônomos.[25] O carro modelo XC90 SUV tem um sistema para implantar a direção sem motorista, sendo que a empresa *Volvo* ressalta que a segurança é a prioridade da empresa, que assumiu a responsabilidade por quaisquer danos que os consumidores sofrerem no uso desta tecnologia.[26]

A *Tesla* investe, desde 2013, em *hardware* e *software* do sistema denominado "autopilot", que já é comercializado em diversos países. A partir de 2015, os carros da *Tesla* são fabricados com o *hardware* compatível com o sistema que pode ser adquirido pelo consumidor, se quiser. Este carro foi classificado com *nível 2 de automação*, portanto, exige a constante supervisão do condutor que deverá assumir a direção quando sinalizado (seria um carro automatizado). Além disso, o carro somente pode circular no modo "autopilot" nas estradas autorizadas pelas leis de trânsito locais. Alguns acidentes fatais aconteceram, o que desencadearam

---

23. CHEN, Nanding. Waymo v. Uber: Surprise Settlement Five Days into Trial. *JOLT (Harvard Journal)*. Publicado em 03 de março de 2018. Disponível em: https://jolt.law.harvard.edu/digest/waymo-v-u-ber-surprise-settlement-five-days-into-trial. Acesso em: 12 mar. 2020.
24. Idem, ibidem.
25. O'KANE, Sean. Uber debuts a new self-driving car with more fail-safes. *The Verge*. Publicado em 12 de junho de 2019. Disponível em: https://www.theverge.com/2019/6/12/18662626/uber-volvo-self--driving-car-safety-autonomous-factory-level. Acesso em: 12 mar. 2020.
26. GORZELANY, Jim. Volvo Will Accept Liability For Its Self-Driving Cars. *Forbes*. Publicado em 09 de outubro de 2015. Disponível em: https://www.forbes.com/sites/jimgorzelany/2015/10/09/volvo-will--accept-liability-for-its-self-driving-cars/#7ee0d7fa72c5. Acesso em: 12 mar. 2020.

uma série de discussões sobre a responsabilidade civil pelos acidentes e sobre a segurança deste sistema.[27]

A *General Motors* também está investindo alto em carros autônomos em um projeto denominado "*Cruise*", após a aquisição desta empresa pela *General Motors* em 2016. O protótipo do que seria um táxi sem motorista, totalmente autônomo, contou com o apoio da *Honda* e de outros bancos japoneses a partir de outubro de 2018, mas ainda em fase de testes.[28]

A *Audi* está em estágio avançado com previsão de disponibilizar os táxis autônomos para o público a partir de 2021. A empresa desenvolveu o projeto conhecido como "Autonomous Intelligent Driving (AID)" no qual investiu certa de 16 bilhões de dólares.[29]

Semelhantemente, o projeto "Argo" da *Ford* promete oferecer serviços de táxis autônomos por volta de 2021, em uma parceria com *Volkswagen,* a empresa investiu um bilhão de dólares neste projeto em 2017.[30]

BMW tem projetos para carros automatizados e autônomos desde 2006, inaugurando seu campo de testes para carros autônomos em 2017, na cidade de Unterschleissheim, na Alemanha, e tem investido bilhões de euros no desenvolvimento deste projeto para disponibilizar no mercado em 2021 carros com *nível 3 de automação* conforme a classificação acima exposta da SAE. A empresa uniu esforços com *Daimler* e *Mercedes-Benz* para concretizar o projeto *iNext* que seria um carro *nível 5* de automação. Um ponto importante anunciado pela empresa *BMW* é que o sistema utiliza fortemente *Big Data* e Inteligência Artificial.[31]

---

27. China, em 20 de janeiro de 2016; Florida, em 07/05/2016; California, em 23/03/2018, porém em muitos destes acidentes, constatou-se a ausência da supervisão do condutor. Atualmente, parece que a empresa "tirou o pé do acelerador", retirou a função "autopilot" dos carros vendidos. Cf. STATT, Nick. Tesla remotely disables Autopilot on used Model S after it was sold. *The Verge*. Publicação em 06 de fevereiro de 2020. Disponível em: https://www.theverge.com/2020/2/6/21127243/tesla-model-s--autopilot-disabled-remotely-used-car-update. Acesso em: 20 mar. 2020.
28. HAWKINGS, Andrew J. Exclusive look at cruise's first driverless car without a steering wheel or pedals. *The Verge*. Publicado em 21 de janeiro de 2020. Disponível em: https://www.theverge.com/2020/1/21/21075977/cruise-driverless-car-gm-no-steering-wheel-pedals-cv-exclusive-first--look. Acesso em: 12 mar. 2020.
29. HAWKINS, Andrew J. Audi pulls the curtain back on its self-driving car program. *The Verge*. Publicado em 18 de dezembro de 2019. Disponível em: https://www.theverge.com/2018/12/18/18144506/audi-self-driving-car-volkswagen-luminar-lidar. Acesso em: 12 mar. 2020.
30. HAWKINS, Andrew J. Ford's self-driving cars are really good, but are they good enough to win? *The Verge*. Publicado em 15 de novembro de 2018. Disponível em: https://www.theverge.com/2018/11/15/18096338/ford-self-driving-car-miami-argo-av. Acesso em: 12 mar. 2020.
31. BLANCO, Sebastian. BMW, Daimler Will Work Together On Autonomous Vehicles For Mid-2020s. *Forbes*. Publicado em 28 de fevereiro de 2019. Disponível em: https://www.forbes.com/sites/sebastianblanco/2019/02/28/bmw-daimler-will-work-together-on-autonomous-vehicles-for-mid--2020s/#23e92cab5434. Acesso em: 13 mar. 2020.

O importante para que todas as tecnologias avancem é um sistema seguro para a realização de testes, o que precisa ser regulamentado no Brasil pelo CONTRAN. Desta forma, *startups* brasileiras podem unir esforços com outras empresas do ramo automotivo para consolidar projetos nacionais de carros autônomos.

3.3.1 Os requisitos para a realização dos testes dos carros autônomos

Em regra, para realizar os testes dos carros autônomos, inicia-se em um ambiente controlado, ou seja, uma área desenhada especificamente para a realização destes. Em julho de 2015, no estado norte-americano de Michigan, foi criado um espaço para estes testes conhecido como "Micity", financiado pela Universidade de Michigan e indústrias parceiras, como a *Ford,* que foi a primeira em realizar os testes no local.[32]

Porém, para se comprovar a segurança dos carros autônomos, requer-se um segundo estágio, qual seja: realizar testes em vias públicas. Para tanto, as leis de trânsito devem prever regras para a realização destes testes. Geralmente, as empresas interessadas a realizar os testes em vias públicas devem pedir ao órgão responsável pelo controle da segurança no trânsito do país ou do estado, conforme o caso. Esta solicitação deve ser instruída com diversos documentos, inclusive, uma certificação quanto à adequação e segurança dos carros que serão testados, somente então os carros recebem uma placa especial que os identificam como tal ("carros em pesquisa/teste").

A grande discussão sobre o tema foi a restrição, que ainda hoje existe em muitos países e estados, ao condicionar a circulação dos carros autônomos com a supervisão de um funcionário da empresa certificado para operar o sistema utilizado no veículo. Entretanto, as leis mais atuais, como a do estado da Califórnia, Flórida, Michigan e Nevada, dentre outros estados norte-americanos, permitem testes em vias públicas mesmo sem supervisão humana como será analisado a seguir.

Nota-se que havia algumas divergências nas leis estaduais, porém atualmente, as leis adotadas são bem semelhantes. Segundo a *National Conference of State Legislatures*[33] dos Estados Unidos, quase todos os estados têm leis aprovadas ou ordens executivas sobre o tema.

---

32. CRANE, Daniel et al. Op. cit., p. 194.
33. Cf. Autonomous Vehicles | Self-Driving Vehicles Enacted Legislation. Disponível em: https://www.ncsl.org/research/transportation/autonomous-vehicles-self-driving-vehicles-enacted-legislation.aspx. Acesso em: 20 mar. 2020.

Nevada foi o primeiro estado norte-americano a aprovar uma lei em 2011, que foi constantemente revisada, sendo que na última versão, de 2019, "Nevada Administrative Code",[34] permite-se que os testes de carros autônomos sejam realizados em vias públicas com ou sem a supervisão humana, desde que a empresa obtenha uma certificação ou apresente sua auto certificação, além de um depósito de garantia de cinco milhões de dólares.

Califórnia, palco das empresas de tecnologia, vem regulamentando os testes de carros autônomos desde 2014, no *California Vehicle Code* (§ 38750),[35] primeiro exigia a presença física de um funcionário habilitado e com certificação para operar o sistema; porém, a partir de 02 de abril de 2018, os testes sem a presença física do condutor ficaram autorizados, inclusive o desenvolvimento deste produto para o público. Isto fica claro na definição de carros autônomos da legislação californiana, *in verbis:*

§ 227.02. Definitions.

[...]

(b) "Autonomous test vehicle" is a vehicle that has been equipped with technology that is a combination of both hardware and software that, when engaged, performs the dynamic driving task, but requires a human test driver or a remote operator to continuously supervise the vehicle's performance of the dynamic driving task.

(1) An autonomous test vehicle does not include vehicles equipped with one or more systems that provide driver assistance and/or enhance safety benefits but are not capable of, singularly or in combination, performing the dynamic driving task on a sustained basis without the constant control or active monitoring of a natural person.

---

34. Chapter 482a – Autonomous Vehicles. Disponível em: https://www.leg.state.nv.us/NAC/NAC-482A. html. Acesso em: 20 mar. 2020: "NAC 482A. 104 Requirements for testing or operating vehicle upon highways of this State. (NRS 482A.100).

    1. An autonomous vehicle may not be tested on the highways of this State until the person who is responsible for the testing of the autonomous vehicle has submitted to the Department a certificate of compliance for the autonomous vehicle and obtained a testing certificate and testing license plates pursuant to NAC 482A.110.

    2. An autonomous vehicle may not be operated on the highways of this State until: (a) The manufacturer of the autonomous vehicle, the manufacturer or developer of the automated driving system utilized in the autonomous vehicle or an autonomous vehicle certification facility has submitted to the Department a certificate of compliance for the autonomous vehicle; and (b) The owner or operator of the autonomous vehicle has obtained from the Department registration for the autonomous vehicle pursuant to chapter 482 of NRS.

    3. A certificate of compliance required by this section must: (a) Be made on a form prescribed by the Department; and (b) Certify that the autonomous vehicle or the automated driving system installed in the autonomous vehicle, as applicable, meets the applicable requirements of NRS 482A.070 and 482A.080. (Added to NAC by Dep't of Motor Veh. by R136-17, eff. 8-30-2018)".

35. Disponível em: https://leginfo.legislature.ca.gov/faces/codesTOCSelected.xhtml?tocCode=VEH&-tocTitle=+Vehicle+Code+-+VEH. Acesso em: 20 mar. 2020.

> *(2) For the purposes of this article, an "autonomous test vehicle" is equipped with technology that makes it capable of operation that meets the definition of Levels 3, 4, or 5 of the SAE International's Taxonomy and Definitions for Terms Related to Driving Automation Systems for On-Road Motor Vehicles, standard J3016 (SEP2016), which is hereby incorporated by reference.*
>
> *(3) The presence of a natural person who is an employee, contractor, or designee of the manufacturer in the vehicle to monitor a vehicle's autonomous performance shall not affect whether a vehicle meets the definition of autonomous test vehicle.*

Semelhantemente ao estado de Nevada, na Califórnia, deve-se fazer uma solicitação ao Departamento Estadual de Trânsito, apresentando os documentos exigidos, certificação e o depósito de cinco milhões de dólares.

O estado de Michigan[36] também adotou critérios parecidos no "Michigan Vehicle Code", *Section 257.665,* que criou um conselho formado por onze pessoas indicadas pelo Governador para avaliarem e apresentarem relatórios sobre o futuro da mobilidade urbana do estado.

Por fim, outro exemplo é o estado da Flórida, que regulamenta a matéria no capítulo 316 ("State Uniform Traffic Control") da lei estadual,[37] e passou a admitir a partir de 2019, os testes de carros totalmente autônomos, sem a presença física de um condutor, com a finalidade de atrair para o estado da Flórida os fabricantes de veículos autônomos:

> *316.85 Autonomous vehicles; operation; compliance with traffic and motor vehicle laws; testing.—*
>
> *(1) Notwithstanding any other law, a licensed human operator is not required to operate a fully autonomous vehicle as defined in s. 316.003(3).*
>
> *(2) A fully autonomous vehicle may operate in this state regardless of whether a human operator is physically present in the vehicle.*

Observa-se que, nos Estados Unidos, não é permitido comercializar carros autônomos, mas os testes são permitidos desde que sejam observados os requisitos e limites legais. Neste sentido, o CONTRAN deve, no Brasil, fazer o mesmo, incentivar as fabricantes de veículos autônomos a desenvolverem suas tecnologias no Brasil, inclusive com diversos pesquisadores brasileiros evitando de maneira concreta o "colonialismo digital". Além disso, esta regulamentação por parte do Estado trará um ambiente seguro e incentivo para que empresas brasileiras possam desenvolver estas tecnologias, que oferecem diversos benefícios sociais e econômicos, como se verá a seguir.

---

36. Michigan Vehicle Law. Disponível em: http://www.legislature.mi.gov/(S(e0zjzqo0cjyvo5105bzzejyd))/mileg.aspx?page=getObject&objectName=mcl-257-665. Acesso em: 20 mar. 2020.

37. Florida Statutes. http://www.leg.state.fl.us/statutes/index.cfm?App_mode=Display_Statute&Search_String=&URL=0300-0399/0316/Sections/0316.85.html. Acesso em: 20 mar. 2020.

3.4 VANTAGENS E DESVANTAGENS DO USO DE CARROS AUTÔNOMOS

A grande vantagem oferecida pelos carros autônomos diz respeito ao aumento de segurança no trânsito. Atualmente, segundo a Organização Mundial da Saúde (OMS), os acidentes de trânsito ceifam a vida de 1,25 milhão de pessoas por ano, sendo que cerca de 40% a 50% destes acidentes devem-se ao excesso de velocidade.[38]

Este problema, excesso de velocidade, não acontece com os carros autônomos, pois os sistemas de inteligência artificial programados respeitam fielmente todas as regras de trânsito.

Retornando aos dados estatísticos, no cenário brasileiro, o relatório apresentado pelo *Observatório Nacional de Segurança Viária*[39] indica que morreram, só em 2014, 43.790 pessoas em acidentes de trânsito, o que representa um prejuízo de 56 bilhões de reais, com indenizações, previdência, impacto na produção e etc., sendo que 90% destes acidentes podem ser atribuídos à falha humana (embriaguez ao volante, desatenção, excesso de velocidade, dentre outras); apenas 5% destes acidentes são decorrentes de falhas mecânicas e 5%, devido a problemas estruturais na pista (como buracos, sinalização deficiente e mal conservação).

Percebe-se, portanto, muitas vantagens no uso eficiente e sustentável das tecnologias de aprendizado de máquina, pelos quais os carros autônomos obedecem fielmente às regras de trânsito, executando as manobras com perfeição. Consequentemente, estes números seriam drasticamente reduzidos, além da obviedade de ser uma alternativa segura quando o motorista tiver consumido bebida alcoólica.

Nos Estados Unidos, o órgão federal, "National Highway Traffic Administration" – NHTA, reportou que morreram 36.560 americanos em acidentes de trânsito em 2018.[40] O órgão reconhece que muitas destas mortes, 29% decorre de embriaguez ao volante; além de excesso de velocidade e negligência do motorista. Ora, estes acidentes podem ser reduzidos com o uso seguro dos carros autônomos, como a NHTSA já reconheceu que esta tecnologia irá trazer uma enorme vantagem com a redução dos acidentes, pois cerca de 94% dos acidentes fatais registrados em 2018 devem-se à falha humana. Além disso, a NHTSA mostrou que os acidentes com veículos automotores em 2010 custaram cerca

---

38. Disponível em: https://www.who.int/news-room/detail/05-05-2017-speed-management-key-to-saving-lives-making-cities-more-liveable. Acesso em: 20 mar. 2020.
39. Disponível em: http://www.onsv.org.br/relatorio-anual-2016/. Acesso em: 20 mar. 2020.
40. Disponível em: https://crashstats.nhtsa.dot.gov/Api/Public/ViewPublication/812826. Acesso em: 20 mar. 2020.

de 242 bilhões de dólares em atividade econômica, sendo 57,6 bilhões em perda de produtividade no local de trabalho e 594 bilhões devido à perda de vidas e diminuição da qualidade de vida devido a ferimentos.[41]

Outro benefício importante seria facilitar a mobilidade de pessoas portadoras de deficiência e idosos, muitas vezes, com dificuldade na condução de carros. Portanto, os carros autônomos representam um grande avanço para o efetivo direito de ir e vir destas pessoas.

Em síntese, os benefícios dos carros autônomos são muitos, tais como: maior segurança, economia, eficiência e mobilidade. Contudo, esta nova tecnologia traz alguns inconvenientes, em especial: o alto custo dos sistemas de informação; e questões relacionadas à segurança cibernética, privacidade e proteção de dados.

Para minimizar estes riscos, a *National Highway Traffic Administration* elaborou algumas recomendações:[42]

– treinamento específico para se obter a habilitação para dirigir quando for utilizar um carro automatizado, para demonstrar que o motorista conhece todas as funcionalidades (e deverá estar supervisionando o veículo);

– quanto aos estados, devem minimizar os riscos nas rodovias, permitindo os testes de carros autônomos apenas em determinadas estradas, e exigir os relatórios dos testes realizados pelas empresas, permitindo a circulação destes veículos após sua aprovação;

– quanto aos testes, deve-se viabilizar a gravação e o armazenamento para que se possa obter todas as informações sobre mal funcionamento, sobre a atuação do carro autônomo e eventuais acidentes.

De fato, um dos grandes receios são ataques cibernéticos aos sistemas operacionais dos carros autônomos, servindo de ferramenta seja a terroristas, sequestradores, ladrões de carros, dentre outras finalidades ilícitas. Por isso, importante destacar os principais projetos para enfrentar estes riscos.

3.4.1 Os riscos decorrentes dos ataques cibernéticos

Ataques cibernéticos são os acessos não autorizados ao sistema de informação para a prática de condutas ilícitas, tais como, roubo de identidade, transações eletrônicas indevidas, sequestros, frutos e etc. Um estudo de 2010 mostrou que

---

41. Disponível em: https://www.nhtsa.gov/technology-innovation/automated-vehicles-safety. Acesso em: 20 mar. 2020.
42. National Highway Traffic Safety Administration. Preliminary Statement of Policy Concerning Automated Vehicles. Disponível em: https://www.nhtsa.gov/sites/nhtsa.dot.gov/files/autonomous-vehicles-policy-update-2016.pdf. Acesso em: 20 mar. 2020.

um *hacker* pode se infiltrar em apenas uma das muitas unidades de controle eletrônico de um veículo para manipular o sistema crítico de segurança e controlar as funções, como desativar os freios, travar seletivamente as rodas e parar o motor, tudo isso usando apenas o *Bluetooth* e conexões celulares existentes.[43]

Estes ataques acontecem comumente diante de sistemas de compartilhamento de informações, ou seja, o compartilhamento de informações cibernéticas frequentemente usado para promover a disseminação da ciberinteligência seja entre os entes privados e entre estes e os entes públicos.[44]

Em virtude desta ameaça concreta, a regulamentação sobre carros autônomos deve enfrentar o tema exigindo que o fabricante ateste que o sistema utilizado no carro autônomo possui, por exemplo, recursos de auto diagnóstico, capazes de detectar e responder a ataques cibernéticos, intrusões não autorizadas, bem como um sistema de alerta ao operador do sistema operacional e ao motorista sobre estes ataques. Em outras palavras, o veículo deve alertar o operador de um ataque cibernético e permitir que os comandos do operador prevaleçam sobre os comandos gerados pelo *hacker*.[45]

Neste sentido, já ficou demonstrada a viabilidade destes ataques cibernéticos, com a possibilidade de falsificação de GPS, interferência e visão ofuscante, dentre outros, isto porque o sistema usado em carros autônomos funciona a partir de diversas conexões entre os sensores e outros sistemas como o *Lidar* da *Google*. Este contexto foi analisado por Jonathan Petit e Steven E. Shladover:[46]

> *An autonomous automated vehicle can perceive its environment using multiple sensors. Recent implementations use different combinations of components: ranging sensors (lidar, radar), GPS, and map for Stanford autonomous automated vehicle; stereo camera and laser for Oxford RobotCar; stereo cameras, 3-D lidar, radar, and GPS for Annie WAY's autonomous automated vehicle. However, future autonomous automated vehicles may integrate more components, and thus, we consider the following attack surfaces.*

É evidente que o sistema de automação terá acesso às informações pessoais do dono do veículo, como os locais, o horário, a rotina de sua vida cotidiana, se ele ou ela transporta outras pessoas no veículo, dentre outras. Portanto, o fabricante deve observar as regras legais para o tratamento de dados pessoais, no Brasil, re

---

43. MARKOFF, John. Researchers Show How a Car's Electronics Can Be Taken Over Remotely. New York Times (09 de março de 2011). Disponível em: http://www.nytimes.com/2011/03/10/business/10hack. html. Acesso em: 20 mar. 2020.

44. NOLAN, Andrew. Cybersecurity and Information Sharing: Legal Challenges and Solutions. *Congressional Research Service*, de 13 de março de 2015. Disponível em: https://fas.org/sgp/crs/intel/R43941. pdf. Acesso em: 10 mar. 2020.

45. CRANE, Daniel et al. Op. cit., p. 222.

46. Op. cit., p. 06.

guladas pela LGPD e outras leis esparsas. Um dos pontos cruciais é a obtenção do consentimento, que é uma das bases de tratamento de dados pessoais conforme o art. 7º, inc. I da LGPD. Assim, ao adquirir um carro autônomo, o proprietário tem o direito de tomar ciência de maneira efetiva sobre a política de proteção de dados e privacidade, com a qual deverá concordar para poder utilizar as funcionalidades do sistema autônomo.[47]

Mas as bases de tratamento de dados não se resumem ao consentimento, o fabricante poderá realizar a coleta, o armazenamento, e todas as demais atividades descritas de maneira exemplificativa no art. 5º, inc. X da LGPD, sob o fundamento de uma ou mais bases legais para o tratamento de dados elencadas no art. 7º da LGPD, quais sejam: – cumprimento de obrigação legal ou regulatória (inc. II); – quando necessário para a execução do contrato (inc. V); – para o exercício regular de direito em processo judicial, administrativo ou arbitral (inc. VI); – para a proteção da vida ou da incolumidade física do titular ou de terceiro (inc. VII); ou – para atender aos interesses legítimos do fabricante (inc. IX).

Por isso, as empresas devem ser claras sobre as medidas contra os ataques cibernéticos em suas políticas de privacidade e de proteção de dados, sob pena de responder por prática comercial abusiva como no caso conhecido como *Federal Trade Commission – FTC v. Wyndham Worldwide Corp.*[48]

Enfim, estes ataques cibernéticos devem ser combatidos pelas empresas de maneira eficiente, podendo ser um vício do produto como se verá no capítulo 4 desta obra, estando o responsável legal obrigado às consequências legais. Outro ponto sensível diz respeito aos limites éticos na programação dos carros autônomos, ou seja, escolhas diante de circunstâncias adversas como uma possível colisão do veículo.

3.5 O "DILEMA DO BONDE" E A TOMADA DE DECISÕES EM SITUAÇÕES EXTREMAS

No capítulo 1, ficou evidenciada a busca por diretrizes éticas no uso da IA, assim como tais princípios devem nortear o desenvolvimento dos carros autônomos, que utilizam aprendizagem de máquina. Constatou-se, também, que estes algoritmos são treinados para tomar decisões diante das mais variadas

---

47. Sobre os termos e condições de uso, cf. DE LIMA, Cíntia Rosa Pereira. *Os contratos de adesão eletrônicos (shrink-wrap e click-wrap) e os termos e condições de uso (browse-wrap).* São Paulo: Quartier Latim, 2020. No prelo.
48. Wyndham Worldwide Corp., 799 F.3d 236, 241 (3d Cir. 2015) https://www.leagle.com/decision/infco20150824096.

situações, podendo prevê-las antes mesmo de chegarem a existir, com base em análise matemática e estatística.

Assim, os carros autônomos tomarão decisões como parar repentinamente quando uma pessoa atravessar a rua fora da faixa de pedestres ou quando um animal invadir a pista e etc. Isto porque o reconhecimento de imagens é algo em estágio muito avançado, bem como o "comportamento das máquinas".

Todavia, é ingênua a ideia de que os carros autônomos eliminarão em 100% os acidentes no trânsito, como se constata pelas estatísticas, estes acidentes diminuirão muito em virtude da diminuição da intervenção humana na direção (evitando os trágicos acidentes fatais decorrentes de embriaguez ao volante, desatenção, cansaço, excesso de velocidade). Contudo, algumas fatalidades acontecerão, seja em virtude de falhas mecânicas seja em virtude de falhas no sistema, ambos em constante melhoria, fazendo-se um paralelo com outros meios de transporte seguro como o avião, acidentes acontecem, porém com uma diminuta taxa de incidência. Outro acidentes acontecerão diante de circunstâncias extraordinárias no trânsito não necessariamente relacionada à falha de sistema operacional, mas sim diante dos *comportamentos emergentes*.

Um ponto crítico neste contexto diz respeito à questão ética nas tomadas de decisões que envolvam vidas humanas. A questão que se coloca é o carro autônomo percebendo um buraco na pista, que se o carro passar acabará ceifando a vida da pessoa que está dentro do carro, por exemplo, um homem com 60 anos de idade, constatas duas opções para desviar do buraco: – levar o carro para a direita em que iria atropelar com grande chance de matar o pedestre, um homem com 30 anos de idade, esperando para atravessar a rua; ou – conduzir o carro para a esquerda, o que desencadearia a colisão do veículo com um ônibus escolar, podendo ocasionar a morte de muitas crianças, além do motorista do ônibus.

Trata-se, em verdade, de uma escolha moral semelhantemente ao que foi objeto do experimento lógico no campo da ética, desenvolvido por Philippa Foot.[49] A filósofa imaginou uma situação hipotética em que um bonde descontrolado segue na direção de cinco trabalhadores que estão na ferrovia, uma pessoa estando

---

49. The problem of abortion and the doctrine of the double effect. *Oxford Review*, n. 5, 1967. Disponível em: https://philpapers.org/archive/FOOTPO-2.pdf. Acesso em: 20 dez. 2019: "a. To make the parallel as close as possible it may rather be supposed that he is the driver of a runaway tram which he can only steer from one narrow track on to another; five men are working on one track and one man on the other; anyone on the track he enters is bound to be killed. In the case of the *IoTs* the mob has five hostages, so that in both the exchange is supposed to be one man's life for the lives of five. The question is why we should say, without hesitation, that the driver should steer for the less occupied track, while most of us would be appalled at the idea that the innocent man could be framed. It may be suggested that the special feature of the latter case is that it involves the corruption of justice, and this is, of course, very important indeed."

perto de uma chave capaz de mudar a trajetória do bonde para o outro trilho onde apenas uma pessoa está trabalhando, qual seria a escolha correta? E se um homem gordo estivesse próximo ao bonde desgovernado, poderia empurrar este homem na direção do bonde, constatada a possibilidade de parar o bonde, evitando a morte de outras tantas pessoas, porém sacrificando a vida de um ser humano?

Estes conflitos éticos são torturantes e assolam a humanidade em diversas áreas. Já os sistemas utilizados nos carros autônomos fariam esta escolha de uma maneira muito rápida (fração de segundo), e de forma racional e impessoal, desde que seja programado para agir num determinado sentido, como escolher sempre por machucar ou matar o menor número de pessoas.[50]

Portanto, estas diretrizes éticas devem ser aprovadas pelas autoridades governamentais para que possam direcionar a programação dos *softwares* utilizados nos carros autônomos. Percebe-se que são muitos os aspectos a serem enfrentados pelo legislador para que os carros autônomos possam ser utilizados com segurança, por isso, importante analisar a regulação específica sobre carros autônomos em alguns países.

3.6 A REGULAÇÃO DA AUTOMAÇÃO DE CARROS SEGUNDO A EXPERIÊNCIA DE ALGUNS PAÍSES

Os carros automatizados, ou seja, aqueles com automação *nível zero a dois*, conforme a classificação da Sociedade Internacional de Engenheiros Automotivos analisada acima, já tem regulação, sendo permitida algumas funções como "piloto automático" (*cruise control),* freios de emergência automáticos, câmeras e sensores para auxiliar no estacionamento, dentre outros.

No contexto transnacional, a *Convenção de Viena sobre Trânsito* ("Vienna Convention on Road Traffic") traz regras sobre o tráfego viário, publicada em 08.11.1968, da qual o Brasil é signatário sendo ratificada em 29/11/1980 pelo Decreto Legislativo 33, com algumas ressalvas como por exemplo a faixa etária do condutor e etc.[51] Nos termos da redação original do art. 8º da Convenção, ficou determinado que a condução do veículo automotor seja desempenhada por um ser humano habilitado, os carros autônomos não

---

50. Cf. SANDEL, Michael J. *Justice: What's the Right Thing to Do*? Nova York: Farrar, Straus e Giroux, 2009. p. 21-24; Vide também: EFING, Antônio Carlos; ARAÚJO, Jailson de Souza. O uso de carros autônomos, seus riscos e perigos jurídicos. *Revista de Direito do Consumidor,* ano 28, v. 126, nov.-dez. 2019. p. 93. São Paulo: Ed. RT, 2019.

51. Disponível em: http://www.unece.org/info/media/presscurrent-press-h/transport/2016/unece-paves-the-way-for-automated-driving-by-updating-un-international-convention/doc.html. Acesso em: 10 mar. 2020.

estariam recepcionados, portanto, não autorizados pelo texto original da Convenção de Viena de 1968.

Assim, Alemanha, Bélgica e França uniram esforços para que este artigo fosse atualizado, sendo acrescentado o parágrafo 5*bis* ao art. 8, ou seja, permitindo a automação de veículos, em vigor a partir de 23.03.2016, *in verbis:*[52]

> *5bis. Vehicle systems which influence the way vehicles are driven shall be deemed to be in conformity with paragraph 5 of this Article and with paragraph 1 of Article 13, when they are in conformity with the conditions of construction, fitting and utilization according to international legal instruments concerning wheeled vehicles, equipment and parts which can be fitted and/ or be used on wheeled vehicles.*

No entanto, caberá a cada país regulamentar os carros autônomos. Nos Estados Unidos, o órgão, *National Highway Traffic Administration,* controla os padrões de segurança dos veículos, bem como os critérios de segurança de trânsito. No Brasil, tal função é desempenhada pelo Conselho Nacional de Trânsito nos termos do art. 12 do CTB, que deverá regulamentar a possibilidade da circulação dos carros autônomos, as condições e requisitos para os testes em vias públicas, os padrões de segurança e qualidade de todos os equipamentos utilizados nos carros autônomos, dentre outros aspectos relevantes.

Contudo, os carros autônomos, ou seja, aqueles com *nível de automação 3, 4 e 5,* também conforme a classificação *supra* mencionada da SAE, não são autorizados em diversos países, como nos Estados Unidos (onde são permitidos apenas para testes), sendo que este país não é signatário da Convenção de Viena sobre Trânsito, e no Brasil (onde o CONTRAN ainda está avaliando tal possibilidade).

Na Europa, a Resolução do Parlamento Europeu 2018/2089[53] destaca a urgência em regular os carros conectados e autônomos no âmbito da União Europeia em virtude dos enormes benefícios socioeconômicos. Além da diminuição dos acidentes no trânsito, a União Europeia estima um ganho econômico da ordem de 620 bilhões de euros até 2025 para as indústrias automotivas, e de 180 bilhões de euros para o setor dos eletrônicos. Nesta Resolução, foi considerado o uso de veículos autônomos e conectados de maneira ampla, ou seja, não só os carros, mas também, aviões, trens e navios.

---

52. UNITED NATION ECONOMIC COMMISSION FOR EUROPE (UNECE). *Vienna Convention on Road Traffic.* Disponível em: http://www.unece.org/info/media/presscurrent-press-h/transport/2016/unece-paves-the-way-for-automated-driving-by-updating-un-international-convention/doc.html. Acesso em: 10 mar. 2020.

53. European Parliament resolution of 15 January 2019 on autonomous driving in European transport (2018/2089(INI)). Disponível em: https://www.europarl.europa.eu/doceo/document/TA-8-2019-0005_EN.html. Acesso em: 10 jan. 2020.

Recentemente, a Resolução 2019/2144 do Parlamento e do Conselho Europeu, em 27 de novembro de 2019[54] disciplinou a matéria trazendo uma série de definições no art. 3º, comentado no item 3.2, obrigações dos fabricantes (art. 4º), além das especificações de segurança (arts. 5 a 10). O art. 11 deste regulamento disciplina especificamente os carros autônomos e automatizados estabelecendo que a Comissão Europeia poderá especificar os padrões técnicos e de segurança especialmente sobre: a) sistemas destinados a substituir o condutor no controlo do veículo, incluindo a sinalização, a direção, a aceleração e a frenagem; b) sistemas destinados a fornecer ao veículo informação em tempo real sobre o estado do veículo e a sua localização; c) sistemas de controle de disponibilidade do condutor; d) aparelhos de registo de eventos para veículos automatizados; e) formato harmonizado para o intercâmbio de dados destinados, por exemplo, a uma série de veículos de diferentes marcas (interoperabilidade); f) sistemas destinados a fornecer informações de segurança aos outros utentes da estrada.

Em alguns países, como Alemanha e Austrália, a regulação para o uso de carros autônomos já está bem avançada, como se constata a seguir.

3.6.1 Alemanha

Na Alemanha, as regras de trânsito estão definidas pela lei denominada ("Straßenverkehrsgesetz" – StVG),[55] que foi atualizada em 16/06/2017 para permitir a condução de veículos automotores com *nível 3 e 4 de automação*, a saber:[56]

---

54. Regulamento (UE) 2019/2144 do Parlamento Europeu e do Conselho, de 27 de novembro de 2019, relativo aos requisitos de homologação de veículos a motor e seus reboques e dos sistemas, componentes e unidades técnicas destinados a esses veículos, no que se refere à sua segurança geral e à proteção dos ocupantes dos veículos e dos utentes da estrada vulneráveis, que altera o Regulamento (UE) 2018/858 do Parlamento Europeu e do Conselho e revoga os Regulamentos (CE) 78/2009, (CE) 79/2009 e (CE) 661/2009 do Parlamento Europeu e do Conselho e os Regulamentos (CE) 631/2009, (UE) 406/2010, (UE) 672/2010, (UE) 1003/2010, (UE) 1005/2010, (UE) 1008/2010, (UE) 1009/2010, (UE) 19/2011, (UE) 109/2011, (UE) 458/2011, (UE) 65/2012, (UE) 130/2012, (UE) 347/2012, (UE) 351/2012, (UE) 1230/2012, e (UE) 2015/166 da Comissão. Disponível em: https://eur-lex.europa.eu/legal-content/PT/TXT/HTML/?uri=CELEX:32019R2144&from=EN#d1e990-1-1. Acesso em: 10 jan. 2020.

55. ALEMANHA. Straßenverkehrsgesetz (StVG). Disponível em: https://www.gesetze-im-internet.de/stvg/__1a.html. Acesso em: 10 dez. 2019.

56. Tradução feita por Araudi Rodrigo. *Straßenverkehrsgesetz (StVG) –* § 1a Kraftfahrzeuge mit hoch – oder vollautomatisierter Fahrfunktion:

(1) Der Betrieb eines Kraftfahrzeugs mittels hoch – oder vollautomatisierter Fahrfunktion ist zulässig, wenn die Funktion bestimmungsgemäß verwendet wird.

(2) Kraftfahrzeuge mit hoch – oder vollautomatisierter Fahrfunktion im Sinne dieses Gesetzes sind solche, die über eine technische Ausrüstung verfügen,

1. die zur Bewältigung der Fahraufgabe – einschließlich Längs – und Querführung – das jeweilige Kraftfahrzeug nach Aktivierung steuern (Fahrzeugsteuerung) kann,

2. die in der Lage ist, während der hoch – oder vollautomatisierten Fahrzeugsteuerung den an die Fahrzeugführung gerichteten Verkehrsvorschriften zu entsprechen,

§ 1a Veículos automotores com função de condução parcial ou totalmente automatizada:

(1) É permitida a operação de um veículo automotor por intermédio de uma função de condução alta ou totalmente automatizada, se esta função for utilizada em conformidade com a regulamentação.

(2) Na acepção dessa lei, veículos automotores com função de condução alta ou totalmente automatizada *são aqueles que dispõem de aparato técnico:*

1. que, para a realização da atividade de condução – incluindo orientação longitudinal e lateral – pode conduzir o respectivo veículo após a ativação;

2. que, durante a condução alta ou totalmente automatizada do veículo, é capaz de cumprir as regras de trânsito direcionadas à condução de veículos automotores;

3. que pode a qualquer momento ser desativado ou manualmente substituído [por outro comando posterior] pelo condutor do veículo;

4. que consegue reconhecer a necessidade de controle [manual] do veículo pelo próprio condutor;

5. que é capaz de indicar ao condutor do veículo de forma visual, acústica, tátil ou outra, a necessidade de controle manual com uma reserva de tempo suficiente, antes da entrega do comando do veículo ao condutor; e

6. que indica uma utilização contrária à descrição do sistema.

O fabricante de tal veículo automotor *deve declarar de modo vinculante na descrição do sistema que o veículo cumpre os requisitos da primeira frase [acima listados].*

(3) Os incisos anteriores aplicam-se somente aos veículos que são permitidos de acordo com o § 1 inciso 1, que cumpram as especificações contidas no inciso 2 Frase 1, e cujas funções de condução alta ou totalmente automatizadas:

---

3. die jederzeit durch den Fahrzeugführer manuell übersteuerbar oder deaktivierbar ist,

4. die die Erforderlichkeit der eigenhändigen Fahrzeugsteuerung durch den Fahrzeugführer erkennen kann,

5. die dem Fahrzeugführer das Erfordernis der eigenhändigen Fahrzeugsteuerung mit ausreichender Zeitreserve vor der Abgabe der Fahrzeugsteuerung an den Fahrzeugführer optisch, akustisch, taktil oder sonst wahrnehmbar anzeigen kann und

6. die auf eine der Systembeschreibung zuwiderlaufende Verwendung hinweist.

Der Hersteller eines solchen Kraftfahrzeugs hat in der Systembeschreibung verbindlich zu erklären, dass das Fahrzeug den Voraussetzungen des Satzes 1 entspricht.

(3) Die vorstehenden Absätze sind nur auf solche Fahrzeuge anzuwenden, die nach § 1 Absatz 1 zugelassen sind, den in Absatz 2 Satz 1 enthaltenen Vorgaben entsprechen und deren hoch – oder vollautomatisierte Fahrfunktionen

1. in internationalen, im Geltungsbereich dieses Gesetzes anzuwendenden Vorschriften beschrieben sind und diesen entsprechen oder

2. eine Typgenehmigung gemäß Artikel 20 der Richtlinie 2007/46/EG des Europäischen Parlaments und des Rates vom 5. September 2007 zur Schaffung eines Rahmens für die Genehmigung von Kraftfahrzeugen und Kraftfahrzeuganhängern sowie von Systemen, Bauteilen und selbstständigen technischen Einheiten für diese Fahrzeuge (Rahmenrichtlinie) (Abl. L 263 vom 9.10.2007, S. 1) erteilt bekommen haben.

(4) Fahrzeugführer ist auch derjenige, der eine hoch – oder vollautomatisierte Fahrfunktion im Sinne des Absatzes 2 aktiviert und zur Fahrzeugsteuerung verwendet, auch wenn er im Rahmen der bestimmungsgemäßen Verwendung dieser Funktion das Fahrzeug nicht eigenhändig steuert.

1. sejam descritas em regulamentações internacionais aplicáveis no âmbito da presente lei, bem como que correspondam àquelas; ou

2. tiveram concedida homologação CE conforme artigo 20 da Diretiva 2007/46/CE do Parlamento Europeu e do Conselho de 5 de setembro de 2007, que estabelece um quadro para a homologação dos veículos a motor e seus reboques, e dos sistemas, componentes e unidades técnicas destinados a serem utilizados nesses veículos (Diretiva-Quadro) (Jornal Oficial da União Europeia L 263 de 9.10.2007, p. 1).

(4) Condutor de veículo automotor *também é aquele que ativa uma função de condução alta ou totalmente automatizada*, na acepção do inciso 2, e a utiliza para o condução do veículo, ainda que não controle ele mesmo o veículo, no âmbito da utilização prevista dessa função. (grifo nosso)

Observe-se, portanto, que os veículos automatizados e autônomos são permitidos pela lei alemã, que considera condutor a pessoa que ativa o sistema de direção autônoma, ainda que não seja ela a acelerar, frear e conduzir a direção.

Além disso, o *parágrafo 1b*[57] da lei alemã (*StVG*) traz uma série de direitos e obrigações ao motorista que utiliza carros autônomos, quais sejam: – o condutor pode deixar de prestar atenção no trânsito quando estiver utilizando as funções de automação do veículo, ficando à disposição para assumir a direção caso o sistema do veículo assim o alerte. Por exemplo, o condutor poderia acessar seu *WhatsApp* ou seu e-mail para ler e responder mensagens, desde que seja possível ouvir, ver ou sentir o sinal do sistema avisando que seja necessário assumir a direção; – o motorista está obrigado a assumir a direção imediatamente, quando o sistema solicitar que ele o faça, ou se o próprio motorista perceber ser necessário dadas as circunstâncias que comprometam a funcionalidade do sistema de automação do veículo.

O legislador alemão optou em estabelecer tetos para o montante devido a título de indenização decorrente dos acidentes com carros autônomos (§ 12),[58]

---

57. § 1b Rechte und Pflichten des Fahrzeugführers bei Nutzung hoch – oder vollautomatisierter Fahrfunktionen

(1) Der Fahrzeugführer darf sich während der Fahrzeugführung mittels hoch – oder vollautomatisierter Fahrfunktionen gemäß § 1a vom Verkehrsgeschehen und der Fahrzeugsteuerung abwenden; dabei muss er derart wahrnehmungsbereit bleiben, dass er seiner Pflicht nach Absatz 2 jederzeit nachkommen kann.

(2) Der Fahrzeugführer ist verpflichtet, die Fahrzeugsteuerung unverzüglich wieder zu übernehmen,

1. wenn das hoch – oder vollautomatisierte System ihn dazu auffordert oder

2. wenn er erkennt oder auf Grund offensichtlicher Umstände erkennen muss, dass die Voraussetzungen für eine bestimmungsgemäße Verwendung der hoch – oder vollautomatisierten Fahrfunktionen nicht mehr vorliegen.

58. 1) Der Ersatzpflichtige haftet

1. im Fall der Tötung oder Verletzung eines oder mehrerer Menschen durch dasselbe Ereignis nur bis zu einem Betrag von insgesamt fünf Millionen Euro, bei Verursachung des Schadens auf Grund der Verwendung einer hoch – oder vollautomatisierten Fahrfunktion gemäß § 1a nur bis zu einem Betrag

ficou limitado até o valor de dez milhões de euros caso o acidente ocorra por falha do sistema operacional do carro autônomo (o dobro do limite para os carros sem automação, cujo limite é cinco milhões de euros). Se o transporte de pessoas for exercido em caráter comercial, acrescenta-se ao limite seiscentos mil euros por passageiro. Se o dano sobrevier sobre coisas (mercadorias), o limite cai para dois milhões de euros quando envolver carros autônomos (sendo o limite de um milhão de euro para os carros não autônomos).

Por fim, a *Straßenverkehrsgesetz (StVG)* traz regras específicas sobre proteção aos dados pessoais no § 63a,[59] exige-se que o armazenamento dos dados locacionais, por seis meses, seja feito por um sistema de navegação por satélite

---

von insgesamt zehn Millionen Euro; im Fall einer entgeltlichen, geschäftsmäßigen Personenbeförderung erhöht sich für den ersatzpflichtigen Halter des befördernden Kraftfahrzeugs oder Anhängers bei der Tötung oder Verletzung von mehr als acht beförderten Personen dieser Betrag um 600 000 Euro für jede weitere getötete oder verletzte beförderte Person;

2. im Fall der Sachbeschädigung, auch wenn durch dasselbe Ereignis mehrere Sachen beschädigt werden, nur bis zu einem Betrag von insgesamt einer Million Euro, bei Verursachung des Schadens auf Grund der Verwendung einer hoch – oder vollautomatisierten Fahrfunktion gemäß § 1a, nur bis zu einem Betrag von insgesamt zwei Millionen Euro.

Die Höchstbeträge nach Satz 1 Nr. 1 gelten auch für den Kapitalwert einer als Schadensersatz zu leistenden Rente.

(2) Übersteigen die Entschädigungen, die mehreren auf Grund desselben Ereignisses zu leisten sind, insgesamt die in Absatz 1 bezeichneten Höchstbeträge, so verringern sich die einzelnen Entschädigungen in dem Verhältnis, in welchem ihr Gesamtbetrag zu dem Höchstbetrag steht.

59. § 63a Datenverarbeitung bei Kraftfahrzeugen mit hoch – oder vollautomatisierter Fahrfunktion

(1) Kraftfahrzeuge gemäß § 1a speichern die durch ein Satellitennavigationssystem ermittelten Positions – und Zeitangaben, wenn ein Wechsel der Fahrzeugsteuerung zwischen Fahrzeugführer und dem hoch – oder vollautomatisierten System erfolgt. Eine derartige Speicherung erfolgt auch, wenn der Fahrzeugführer durch das System aufgefordert wird, die Fahrzeugsteuerung zu übernehmen oder eine technische Störung des Systems auftritt.

(2) Die gemäß Absatz 1 gespeicherten Daten dürfen den nach Landesrecht für die Ahndung von Verkehrsverstößen zuständigen Behörden auf deren Verlangen übermittelt werden. Die übermittelten Daten dürfen durch diese gespeichert und verwendet werden. Der Umfang der Datenübermittlung ist auf das Maß zu beschränken, das für den Zweck der Feststellung des Absatzes 1 im Zusammenhang mit dem durch diese Behörden geführten Verfahren der eingeleiteten Kontrolle notwendig ist. Davon unberührt bleiben die allgemeinen Regelungen zur Verarbeitung personenbezogener Daten.

(3) Der Fahrzeughalter hat die Übermittlung der gemäß Absatz 1 gespeicherten Daten an Dritte zu veranlassen, wenn

1. die Daten zur Geltendmachung, Befriedigung oder Abwehr von Rechtsansprüchen im Zusammenhang mit einem in § 7 Absatz 1 geregelten Ereignis erforderlich sind und

2. das entsprechende Kraftfahrzeug mit automatisierter Fahrfunktion an diesem Ereignis beteiligt war. Absatz 2 Satz 3 findet entsprechend Anwendung.

(4) Die gemäß Absatz 1 gespeicherten Daten sind nach sechs Monaten zu löschen, es sei denn, das Kraftfahrzeug war an einem in § 7 Absatz 1 geregelten Ereignis beteiligt; in diesem Fall sind die Daten nach drei Jahren zu löschen.

(5) Im Zusammenhang mit einem in § 7 Absatz 1 geregelten Ereignis können die gemäß Absatz 1 gespeicherten Daten in anonymisierter Form zu Zwecken der Unfallforschung an Dritte übermittelt werden.

e somente poderão ser compartilhados com as autoridades responsáveis para aplicar as sanções por violação das regras de trânsito. Trata-se de uma regra perigosa a nosso ver, pois a fim de se garantia a constatação de violação de regras de trânsito, coloca-se o usuário do carro autônomo em uma situação grave, qual seja a superexposição. O período de armazenamento estende-se para três anos caso o veículo autônomo tenha se envolvido em acidente de trânsito, provavelmente, imaginou-se um prazo razoável tendo em vista a prescrição para a pretensão da reparação de danos. Além desta regra, a lei alemã destaca que o Ministério Federal dos Transportes e Infraestrutura Digital poderá emitir portarias para regulamentar a proteção de dados pessoais no contexto dos carros autônomos.[60]

Semelhantemente, a Austrália é outro país que já avançou na disciplina jurídica sobre carros autônomos.

3.6.2 Austrália

A Austrália já incorporou a regulação dos carros autônomos como prioridade na agenda do Estado, a fim de estabelecer soluções que incentivem a inovação, mas, simultaneamente, coloquem a salvo direitos e garantias fundamentais do ser humano. Desta forma, a regulação australiana pode ser caracterizada como "capacitadora e pragmática".[61] Neste sentido, a regulação dos carros autônomos tem sido um exemplo desta visão, sendo as discussões iniciadas em novembro de 2016, com previsão de autorizar os carros autônomos na Austrália ainda em 2020 segundo previsão da *National Transport Commission (NTC)*.[62]

O primeiro passo foi fazer um levantamento nas leis de trânsito, que na Austrália são estaduais, mas conta com o apoio de todos os estados e territórios australianos, para diagnosticar as regras que exigem a presença de um condutor (cerca de 700), o que impede a circulação de carros autônomos na medida em que estes prescindem da supervisão humana. Outro ponto foi definir quem seria o responsável pelos danos decorrentes de acidentes com os carros autônomos, sendo sugerido estabelecer uma ficção jurídica para atribuir personalidade jurídica ao sistema de automação do carro ("automated driving system entity"),

---

60. No Brasil, esta competência seria exercida pela ANPD em colaboração com o CONTRAN.

61. LINDSAY, David; HOGAN, Jane. An Australian Perspective on AI, Ethics and its Regulatory Challenges. *Journal of Law and Economic Regulation*, v. 12, n. 2, 2019. Disponível em: https://www.dbpia.co.kr/Journal/articleDetail?nodeId=NODE09302703. Acesso em: 20 mar. 2020.

62. Cf. informações no site do órgão público australiano. Disponível em: https://www.ntc.gov.au/transport-reform/automated-vehicle-program. Acesso em: 20 mar. 2020.

CAPÍTULO 3 • CARROS AUTÔNOMOS **95**

que por sua vez, será a empresa que obteve do Governo australiano a aprovação de seu auto certificado sobre a segurança do veículo.[63]

Além disso, importante destacar que o projeto para estabelecer diretrizes éticas para o uso de IA na Austrália foi apresentado em abril de 2019, por um comitê indicado pelo Governo, intitulado "Artificial Intelligence: Australia's Ethics Framework"[64]. Nota-se uma forte semelhança deste documento e as diretrizes europeias e da OCDE sobre IA, comentadas no capítulo 1, pois os princípios que devem nortear o desenvolvimento da IA na Austrália são: – os benefícios oferecidos devem superar os riscos (*generates net benefits*); – não pode ser usada para prejudicar ou enganar as pessoas (*do no harm*); – deve se adequar às obrigações nacionais e internacionais (*regulatory and legal compliance*); – deve respeitar a proteção à privacidade e aos dados pessoais (*privacy protection*); – não realizar nenhum tipo de discriminação (*fairness*); – assegurar que todos sejam adequadamente informados quando um algoritmo seja utilizado, e quais informações são utilizadas para a tomada de decisão (*transparency and explainability*); – deve ser garantida a possibilidade de contestar a decisão tomada pelo algoritmo (*contestability*); – as empresas e os desenvolvedores de tecnologias de IA devem demonstrar todos os impactos dos algoritmos utilizados (*accountability*).

Em suma, a regulação dos carros autônomos na Austrália deverá ser pragmática, tudo indica que ainda em 2020, os carros autônomos estarão liberados nas estradas australianas. O mesmo deve ser feito no Brasil nos próximos anos, reformando o Código de Trânsito para permitir a condução de carros sem supervisão humana, o que provavelmente será uma realidade até o final desta década.

3.7 A NECESSÁRIA REGULAÇÃO PARA O DESENVOLVIMENTO E IMPLANTAÇÃO DE CARROS AUTÔNOMOS NO BRASIL

A utilização de carros autônomos no Brasil enfrenta diversos obstáculos no Código de Trânsito Brasileiro, pois diversos dispositivos têm como premissa que o veículo seja conduzido por um ser humano.

Para citar alguns exemplos: o art. 28 do CTB[65] exige que o condutor supervisione o carro a todo o momento. Ora esta regra vale para os carros automatizados

---

63. AUSTRALIA. NATIONAL TRANSPORT COMMISSION. Automated Vehicle Program. Outubro de 2019. Disponível em: https://www.ntc.gov.au/sites/default/files/assets/files/NTC%20Automated%20 Vehicle%20Reform%20Program%20Approach%20%28October%202019%29%20-%20Public%20 version.pdf. Acesso em: 20 mar. 2020.
64. Disponível em: https://www.industry.gov.au/data-and-publications/building-australias-artificial-intelligence-capability/ai-ethics-framework. Acesso em: 20 mar. 2020.
65. Art. 28. O condutor deverá, a todo momento, ter domínio de seu veículo, dirigindo-o com atenção e cuidados indispensáveis à segurança do trânsito.

até o *nível 3*, conforme a classificação Sociedade Internacional de Engenheiros Automotivos (SAE) já analisada, pois tais carros disponibilizam ferramentas automatizadas que auxiliam o condutor, que deve estar sempre na condução do veículo. Todavia, este dispositivo é um grande entrave aos carros autônomos, *nível 4 e 5* da classificação SAE; o art. 29 do CTB traz regras para direção do carro centradas na figura do condutor; os artigos 140 e 147 do CTB exigem aptidão física e mental, além de ser penalmente imputável, para que possa obter a habilitação para conduzir.

Este é um ponto importante a ser analisado e regulado pelo CONTRAN, pois uma das grandes vantagens dos carros autônomos é servir às pessoas portadoras de deficiência, bem como aos idosos, sendo desnecessário avaliar a aptidão física e mental destas pessoas, porque nos carros autônomos, elas não estarão na condução do veículo.

De qualquer forma, esta revisão do CTB deve ser realizada e já iniciada a partir da Resolução 717, de 30 de novembro de 2017, comentada acima, em que o CONTRAN determinou o prazo de 48 meses para a comissão apresentar um relatório sobre carros autônomos.

Muito embora se estime que os carros autônomos estarão prontos para a comercialização a partir de 2025, o fato é que os carros automatizados já são comercializados no Brasil, o que faz esta regulação do CONTRAN ser muito urgente. E, como se pode perceber pelo texto do CTB, os carros autônomos e automatizados não estão de acordo com o texto legal.[66]

As alterações devem prever, em um capítulo específico, a conceituação dos principais termos usados em automação de veículos, tais como "sistema de automação", "carros autônomos", "carros automatizados", "carros conectados", dentre outros que foram analisados nesta obra, descrever os direitos e obrigações do motorista ou proprietário do veículo e das empresas envolvidas em todos os equipamentos dos carros autônomos e automatizados. Além de disciplinar os testes de carros autônomos em vias públicas, exigindo a certificação da empresa e um depósito de garantia de uma quantia alta para fazer frente aos eventuais danos que os testes causarem.

Quanto à certificação dos veículos, este é um ponto importante, pois a empresa que desenvolve ou pretende desenvolver carros autônomos, deve demonstrar que respeita as leis de trânsito, bem como atestar a segurança do protótipo do carro autônomo.[67]

---

66. EFING, Antônio Carlos; ARAUJO, Jailson de Souza. Op. cit., p. 85.
67. CRANE, Daniel et al. Op. cit., p. 222.

Outrossim, o CONTRAN e/ou DETRAN devem compartilhar a responsabilidade pela certificação dos protótipos de carros autônomos, bem como a de estabelecer os padrões de segurança e qualidade de todos os equipamentos.

Por fim, é importante tomar medidas conjuntas para preparar a infraestrutura das ruas e das estradas para receberem a tecnologia que será utilizada para conectar os carros (carros conectados), que não substituem os carros automatizados ou autônomos, mas sim os complementam, agregando maior segurança e eficiência à automação como foi explicado.

Não só o CTB deve ser alterado, mas estas novas tecnologias têm protagonizado mudanças importantes na indústria automotiva, para as quais deve-se atentar.

3.8 TENDÊNCIAS E IMPACTOS DA AUTOMAÇÃO DE CARROS NA INDÚSTRIA AUTOMOTIVA

Não é objetivo desta obra entrar em detalhes nos aspectos técnicos da indústria automotiva, mas sim enfatizar alguns aspectos jurídicos que sofrerão grande impacto a partir da implementação dos carros autônomos.

Primeiro devem-se pontuar alguns setores da indústria automotiva, quais sejam, o setor de autopeças, o setor dos fabricantes e das montadoras de veículos, o setor das empresas de desenvolvimento e manutenção dos *softwares* que serão utilizados nos carros autônomos, além das concessionárias das rodovias e do Governo, responsáveis pela conservação das estradas e das ruas. Além destas, no contexto futuro dos "carros conectados", acrescentem-se as empresas de conexão com a Internet, que viabilizará a comunicação interativa entre os carros e entre estes e a infraestrutura viária.

A complexidade do funcionamento dos sistemas e *softwares* que operam os carros autônomos é algo que tem preocupado a indústria automotiva. Em especial, os contratos, que devem prever regras claras sobre a distribuição de riscos; as hipóteses e condições de resilição; as garantias; as peças de reposição e a propriedade intelectual.[68]

Nos sistemas dos carros autônomos, utilizam-se *softwares* como descrito acima, e um mal funcionamento destes programas podem ocasionar acidentes fatais, sendo este o calcanhar de Aquiles da indústria automotiva. Entretanto, deve-se distinguir entre os *softwares* que participam das funções críticas do carro autônomo, tais como a condução, os freios, a aceleração, enfim, as falhas nestes

---

68. CRANE, Daniel et al. Op. cit., p. 226.

programas acarretarão danos mais graves. No entanto, há outras aplicações ambientais, cujos danos não serão tão graves, todas estas especificidades deverão ser levadas em consideração nas cláusulas contratuais de alocação de riscos entre os diversos *players*.

Para assegurar a segurança destes sistemas, uma boa medida seria criar um sistema de certificação temporária, em que a cada período determinado, as empresas envolvidas deveriam demonstrar a segurança de todos os *softwares* e equipamentos utilizados nos carros autônomos.[69] Este sistema poderia ser administrado pelo CONTRAN.

Outro ponto que deve ser destacado é o padrão de interoperabilidade a ser adotado pelas tecnologias dos denominados "carros conectados", que utilizam tecnologias que conectam estes veículos com vários outros, de fabricantes distintos, mas que deverão adotar um padrão a ser determinado pelo CONTRAN para que a conectividade seja realmente possível.

Quanto aos mecânicos autônomos, provavelmente, estes profissionais serão severamente impactados, pois na medida em que o nível de automação aumenta, a complexidade do sistema também. Assim, para se garantir maior segurança qualquer manuseio do sistema deve ser feito pelo fabricante ou assistências técnicas autorizadas, geralmente, certificadas e em constante observação, pois como foi evidenciado qualquer falha no sistema relacionado às funções críticas do veículo pode ser fatal.[70] Quanto ao sistema operacional dos carros autônomos, os eventuais reparos podem ser realizados à distância quando, por exemplo, conectar o sistema à Internet para atualizar o programa.

No que diz respeito à resilição dos contratos automotivos, o problema que se coloca é elaborar cláusulas que desestimulem tal possibilidade, principalmente quando uma das partes tenha feito investimentos vultosos para o desenvolvimento de um sistema utilizado nos carros autônomos.

Geralmente, os contratos de fornecimento automotivo são a longo prazo, justamente para reaver os investimentos específicos, tais como aquisição de maquinário, manutenção da fábrica, inclusive o alto custo da mão de obra dos engenheiros das mais diversas áreas para desenvolver a tecnologia para os carros autônomos, e tecnologia de pesquisa. Segundo os economistas, a interdependência de fornecedores (que precisam investir em se especializar para as necessidades

---

69. CRANE, Daniel et al. Op. cit., p. 237.
70. BERTONCELLO, Michele; WEE, Dominik. Ten Ways Autonomous Driving Could Redefine the Automotive World. *MCKINSEY & COMPANY*, junho de 2015. Disponível em: https://www.mckinsey.com/industries/automotive-and-assembly/our-insights/ten-ways-autonomous-driving-could-redefine-the-automotive-world. Acesso em: 20 mar. 2020.

de seus compradores) e compradores (que precisam de peças especializadas de seus fornecedores) deve ser enfrentada pelos contratos a serem celebrados entre as partes de maneira que que possa incentivar o investimento realizado.[71]-[72]

Neste sentido, importante destacar que o art. 473 do Código Civil (CC/02) ressalva os direitos do contratante que tiver feito investimentos importantes quando a outra parte contratante queira exercer a resilição unilateral, *in verbis:*

> Art. 473. A resilição unilateral, nos casos em que a lei expressa ou implicitamente o permita, opera mediante denúncia notificada à outra parte.
>
> Parágrafo único. Se, porém, dada a natureza do contrato, uma das partes houver feito investimentos consideráveis para a sua execução, a denúncia unilateral só produzirá efeito depois de transcorrido prazo compatível com a natureza e o vulto dos investimentos.

Além disso, as regras sobre garantias tendem a ser mais complexas, devendo estar claro nos contratos a responsabilidade de qual setor quanto à garantia das peças ou do sistema utilizado nos carros autônomos.

Quanto aos equipamentos originais do carro e as peças de reposição, tendem a ser exaustivamente regulados pelas autoridades públicas que definem padrões rígidos de qualidade e segurança. Nos Estados Unidos, esta função é desempenhada pela agência, *National Highway Traffic Safety Administration,* que regulamenta não só os padrões das peças originais, mas também as de reposição. No Brasil, tal função deve ser desempenhada pelo CONTRAN nos termos do art. 12 do CTB.

Entende-se por "equipamento para veículo motorizado" todos os sistemas, peças e componentes instalados ou que acompanhem um veículo motorizado desde sua fabricação. Além disso, qualquer equipamento ou *software* fornecido para os carros usados, ou mesmo atualizações de *software* para o sistema de direção autônoma ou *software* que permite que outros dispositivos se conectem ao sistema autônomo deve ser considerado na definição de equipamento para

---

71. BEN-SHAHAR, Omri; WHITE, James J. Boilerplate and Economic Power in Auto Manufacturing Contracts. *Michigan Law Review*, v. 104, (2006), p. 953-982. Disponível em: https://repository.law.umich.edu/articles/761. Acesso em. 10 dez. 2019.
p. 954.
72. Sobre análise econômica dos contratos, cf.: POSNER, Richard A.; BEBCHUK, Lucian A. One-Sided Contracts in Competitive Consumer Markets. *Michigan Law Review*, v. 104, (2006), p. 827-836. Disponível em: https://chicagounbound.uchicago.edu/cgi/viewcontent.cgi?article=2839&context=journal_articles. Acesso em: 10 dez. 2019. GILLETTE, Clayton P. Rolling Contracts as an Agency Problem. *Wisconsin Law Review*, (2004), p. 679-737. Disponível em: https://papers.ssrn.com/sol3/papers.cfm?abstract_id=542642. Acesso em: 10 dez. 2019. JOHNSTON, Jason Scott. The Return of Bargain: An Economic Theory of How Standard-Form Contracts Enable Cooperative Negotiation between Businesses and Consumers. *Michigan Law Review*, v. 104, (2006), p. 857-898. Disponível em: https://repository.law.umich.edu/cgi/viewcontent.cgi?article=1530&context=mlr. Acesso em: 10 dez. 2019.

veículo motorizado, e assim, estarão igualmente adstritos aos padrões de qualidade e segurança exigido pelas autoridades. A não adequação aos padrões de segurança e qualidade pode ensejar na obrigação pelas empresas automotivas de fazerem o *recall* dos veículos (cf. Capítulo 4, item 4.3.31).[73]

Nos termos do art. 10 do CDC, o fornecedor não pode inserir produtos no mercado de consumo que ofereçam riscos à saúde e à vida dos consumidores. Por isso, qualquer que seja a falha no veículo, *e. g.* no sistema operacional de um carro autônomo, caberá à empresa responsável (conforme a distribuição de riscos nos contratos entre as empresas automotivas) informar amplamente os consumidores e oferecer soluções para reparar o produto.

As campanhas de *recall* atingem grandemente a indústria automotiva, segundo o *Boletim de Recall de Veículos* da Secretaria Nacional do Consumidor – SENACON e do Departamento Nacional de Trânsito – Denatran, em 2016, cerca de 85% dos produtos objeto de *recall* referem-se aos veículos automotores, dentre os defeitos mais comuns estão: problemas no sistema de combustível, *Air Bag* e freios, conforme ilustra o gráfico abaixo:[74]

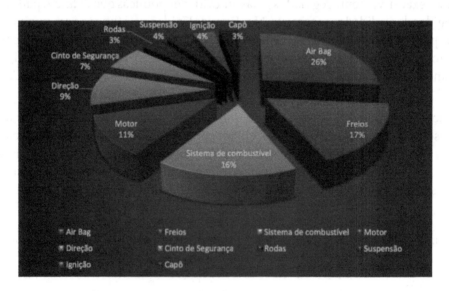

---

73. WOOD, Stephen P.; CHANG, Jesse; HEALY, Thomas; WOOD, John. The Potential Regulatory Challenges of Increasingly Autonomous Motor Vehicles. *Santa Clara Law Review*, v. 52, n. 4, 20 dez. 2012, p. 1423-1502. Disponível em: https://digitalcommons.law.scu.edu/cgi/viewcontent.cgi?article=2734&-context=lawreview. Acesso em: 15 dez. 2019. p. 1.443.
74. Disponível em: https://infraestrutura.gov.br/images/arquivos-denatran/Boletim_de_Recall_-_Veiculos.pdf. Acesso em: 10 mar. 2020.

Por fim, quanto à propriedade intelectual, a proteção e exploração econômica da invenção é uma das principais preocupações das novas empresas que operam em uma nova área como é o segmento dos carros autônomos. Assim, as *startups* no setor de veículos autônomos devem-se acautelar sobre como proteger suas ideias e invenções, especialmente no contexto transnacional, podendo ter que enfrentar a jurisdição de outros países para pleitear seus direitos. Esta questão é decisiva para o desenvolvimento e a viabilidade econômica de uma empresa neste setor, como se pode constatar pela disputa entre *Google* e *Uber* mencionada no item 3.3 deste capítulo.

A exploração econômica da invenção pode ser cedida entre o criador e o comprador por meio de licenças, geralmente, é este o mecanismo utilizado para negociar direitos de propriedade intelectual.

Ao licenciar um programa, o licenciante pode impor uma série de restrições que podem ter ramificações comerciais sérias se uma empresa não está ciente dos termos da licença, por exemplo, pode responder por violação ao direito da concorrência como a violação de segredo comercial ou industrial.

Em síntese, os contratos entre os envolvidos na tecnologia a ser aplicada nos carros autônomos devem prever um sistema claro, eficiente e adequado de cessão de exploração econômica da propriedade intelectual para que as partes não sejam surpreendidas com ações judiciais milionárias que podem ensejar à inviabilidade do negócio ou, atém mesmo, à falência da empresa.

Capítulo 4
RESPONSABILIDADE CIVIL PELOS DANOS DECORRENTES DE ACIDENTES COM CARROS AUTÔNOMOS

*Sem que se estabeleça noção de dano, não se pode ter uma
ideia exata da responsabilidade civil num determinado país.*

Clóvis Veríssimo do Couto e Silva[1]

Diante da correta compreensão do que se consideram carros autônomos, em seus variados níveis de automação, bem como a possibilidade de se aplicar a *Internet das Coisas* nos carros conectados, percebe-se que há muitos desafios à aplicação dos pressupostos da responsabilidade civil. Para tanto, justifica-se uma regulação específica como ficou demonstrado no capítulo anterior para o correto enfrentamento sobre qual seria o modelo ideal.

Existem dois grandes modelos, a saber: 1) responsabilidade civil subjetiva; e 2) responsabilidade civil objetiva, fundada em lei ou na teoria do risco. Constata-se um movimento na doutrina e na jurisprudência de mitigação da responsabilidade civil subjetiva, dando ênfase à vítima e à reparação dos danos a qualquer custo. Todavia, deve-se atentar à efetividade do modelo adotado quanto ao fim precípuo da responsabilidade civil, isto é, a prevenção de danos. Neste sentido, desponta na doutrina um terceiro modelo, da *responsabilidade civil pressuposta,* defendido por Giselda Hironaka,[2] como um verdadeiro critério de imputação da responsabilidade sem culpa, ou seja, um sistema que define antecipadamente

---

1. O conceito de dano no direito brasileiro e no direito comparado. *Revista dos Tribunais,* v. 80, n. 667, São Paulo: Ed. RT, maio de 1991. p. 9.
2. HIRONAKA, Giselda Maria Fernandes Novaes. *Responsabilidade pressuposta.* Del Rey, 2005. p. 291-300.

os agentes responsáveis pelos danos potenciais de suas atividades, impondo que estes agentes adotem medidas eficazes para a prevenção destes danos.

Seguindo tal raciocínio, o princípio da responsabilidade e prestação de contas (*accountability*) desempenhará um importante papel no sistema de responsabilidade civil para os carros autônomos, porque obriga os controladores e operadores a demonstrarem que adotam medidas técnicas e organizacionais efetivas à prevenção de risco. Por isso, esta tem que ser a ênfase deste sistema que se pretende desenhar, ou seja, além das ações judiciais de reparação de danos, antes que estas venham a ocorrer, um órgão independente (por exemplo, uma agência) já teria determinado estas ferramentas de prevenção e fiscalizaria os agentes neste sentido.

Em suma, as novas tecnologias disruptivas, como a inteligência artificial, colocam em xeque os fundamentos da responsabilidade civil a fim de que o modelo adotado seja eficiente em vários sentidos: – prevenção de danos; – contenção dos riscos; - viabilidade econômica do negócio; – incentivo à inovação; e – reparação das vítimas dos acidentes com carros autônomos. Tudo isso realça a necessária análise econômica da responsabilidade civil no contexto da automação dos carros.

4.1 ANÁLISE ECONÔMICA DA RESPONSABILIDADE CIVIL PELOS ACIDENTES COM CARROS AUTÔNOMOS

O regime jurídico da responsabilidade civil para os carros autônomos requer uma análise sobre os fundamentos econômicos a fim de demonstrar a eficiência ou não das regras jurídicas que determinam a responsabilidade civil objetiva ou subjetiva. Em outras palavras, tendo em vista que as duas funções essenciais da responsabilidade civil são: reparatória e preventiva,[3] importante verificar qual modelo seria o mais adequado para tanto: o da responsabilidade civil objetiva

---

3. Para alguns doutrinadores, a responsabilidade civil teria a função punitiva ou, ainda, função pedagógica, no intuito de desestimular a reiteração de condutas lesivas. Nos Estados Unidos, a doutrina dos denominados *punitive damages*, está fundamentada em sua natureza sancionatória e funciona como uma espécie de sanção privada. Cf. RYAN, Patrick S. Revisiting the United States Application of Punitive Damages: Separating Myth from Reality. *In: ILSA Journal of International and Comparative Law*, v. 10, n. 1, p. 69-93, outono de 2003. Disponível em: https://nsuworks.nova.edu/cgi/viewcontent. cgi?article=1447&context=ilsajournal. Acesso em: 10 nov. 2019; MARKEL, Dan. How Should Punitive Damages Work? *University of Pennsylvania Law Review*, v. 157, issue 3, p. 1.383-1.484, 2009. Disponível em: https://scholarship.law.upenn.edu/cgi/viewcontent.cgi?article=1195&context=penn_law_review. Acesso em: 10 nov. 2019. MENDONÇA, Diogo Naves. *Análise econômica da responsabilidade civil*: o dano e a sua quantificação. São Paulo: Atlas, 2012. No entanto, a doutrina alerta para alguns perigos sobre os abusos da função punitiva da responsabilidade civil, sendo que a CF/88 determina que não há pena sem prévia cominação legal, além do art. 944 do CC/02 ("a indenização mede-se pela extensão do dano") não contemplar a função punitiva na reparação. Cf. COSTA, Judith Martins; PARGENDLER, Mariana Souza. Usos e abusos da função punitiva – *punitive damages* e o direito brasileiro. *Revista*

CAPÍTULO 4 • RESPONSABILIDADE CIVIL PELOS DANOS DECORRENTES DE ACIDENTES

ou subjetiva. Nesta análise, emprega-se o método ou modelo estabelecido pela análise econômica do Direito, ou seja, um estudo interdisciplinar entre Economia e Direito sobre o custo de prevenção e os benefícios da adoção das medidas de cautela para evitar acidentes que envolvam os carros autônomos.

Preliminarmente, importante destacar os pontos em comum entre Economia e Direito. Lionel Robbins[4] define Economia como a ciência que estuda o comportamento humano diante de seus objetivos e a escassez da riqueza ("Here, then, is the unity of subject of Economic Science, the forms assumed by human behavior in disposing of scarce means"). Portanto, a Economia é uma ciência causal, cujo objeto é notadamente analisar o comportamento humano diante de múltiplas alternativas para a tomada de decisão.[5]

Por outro lado, o Direito é um conjunto de regras jurídicas complexas, que segundo Hebert Lionel Adolphus Hart,[6] é um fenômeno social, composto por normas primárias (que estabelecem direitos às pessoas) e normas secundárias (que garantem prerrogativas ao Estado, incluída a autoridade para elaborar as normas primárias). Assim, constata-se que o direito é uma ciência normativa, porque prevê regras de condutas.

Muito embora seja o Direito uma ciência normativa, enquanto a Economia seja uma ciência causal, a análise econômica do Direito busca avaliar a eficiência das regras jurídicas, a partir do estudo do comportamento dos agentes. Este estudo iniciou-se no final do século XVIII, a partir da obra de Adam Smith, que entendia que o Direito era um instrumento para a consolidação do bem comum (visão utilitária do Direito).[7]-[8] Além dele, Jeremy Bentham[9] desempenhou um importante papel para a consolidação do método *Law and Economics*, porque ele construiu um raciocínio essencialmente fundado no princípio do utilitarismo, sustentando a não ingerência estatal em vários âmbitos, tais como, liberdade

---

CEJ, v. 9, n. 28, p. 15-32, jan./mar. De 2005. Disponível em: https://revistacej.cjf.jus.br/revcej/article/view/643. Acesso em: 10 nov. 2019.

4. ROBBINS, Leonel. *An essay on the nature and significance of economic science.* 2nd ed. London: Macmillan, 1945. p. 15.

5. Justamente por ser causal, a Economia contribui muito para o desenvolvimento da inteligência artificial como destacado no capítulo 1 desta obra.

6. *The Concept of Law.* 2 ed. Nova York: Oxford University Press, 1994. p. 23-25.

7. MACKAAY, Ejan. History of Law and Economics. *In:* BOUCKAERT, Boudewijn; DE GEST, Gerrit (Coord.) *Ecyclopedia of Law and Economics – The History and Methodology of Law and economics.* p. 65-117. Disponível em: https://papyrus.bib.umontreal.ca/xmlui/bitstream/handle/1866/86/0029. pdf?sequence=1&isAllowed=y. Acesso em: 10 mar. 2020. p. 67-68.

8. SMITH, Adam. An Inquiry into the Nature and Causes of the Wealth of Nations. Londres: W. Strahan and T. Cadell, London, 1776. Publicado no Brasil: SMITH, Adam. *A Riqueza das Nações.* Trad. Luiz Joao Barauna. 3. ed. Sao Paulo: Nova Cultural, 1988.

9. POSNER, Richard A. *The Economics of Justice.* Cambridge (Massachusetts): Harvard University Press, 1983. p. 31-47.

econômica e religiosa. Os precursores colaboraram para uma compreensão sistemática da lei por meio de um modelo de escolha racional.

A partir do século XIX, observou-se, principalmente na Alemanha, a *Primeira Onda* da metodologia Direito e Economia, que foi encampada por importantes juristas como Otto von Gierke e Rudolph von Jhering, mas este movimento foi enfraquecido pela concentração dos economistas às questões mercadológicas, afastando das questões jurídicas (observa-se neste período o predomínio das codificações voluntaristas ou liberais).[10]

Posteriormente, no século XX, iniciou-se a *Segunda Onda* desta metodologia, notadamente pela *Escola de Chicago*, cujos maiores expoentes são Ronald Coase, Guido Calabresi, Gary Becker e Richard A. Posner,[11] que busca explicar os fenômenos jurídicos, sejam eles normas, decisões judiciais, relações jurídicas, por exemplo as que decorrem dos contratos e da responsabilidade civil, a partir de modelos econômicos neoclássicos. A economia neoclássica está fundada essencialmente nos elementos da microeconomia, ou seja, nos agentes econômicos privados (consumidor e fornecedor), que são entes racionais maximizadores, ou seja, realizam escolhas tendo em vista o maior benefício (utilidade que pode ser lucro, para os fornecedores; e satisfação ou "felicidade", para os consumidores).

Neste sentido, interessante a análise de Richard A. Posner para quem a "precificação" realizada pelos tribunais não é tão real quanto à do mercado.[12] Portanto, o autor sustenta o "pragmatismo jurídico", ou seja, uma análise com base na experiência prática (visão instrumental e antidogmática). O autor não vê com bons olhos o julgamento com base em teoria abstrata, porque seria um campo fértil para os juízes julgarem conforme suas crenças ou convicções pessoais (moral).[13]

No contexto dos carros autônomos, já foi destacada a busca por estabelecer diretrizes éticas, bem como normas que regulamentem o uso destes. O ponto de maior polêmica diz respeito à responsabilidade civil pelos danos decorrentes dos acidentes de trânsito. O ideal é ter regras claras sobre este ponto, caso contrário, os juízes definirão as regras conforme suas convicções pessoais, o que poderia

---

10. MACKAAY, Ejan. Op. cit., p. 69.
11. Idem, p. 72.
12. The Economics of Justice. Op. cit., p. 62.
13. POSNER, Richard A. *The Problems of Jurisprudence*. Cambridge (Massachusetts): Harvard University Press, 1993. p. 423: "Lawyers and judges are seen to be muddling through, struggling with questions that often cannot be resolved other than by the lights of the decision maker's personal values and preferences, constituting a social vision that may be in irreconcilable conflict with other people's equally plausible social visions". Cf. POSNER, Richard A. *How Judges Think*. Cambridge (Massachusetts): Harvard University Press, 2008.

CAPÍTULO 4 • RESPONSABILIDADE CIVIL PELOS DANOS DECORRENTES DE ACIDENTES **107**

ser um fator de descompasso às empresas que queiram investir neste segmento do mercado.

Como destacado no capítulo anterior, os carros autônomos representarão grande vantagem social por diversos fatores, como redução de acidentes no trânsito, de congestionamento, economia de tempo, o que pode, facilmente, ser quantificado monetariamente em uma economia e trazer maior eficiência à mobilidade em termos gerais. Por isso, a melhor solução não seria impedir ou proibir o uso dos carros autônomos, mas sim regular as características e os padrões de segurança.

Interessante o exemplo dado por Ronald H. Coase,[14] de uma fábrica que, para viabilizar sua produção, acaba poluindo o meio ambiente; por outro lado, esta mesma fábrica movimenta a economia, gerando empregos, recolhimento de impostos, circulação de bens e serviços, tudo em favor da cidade onde a fábrica está instalada. Para evitar a poluição, a decisão mais acertada seria impedi-la, salvaguardando a saúde de todos os moradores, ou admiti-la, com a possibilidade de negociar com a fábrica que ela emita a menor quantidade de poluentes possível? A resposta, segundo Ronald Coase é a segunda opção, ou seja, a "barganha" entre as partes para acomodar todos os interesses em conflito. Não sendo frutífera esta negociação, o custo de uma possível intervenção estatal seria muito maior. Por exemplo, o Governo pode impor diversas restrições inviabilizando o negócio, o que prejudicaria a fábrica, os moradores e a própria cidade.

Seguindo este raciocínio, impedir o desenvolvimento dos carros autônomos acabaria por prejudicar enormemente toda a sociedade que não irá se valer dos benefícios, amplamente descritos neste trabalho, com base em dados estatísticos. O problema está, então, em se definir como serão distribuídos os riscos pela responsabilidade civil decorrente dos acidentes com os carros autônomos.

Guido Calabresi[15] afirma justamente que a responsabilidade civil é utilizada como uma ferramenta de alocação de riscos. O autor realça que o objetivo pri-

---

14. COASE, Ronald H. The Problem of social cost. *Journal of Law and Economics* (Chicago), v. III, p. 1-44, 1960. Disponível em: https://www.law.uchicago.edu/files/file/coase-problem.pdf. Acesso em: 10 fev. 2020, p. 01-01: "The conclusions to which this kind of analysis seems to have led most economists is that it would be desirable to make the owner of the factory liable for the damage caused to those injured by the smoke, or alternatively, to place a tax on the factory owner varying with the amount of smoke produced and equivalent in money terms to the damage it would cause, or finally, to exclude the factory from residential districts (and presumably from other areas in which the emission of smoke would have harmful effects on others). It is my contention that the suggested courses of action are inappropriate, in that they lead to results which are not necessarily, or even usually, desirable."

15. Some Thoughts on Risk Distribution and the Law of Torts. *Yale Law Journal*, v. 7, n. 4, p. 501-553. Disponível em: https://digitalcommons.law.yale.edu/cgi/viewcontent.cgi?article=3035&context=fss_papers. Acesso em: 05 mar. 2020.

meiro das regras sobre responsabilidade civil é serem justas e, em segunda ordem, reduzir o custo dos acidentes. Portanto, o autor conclui que não se pode adotar uma solução mais eficiente quando ela for injusta, pois a eficiência deve servir à justiça. Assim, a primeira pergunta que deve ser feita é: a responsabilidade civil objetiva das empresas é justa? Em seguida, deve-se indagar: a responsabilidade civil objetiva das empresas é eficiente para a redução de acidentes?

Quanto à eficiência, os critérios econômicos são: o *ótimo de Pareto* e de *Kaldor-Hicks*. O primeiro critério, *eficiência de Pareto* (desenvolvido pelo italiano Vilfredo Pareto), impõe que ao melhorar a situação de alguém, necessariamente, prejudica a de outra pessoa, e o mercado atinge a *eficiência de Pareto* quando alcança um equilíbrio entre estes ganhos e perdas. No entanto, segundo este critério, que é mais aparente do que real, não se admitem mudanças de maneira eficiente, pois sempre alguém irá perder. Para fazer um contraponto, o segundo critério, a eficiência conforme o *ótimo de Kaldor-Hicks*, as mudanças eficientes se justificam (maximização de riqueza) quando aquele que ficar em situação pior possa ser compensado pelos prejuízos.[16]

Assim, permitindo o uso de carros autônomos e regulando tal situação, as empresas saem ganhando, assim como toda a sociedade como exposto acima, mas as vítimas dos acidentes de trânsito sairiam perdendo no sentido de sofrerem os prejuízos decorrentes dos acidentes. Todavia, a *eficiência de Kaldor-Hicks* determina que se garante a eficiência na medida em que tais vítimas sejam compensadas pelos prejuízos. A questão é se definir de que forma elas serão compensadas, ou seja, como as empresas responderiam (subjetiva ou objetivamente).

Portanto, a metodologia referente à *análise econômica do direito* deve servir para que se possa ponderar entre a justiça e a eficiência dos dispositivos legais. Neste sentido conclui Paula Andréa Forgioni,[17] que ao se deparar com a análise econômica do direito, não pode ser tomado "nem pela paranoia nem pela mistificação: a relação entre o método jurídico e o método juseconômico deve ser de complementaridade e não de substituição ou oposição."

Diante de conceitos jurídicos indeterminados, cláusulas gerais e princípios, a análise econômica do direito pode orientar de maneira pragmática, isto é, conforme o almejado critério de eficiência da norma a ser aplicada,[18] como o caso da responsabilidade civil em que o parágrafo único do art. 927 do CC/02 traz a cláusula geral de responsabilidade objetiva decorrente do risco da atividade,

---

16. POSNER, Richard A. *The Economics of Justice*. Op. cit., p. 89-91.
17. FORGIONI, Paula Andrea. Análise econômica do direito: paranoia ou mistificação? *Revista do Tribunal Regional Federal da 3ª Região*, São Paulo, maio/jun. 2006, p. 59, 2006.
18. MENDONÇA, Diogo Naves. *Análise Econômica da Responsabilidade Civil*: o Dano e sua Quantificação. São Paulo: Atlas, 2012. p. 17.

e mesmo os artigos 12, 14 e 18 do CDC, por política legislativa, estabelecem a responsabilidade do fornecedor independentemente de comprovação de culpa. De outra parte, deve-se confrontar com a regra da responsabilidade subjetiva prevista no *caput* do art. 927 c/c art. 186 do CC/02, com o fito de verificar qual (ou quais) dela(s) será (ão) mais eficiente(s) e em quais circunstâncias no contexto dos carros autônomos.

Em outras palavras, a análise econômica pode auxiliar na escolha pela definição de política pública ou uma norma jurídica que viabilizará a maior eficiência conforme o objetivo de uma política pública ou da lei (cujos objetivos são traçados a partir de outras ciências, como Filosofia e Sociologia).[19] Este raciocínio tem respaldo legal, a *Lei de Liberdade Econômica*, Lei 13.784, de 20 de setembro de 2019, art. 4º, inc. V, proíbe o aumento de custos de transação sem demonstrar os benefícios efetivos deste.

Quando se analisam os acidentes com carros autônomos, o agravamento da responsabilidade do fornecedor poderá produzir efeitos não almejados sem o objetivo principal que é a prevenção dos acidentes, podendo, inclusive, prejudicar os consumidores, pois estes custos serão repassados para a ponta final da cadeia de consumo.[20] Isso ocorreria, por exemplo, caso não se considerem os comportamentos emergentes das máquinas como um fortuito externo.

A partir dos casos *United States v. Carroll Towing Co.*[21] e *Conway v. O'Brien*,[22] o raciocínio do juiz Learned Hand sobre culpa demonstrou como a racionalidade dos economistas pode colaborar de forma construtiva para a eficiência das regras jurídicas. No caso, *United States v. Carroll Towing Co.*, em que se investigava o culpado pelo acidente com uma embarcação no porto de Nova York, cujo rebocador, ao ajustar a corda que alinhava as embarcações do porto, acabou por desprender uma embarcação não tripulada que bateu em outra e afundou com toda a mercadoria. Neste caso, aplicou-se o conhecido "teste Hand", que é uma função de três variáveis: 1 – A *probabilidade* de o dano acontecer (a embarcação se afundar), "L"; 2 – a *gravidade* da lesão resultante (o fato da embarcação nau-

---

19. GICO JUNIOR, Ivo Teixeira. Metodologia e Epistemologia da Análise Econômica do Direito. *Economic Analysis of Law Review*, Brasília, v. 1, n. 1, p. 7-33, jan.-jun. de 2010. Disponível em: http://portalrevistas.ucb.br/index.php/EALR/article/view/1460/1110. Acesso em: 02 abr. 2020. p. 10.

20. CRANE, Daniel. Op. cit., 226: "Most commentators agree that as vehicles become increasingly autonomous, the liability associated with vehicular accidents will shift from the driver to those involved in deploying the technology". No mesmo sentido: LOPEZ, Teresa Ancona. *Princípio da Precaução e Evolução da Responsabilidade Civil*. São Paulo: Quartier Latin, 2010. p. 16; ARIDA, Persio. A pesquisa em direito e em economia: em torno da historicidade da norma. *Revista Direito GV*, [S.l.], v. 1, n. 1, p. 11-22, maio 2005. ISSN 2317-6172. Disponível em: http://biblIoTecadigital.fgv.br/ojs/index.php/revdireitogv/article/view/35258/34055. Acesso em: 04 abr. 2020.

21. 159 F. 2d 169 (2d Cir. 1947).

22. 111 F. 2d 611 (2d Cir. 1940).

fragar com toda a mercadoria), "L"; 3 – o *ônus* das precauções adequadas, "B". A fórmula seria: a responsabilidade depende se B é menor que L multiplicado por P: isto é, se $B < P \times L$.[23]

Em outras palavras, o agente deverá reparar o dano (considerado culpado) quando o custo da prevenção for *inferior* ao custo do acidente multiplicado pela sua probabilidade. No caso dos carros autônomos, o custo da prevenção é alto, inclusive, deve-se exigir um constante monitoramento dos sistemas de segurança, mesmo contra os ataques cibernéticos como destacado no capítulo anterior (cf. item 3.4.1); assim, se as empresas não demonstrarem os custos para adoção de medidas eficazes para evitar o dano, pode ser um critério objetivo para caracterizar o dever de reparar ou mesmo a tese da responsabilidade pressuposta como sustentada por Giselda Hironaka.[24] Isto porque tal prática revelaria um aumento dos riscos aos quais a sociedade estará exposta e que poderiam ser evitados com um alto padrão em *accountability*.

Portanto, o que se pretende demonstrar nesta tese são alguns critérios objetivos para a aplicação dos denominados "fortuitos internos" e "fortuitos externos" como excludentes ou não do dever de reparar o dano decorrente dos acidentes com carros autônomos. Desta forma, criar-se ia um sistema racional para a prevenção dos danos, que é um conceito amplo (por ser um princípio com vagueza semântica).

Quanto aos custos de prevenção, no contexto dos carros autônomos, a prevenção *específica* consiste em medidas para assegurar contra os ataques de *hackers*, violação à privacidade e aos dados pessoais, desenvolvimento e manutenção do sistema de inteligência artificial para operacionalizar o veículo, além do bom funcionamento mecânico deste. Estas são medidas necessárias para viabilizar o uso seguro dos carros autônomos atendendo ao clamo social por mais segurança e eficiência no trânsito, ainda que apresente alguns riscos. Não é só a condução de carros autônomos que apresentam riscos sociais, há outras atividades como atividade nuclear, transporte aéreo, atividade de mineração, extração de gás e petróleo, dentre outros, que são perigosas, no entanto, os perigos são tolerados para um bem maior à toda a sociedade. Portanto, deve-se desenhar um produto com um sistema de diversas verificações a fim de

---

23. POSNER, Richard A. Guido Calabresi's "The Costs of Accidents": A Reassessment. *Maryland Law Review,* v. 64, n. 12, p. 12, 2005. Disponível em: https://chicagounbound.uchicago.edu/cgi/viewcontent.cgi?article=2874&context=journal_articles. Acesso em: 27 mar. 2020.

24. HIRONAKA, Giselda Maria Fernandes Novaes. Responsabilidade pressuposta. Evolução de fundamentos e de paradigmas da responsabilidade civil na contemporaneidade. In: DELGADO, Mário Luiz; ALVES, Jones Figueirêdo (Coord.) *Questões Controvertidas no Novo Código Civil.* São Paulo: Método, 20066. v. 5. p. 199.

CAPÍTULO 4 • RESPONSABILIDADE CIVIL PELOS DANOS DECORRENTES DE ACIDENTES

evitar alguns problemas que existem seja com inteligência artificial, seja com a conduta do ser humano.[25]

Quanto à prevenção *geral*, deve-se levar em consideração o custo com os acidentes, o que será em menor frequência conforme os dados estatísticos comentados no capítulo anterior (cf. item 3.4) , onde ficou demonstrado que na grande maioria dos acidentes a causa está na falha humana. A fim de se atingir essa prevenção geral, pode-se, por exemplo, criar incentivos para que a atividade seja comprovadamente mais segura possível, conforme a sugestão feita por Matthew Schrerer[26] em criar um sistema de registro facultativo para as empresas certificarem as tecnologias de IA que utilizam, hipótese em que responderiam subjetivamente, desde que não fosse uma relação jurídica de consumo.

A diferenciação entre prevenção geral e específica é importante para verificar a eficiência da norma de responsabilização, no caso, a redução dos custos dos acidentes de trânsitos com carros autônomos. De maneira que, no sistema de prevenção geral, o custo por tais acidentes seria arcado pelo agente que tenha maior capacidade a um menor custo de evitar o acidente (*cheapest cost avoider*). No contexto da indústria automotiva, deve-se indagar qual agente poderia evitar o dano de forma mais econômica e eficiente: o fabricante, o programador do sistema, o fornecedor de autopeças ou o mantenedor da malha viária? Geralmente, será aquele que detenha o controle da linha de produção e que tenha mais informações sobre o produto ou o serviço.

Já em um sistema de prevenção específica, a ideia é constatar a melhor maneira de se obter a redução dos custos (*best cost avoider*), pois os critérios econômicos não são suficientes, agregam-se à esta análise fatores morais e sociais.

No caso dos carros autônomos, para a maior eficiência do regime de responsabilidade civil, devem coexistir ambos: o sistema de prevenção geral, mais voltado aos desenvolvedores dos programas, e o sistema de prevenção específica, focado nos usuários.

Portanto, ao utilizar diversos sistemas de informação, o papel dos padrões técnicos de organização (*Standard Setting Organization – SSO)* é de suma importância, na medida em que definirão os padrões para a interoperabilidade dos

---

25. RUSSEL, Stuart; NORVIG, Peter. Op. cit., p. 1.037: "First, the AI system's state estimation may be incorrect, causing it to do the wrong thing. For example, an autonomous car might incorrectly estimate the position of a car in the adjacent lane, leading to an accident that might kill the occupants. More seriously, a missile defense system might erroneously detect an attack and launch a counterattack, leading to the death of billions. These risks are not really risks of AI systems – in both cases the same mistake could just as easily be made by a human as by a computer. The correct way to mitigate these risks is to design a system with checks and balances so that a single state-estimation error does not propagate through the system unchecked."

26. Regulating Artificial Intelligence Systems: Risks, Challenges, Competencies and Strategies. *Harvard Journal of Law & Technology*. Cambridge: Harvard Law School. v. 29, n. 02, p. 353-400, Primavera, 2016.

sistemas, padrões da concepção do produto e etc. Os objetivos são diminuir os custos do desenvolvimento do produto, além de mitigar a responsabilidade dos agentes envolvidos em um determinado setor, como o da indústria automotiva.

Mas ainda, com todo o rigor técnico e organizacional, haverá situações em que o carro autônomo terá de decidir entre uma colisão com outro veículo ceifando a vida dos passageiros ou atropelar um pedestre que ingressa repentinamente na rua (como o "dilema do bonde" tratado no capítulo 3, item 3.5). Qual seria a decisão correta a ser tomada? Se num caso concreto, a culpa exclusiva do pedestre que atravessa a rua fora da faixa de pedestre e diante do sinal verde para os carros excluiria o dever de reparar o dano por ruptura do nexo causal, como imputar tal responsabilidade ao carro autônomo? Esta circunstância é um exemplo de *"hard cases"*, nos quais os valores morais e as convicções pessoais dos juízes poderiam levar a decisões injustas. Quanto ao debate moral e direito, Ronald Dworkin[27] critica a visão de Posner, pois segundo Dworkin não se pode afastar a moral e o direito, para o autor o direito se constrói mediante a atividade de interpretação. Em síntese, Dworkin[28] sustenta que a justiça é um conceito relacional imbuído de convicções políticas e morais individuais; o direito, por sua vez, está fundamentado em algo que justifique a regulação estatal.

O interessante do pensamento de Dworkin diz respeito à construção lógica que deve nortear a aplicação do direito, mesmo nos casos difíceis como do exemplo acima, que sejam novos e não foram previstos previamente pelo Legislador, os juízes devem julgar com coerência a partir de princípios e não políticas públicas.[29] O autor distingue política pública como definição de objetivos a serem alcançados, geralmente, relacionados às questões econômicas, políticas e sociais; e princípio é um *standard* a ser observado, não por questões econômicas, políticas ou sociais, mas por uma questão de justiça e equidade, ou outras dimensões da moral.

Neste sentido, ao julgar os casos difíceis (*Hard Cases*) que envolvem acidentes com carros autônomos, os juízes não podem se orientar pela política pública, tais como maior segurança e eficiência na mobilidade urbana; mas, devem-se atentar, à justiça e equidade no caso concreto, como a observância da adoção de todas as medidas conhecidas para evitar acidentes.

A *análise econômica do direito* oferece uma visão pragmática, olhando para fatos, com todas as informações necessárias sobre as operações, proprie-

---

27. *A Matter of Principle*. Cambridge (Massachusetts): Harvard University Press, 1985. p. 237-289.
28. *Law's Empire*. Cambridge (Massachusetts): Harvard University Press, 1986. p. 97-98: "Law is also different form justice. Justice is a matter of the correct or best theory of moral and political rights, and anyone's conception of justice is his theory, imposed by his own personal convictions, of what these rights actually are. Law is a matter of which supposed rights supply a justification for using or withholding the collective force of the state because they are included in or implied by actual political decisions of the past."
29. *Taking Rights Seriously*. Cambridge (Massachusetts): Harvard University Press, 1977. p. 22; 87-89.

CAPÍTULO 4 • RESPONSABILIDADE CIVIL PELOS DANOS DECORRENTES DE ACIDENTES **113**

dades e quais os prováveis efeitos que serão produzidos em cada alternativa. Além disso, são sépticos quanto às verdades absolutas sobre determinado fato, porque, nas palavras de Posner:[30] "Most of our certitudes are simply the beliefs current in whatever community we happen to belong to, beliefs that may be the uncritical reflection of our upbringing, education, professional training, or social milieu."

No âmbito da responsabilidade civil, em suma, nas situações em que somente a vítima pode adotar as medidas para evitar o dano, como no caso acima descrito, afasta-se o dever de reparar. Semelhantemente, as excludentes de responsabilidade mencionadas no CDC, art. 12, § 3º, inc. III e art. 14, § 3º, inc. II, ou seja, culpa exclusiva do consumidor ou de terceiro, devem afastar o dever de indenizar por inexistência de nexo causal.

Ao contrário, quando somente o agente econômico for capaz de adotar as medidas para evitar o dano, o modelo da responsabilização objetiva é o mais eficiente na prevenção dos acidentes, pois serão tomadas todas as medidas possíveis para minimizar os possíveis danos. No caso das relações de consumo, o fornecedor é responsável por inserir produtos no mercado de consumo seguros, respondendo objetivamente, na medida em que ele detém o controle da produção. Além disso, se participarem da produção diversos agentes, como ocorre na indústria automotiva, a responsabilidade deverá recair sobre o agente que mais afete no custo dos acidentes.

Vale a pena destacar que os carros automatizados, ou seja, a condução é compartilhada entre o condutor e as ferramentas de assistência do carro, o condutor responde subjetivamente pelos danos que causar na condução do veículo conforme o *caput* do art. 927 c/c art. 186 do CC/02, além do que dispõe o Código de Trânsito Brasileiro em diversos artigos, que exigem a atenção e cuidado do condutor.

Por outro lado, quando se trata dos carros autônomos em que não há a supervisão ou intervenção humana, o regime de responsabilidade dependerá de se comprovar ou não a existência de uma relação jurídica de consumo. Se o caso concreto envolver apenas duas empresas, sem vítimas, não será configurada uma relação de consumo e, portanto, a regra será da responsabilidade subjetiva.

Entretanto, caracterizada uma relação jurídica de consumo,[31] o regime jurídico da responsabilidade pelos acidentes com os carros autônomos será analisado

---

30. *Overcoming Law.* Cambridge (Massachusetts): Harvard University Press, 2002. p. 05.
31. Newton De Lucca afirma que a relação jurídica de consumo "é aquela que se estabelece necessariamente entre fornecedores e consumidores, tendo por objeto a oferta de produtos ou serviços no mercado de consumo". DE LUCCA, Newton. *Direito do Consumidor: Teoria Geral da Relação Jurídica de Consumo.* 2. ed. São Paulo: Quartier Latin, 2008, p. 106.

à luz do Código de Defesa do Consumidor, além do Código Civil e do Código de Trânsito Brasileiro, consequentemente a responsabilidade será objetiva.

4.2 O REGIME DA RESPONSABILIDADE CIVIL DIANTE DA INEXISTÊNCIA DA RELAÇÃO DE CONSUMO NO USO DE CARROS AUTÔNOMOS

O instituto da responsabilidade civil é um dos pilares do direito, fundado nos três princípios imemoriais, quais sejam: 1) *suum cuique tribuere* (dar a cada um o que é seu); 2) *neminem laedere* (não prejudicar ninguém);[32] e 3) *honeste vivere* (viver honestamente). Estes princípios norteiam tanto a vida social quanto à própria estrutura do ordenamento jurídico, o que levou Louis Josserand[33] a afirmar a amplitude da noção da responsabilidade, pois para cada direito corresponde uma obrigação ("ius et obligatio sunt correlata"). Ou, ainda, como afirmaram, Henri Mazeaud e Léon Mazeaud[34] que o conceito de responsabilidade civil é complexo, e revela o embate entre a doutrina tradicional fundada na culpa e a teoria do risco ("la lutte entre la doctrine traditionnelle de la faute et la théorie moderne du risque").

René Savatier[35] entende a responsabilidade civil como a obrigação de reparar o dano causado por fato seu ou fato das pessoas e das coisas delas dependentes, evidenciando que o dever de reparar o dano causado está condicionado à verificação da culpa por parte do agente.

Note-se que o dever de reparar o dano causado está fundado na regra jurídica que prevê tal consequência, ou seja, o fato causador do dano é pressuposto material da existência do direito de ser ressarcido (na doutrina alemã, desenvolveu-se a ideia do *Tatbestand*; enquanto, na italiana, *fattispecie*). Tradicionalmente, os fatos podem ser naturais, quando se relacionam à um acontecimento da natureza, como chuva, terremoto, *tsunami*, dentre outros; ou jurídicos, por sua vez, quando se relacionam às condutas humanas que criam, modificam, conservam ou extinguem relações jurídicas.[36] As máquinas autônomas se encaixam em qual categoria?

---

32. PONTES DE MIRANDA, Francisco Cavalcanti. *Tratado de direito privado*: Obrigações oriundas de atos ilícitos absolutos de atos-fatos ilícitos e de fatos ilícitos absolutos "Stricto sensu". São Paulo: Ed. RT, 2013, t. LIII, p. 14. "A proibição de ofender, *neminem laedere*, é um dos princípios fundamentais da ordem social".

33. *Cours de droit civil positif français*. Paris: Sirey 1938. p. 29. Cf. *De l'esprit des droits et de leur relativité; théorie dite de l'abus des droits*. Paris: Dalloz, 1939.

34. *Traité théorique et pratique de la responsabilité civile délictuelle et contractuelle*. 3. ed. Paris: Préfacier, 1939. t. I, p. 02.

35. *Traité de la responsabilité civile en droit français*. Paris: Librairie Générale de Droit et de Jurisprudence, 1939. p. 05.

36. GOMES, Orlando. *Introdução ao Direito Civil*. Atualizada por Humberto Theodoro Júnior. 18. ed. Rio de Janeiro: Forense, 2001. p. 238-239.

CAPÍTULO 4 • RESPONSABILIDADE CIVIL PELOS DANOS DECORRENTES DE ACIDENTES

115

Modernamente, a partir do que ficou evidenciado no capítulo 1 desta obra, a tendência é acrescentar uma terceira espécie aos fatos dos quais emanam direitos e obrigações, qual seja, *o fato das máquinas*. Notadamente à luz dos comportamentos emergentes (os comportamentos que emergem das máquinas que usam inteligência artificial, conectada a um grande volume de dados – *Big Data,* e bem treinada para adquirir conhecimento), o que desencadeou a denominada "Inteligência Artificial Forte" (*Strong Artificial Intelligence*).[37] Em outras palavras, o aprendizado de máquina capacita os programas para tomarem decisões em determinados contextos, o que ocorre com os carros autônomos, sendo este justamente o grande desafio para a doutrina moderna sobre responsabilidade civil: como será feito o enfrentamento dos danos decorrentes dos comportamentos emergentes adotados pelas máquinas. Isto porque ainda que tenham sido feitos testes exaustivos, estes testes são realizados em ambientes controlados, ainda com a possibilidade de testes em vias públicas como destacado neste trabalho, a rotina cotidiana do trânsito trará situações concretas absolutamente imprevisíveis e, por isso, não enfrentadas nos testes. Todavia, a partir do que a máquina "aprendeu", ela irá tomar decisões de maneira autônoma. Diante deste novo contexto, como se devem acomodar os pressupostos tradicionais da responsabilidade civil?

A origem etimológica do termo "responsabilidade" está no verbo *spondere,* do latim, e consubstanciada na fórmula sacramental da *stipulatio,* qual seja, *dare mihi spondes? Spondeo,* criando um vínculo obrigacional entre as partes.[38] Inicialmente, a responsabilidade civil tinha caráter objetivo (nas sociedades primitivas). No entanto, a *Lex Aquilia de Damno,* aproximadamente do século III a.C.,[39] introduziu os pressupostos da responsabilidade civil, quais sejam: *iniuria* (uma ação contrária ao direito), culpa ou dolo e *damnum*. Os mesmos pressupostos consolidados na responsabilidade civil subjetiva, que ainda hoje é a regra em diversos ordenamentos jurídicos.

Assim, as codificações do século XIX, dentre as quais, destaca-se o Código de Napoleão de 1804, já traziam arraigada a culpa como um pressuposto do dever de indenizar no art. 1.382[40] e o art. 1.383,[41] ambos do *Code Napoleon.* Hoje, o Código

---

37. ZIMMERMAN, Evan. Machine Minds: Frontiers in Legal Personhood. 12 de fevereiro de 2015. *SSRN.* Disponível em: https://ssrn.com/abstract=2563965. Acesso em: 10 mar. 2020.

38. SERPA LOPES, Miguel Maria de. *Curso de Direito Civil.* 4. ed. rev. e atual. por José Serpa Santa Maria. Rio de Janeiro: Freitas Bastos, 1995. v. V: Fontes Acontratuais das Obrigações – Responsabilidade Civil, p. 159.

39. MOREIRA ALVES, José Carlos. *Direito Romano.* 3. ed. Rio de Janeiro: Forense, 1980. v. II, p. 279.

40. Redação original: "Tout fait quelconque de l'homme, qui cause à autrui un dommage, oblige celui par *la faute* duquel il est arrivé, à le réparer" (grifo nosso) Disponível em: https://gallica.bnf.fr/ark:/12148/bpt6k1061517/f425.image.texteImage. Acesso em: 10 mar. 2020.

41. Redação original: "Chacun est responsable du dommage qu'il a causé non seulement par son fait, mais encore par as négligence ou par son imprudence." Idem, ibidem.

Civil francês encampou as mesmas regras no art. 1.240, com as modificações de 2016, mantendo a responsabilidade subjetiva fundada na culpa: "Tout fait quelconque de l'homme, qui cause à autrui un dommage, oblige celui par *la faute* duquel il est arrivé à le réparer" (grifo nosso)[42] e no art. 1.241, que manteve a redação anterior do art. 1.383.

Nota-se que o *Code Napoleon* de 1.804 influenciou o Código Civil italiano de 1.865, que estabeleceu a responsabilidade civil subjetiva, fundada na culpa, no art. 1.151.[43] Atualmente, a regra está presente no art. 2.043 do *Codice Civile*: "Qualunque fatto *doloso o colposo*, che cagiona ad altri un danno ingiusto, obbliga colui che ha commesso il fatto a risarcire il danno" (grifo nosso).[44]

Semelhantemente, o Código Civil de 1916, no art. 159, estabeleceu: "Aquele que, por ação ou omissão, voluntária, negligência, ou imprudência, violar direito, ou causar prejuízo a outrem, fica obrigado a reparar". O dispositivo adotou, portanto, a responsabilidade subjetiva, fundada no dolo (ação ou omissão voluntária) ou na culpa (negligência, imperícia ou imprudência). A regra foi mantida na redação atual do art. 186 do CC/02, com algumas alterações: "Aquele que, por ação ou omissão voluntária, negligência ou imprudência, violar direito e causar dano a outrem, ainda que exclusivamente moral, comete ato ilícito".

O que levou a doutrina[45] a afirmar que, muito embora exista previsão legal de responsabilidade objetiva, a culpa continua sendo fundamental para a definição de responsabilidade civil subjetiva, coexistindo estes dois sistemas. O que nos parece, ainda hoje, ser a regra do sistema de responsabilidade civil, ainda que prevista a responsabilidade objetiva em leis específicas, como o Código de Defesa do Consumidor, ou na teoria do risco nos termos do parágrafo único do art. 927 do CC/02.

Pontes de Miranda demonstra que a responsabilidade civil é si um fato social que decorre de fatos sociais, o que torna extremamente complexo o julgamento dessas relações jurídicas.[46]

---

42. Disponível em: https://www.legifrance.gouv.fr/affichCode.do;jsessionid=DD13C2734B2872D7A-2A8B868204E93F5.tplgfr38s_3?idSectionTA=LEGISCTA000032021488&cidTexte=LEGITEX-T000006070721&dateTexte=20200410. Acesso em: 10 mar. 2020.

43. Redação original: "Qualunque fatto dell'uomo che arreca danno ad altri obbliga quello, *per colpa* del quale è avvenuto, a risarcire il danno." (grifo nosso). Disponível em: https://www.giustizia.it/giustizia/it/mg_22_4_3_4.page#3a. Acesso em: 10 mar. 2020.

44. Disponível em: http://www.jus.unitn.it/cardozo/Obiter_Dictum/codciv/Lib4.htm. Acesso em: 10 mar. 2020.

45. PEREIRA, Caio Mário da Silva. *Responsabilidade Civil*. Atual. por Gustavo Tepedino. 12. ed. rev., atual. e ampl. Rio de Janeiro: Forense, 2018. p. 45; PEREIRA, Caio Mário da Silva. *Instituições de Direito Civil*. 19. ed. Rio de Janeiro: Forense, 1998. v. 1, p. 423; DIAS, José Aguiar. *Da Responsabilidade Civil*. 2. ed. Rio de Janeiro: Forense, 1950. t. I, p. 19; GOMES, Orlando. *Obrigações*. Atual. Humberto Theodoro Júnior. 10 ed. Rio de Janeiro: Forense, 1995. p. 82; LIMA, Alvino. *Culpa e Risco*. 2. ed. rev. e atualizada pelo Professor Ovídio Rocha Barros Sandoval. 2. tir. São Paulo: Ed. RT, 1999. p. 43-44.

46. MIRANDA, Francisco Cavalcanti Pontes de. Op. cit., p. 3.

CAPÍTULO 4 • RESPONSABILIDADE CIVIL PELOS DANOS DECORRENTES DE ACIDENTES

José Aguiar Dias[47] alerta para a dificuldade de se construir o conceito de responsabilidade civil dada à sua amplitude, pois "toda a atividade humana traz em si o problema da responsabilidade". Atualmente, além da atividade humana, deve-se cotejar os comportamentos emergentes das máquinas com inteligência artificial.

Consoante a ponderação feita por Caio Mário da Silva Pereira[48] o conceito de responsabilidade civil deve abarcar tanto a responsabilidade subjetiva quanto objetiva, pois não são sistemas excludentes, mas complementares no ordenamento jurídico. Em outras palavras, em determinadas situações, o Legislador estabelece o dever de reparar mediante a comprovação da culpa, em outras, o dever de reparar prescinde deste elemento. O certo é que, segundo o autor, a responsabilidade civil nada mais é que a "efetivação da reparabilidade abstrata do dano em relação a um sujeito passivo da relação jurídica que a forma".

Além do fato humano, observe-se, portanto, que a culpa é um elemento central para caracterizar o dever de reparar o dano tendo em vista que a regra do ordenamento jurídico brasileiro é a responsabilidade subjetiva. Conceituar "culpa" é uma tarefa árdua, porque, por vezes, requer conhecimento de outras ciências, como a Psicologia. Isto é observado em diversas tentativas de conceituar "culpa" pela doutrina francesa,[49] segundo a qual incide em culpa aquele que age como não deveria agir ou pratica um erro de conduta. Karl Larenz[50] sustenta que culpa ou imputação subjetiva representa a conduta de um agente que tenha a consciência de se tratar de algo injusto ou reprovável. O grande problema da ideia de culpa essencialmente relacionada ao interior do agente é justamente a dificuldade probatória como alertaram, Philippe le Tourneau e Loïc Cadiet[51] sobre a impossibilidade de o juiz sondar o estado de espírito de alguém ("Quel juge pourrait sonder les rins et les coeurs? Serait-ce vraiment justice?").

Alvino Lima,[52] analisa as diversas concepções de culpa, e conclui que é um "erro de conduta, moralmente imputável ao agente e que não seria cometido por uma pessoa avisada, em iguais circunstâncias de fato." Como acomodar este conceito às máquinas inteligentes? Há quem defenda que estes entes, por ficção

---

47. Op. cit., p. 05-07.
48. Responsabilidade Civil. Op. cit., p. 14.
49. MAZEAUD, Henri; MAZEAUD, León. Op. cit., p. 20; PLANIOL, Marcel. *Traité élémentaire de droit civil.* Paris: R. Pichon et R. Durnad-Auzias, 1946. v. 2, n. 863.
50. *Derecho de obligaciones.* Versão espanhola de Jaime Santos Briz. Madrid: Editorial Revista de Derecho Privado, 1950. t. II. p. 569-570.
51. *Droit de la Responsabilité*: responsabilités civile et pénale, responsabilités civiles délictuelles et quasi délictuelles, formation et exécution du contrat, défaillances contractuelles et professionnelles, régimes spéciaux d'indemnisation, accidents de la circulation, actions récursoires. Paris: Dalloz, 1998. p. 754.
52. *Culpa e Risco.* Op. cit., p. 69.

jurídica, teriam personalidade como as pessoas jurídicas, e assim como estas teriam um representante legal.[53]

Atualmente, entretanto, consolidou-se a noção normativa de culpa, ou seja, o "desrespeito a padrões objetivos de comportamento exigíveis no caso concreto",[54] a fim de evitar os elementos metajurídicos (como o elemento anímico), o que pode acomodar de forma mais tranquila no contexto das máquinas "inteligentes".

A responsabilidade civil subjetiva é a regra no contexto dos acidentes de trânsito, por isso se deve concordar com Arnaldo Rizzardo[55] ao afirmar que não se pode cogitar a aplicação da teoria do risco fundada no parágrafo único do art. 927 do CC/02 para reger a responsabilidade civil decorrente dos acidentes de trânsito.

O Tribunal de Justiça do Estado de São Paulo afirma a tese em muitos julgados, a saber:

> Acidente de trânsito – Ação de indenização – Improcedente – Culpa do réu não caracterizada – Indenização não devida – Sentença mantida – Apelação não provida.[56]

> Acidente de trânsito – Ação de indenização por danos materiais e morais – Improcedência – Culpa da ré não demonstrada – Ônus da prova do autor – Artigo 373, inciso I, do CPC – Decisão mantida – Recurso não provido.[57]

Neste sentido, não se tratando de uma relação jurídica de consumo, deve-se aplicar a regra da responsabilidade civil subjetiva aos acidentes com carros autônomos. Como ficou demonstrado no capítulo anterior conforme os dados estatísticos, os acidentes de trânsito matam milhões de pessoas no mundo por ano, cerca de 95% destes acidentes decorrem de falhas humanas (embriaguez ao

---

53. SOLUM, Lawrence B. Legal Personhood for Artificial Intelligences. *North Carolina Law Review*, v. 70, n. 4, 1992, p. 1.231-1.287. Disponível em: https://scholarship.law.unc.edu/cgi/viewcontent.cgi?article=3447&context=nclr. Acesso em: 17 dez. 2019; KERR, Ian. Spirits in the material world: intelligent agents as intermediaries in electronic commerce. *Dalhousie Law Journal*, v. 22, 1999, p. 189-249. Disponível em: https://static1.squarespace.com/static/56b8dbd62eeb817f29aa3265/t/5cf974eedfde-82000124f4de/1559852271558/SSRN-id703242.pdf. Acesso em: 17 dez. 2019. Em sentido contrário: RUSSEL, Stuart; NORVIG, Peter. Op. cit., p. 1.036: "To our knowledge, no program has been granted legal status as an individual for the purposes of financial transactions; at present, it seems unreasonable to do so. Programs are also not considered to be "drivers" for the purposes of enforcing traffic regulations on real highways. In California law, at least, there do not seem to be any legal sanctions to prevent an automated vehicle from exceeding the speed limits, although the designer of the vehicle's control mechanism would be liable in the case of an accident."

54. TEPEDINO, Gustavo. In: PEREIRA, Caio Mário da Silva. *Responsabilidade Civil*. Op. cit., p. 94.

55. *A reparação nos acidentes de trânsito*. 11. ed. rev., atual. e ampl. São Paulo: Ed. RT, 2011. p. 28.

56. TJSP; Apelação Cível 1001406-08.2015.8.26.0198; Relator (a): Luiz Eurico; Órgão Julgador: 33ª Câmara de Direito Privado; Foro de Franco da Rocha – 1ª Vara Cível; Data do Julgamento: 05.03.2020; Data de Registro: 05.03.2020.

57. TJSP; Apelação Cível 1030608-52.2018.8.26.0577; Relator (a): Luiz Eurico; Órgão Julgador: 33ª Câmara de Direito Privado; Foro de São José dos Campos – 7ª Vara Cível; Data do Julgamento: 05.03.2020; Data de Registro: 05.03.2020.

volante, cansaço e excesso de velocidade), mesmo diante de um quadro como este, a condução de veículos automotores não é considerada uma atividade de risco pela doutrina ou pelos tribunais para fins de aplicar a responsabilidade civil objetiva nos termos do parágrafo único do art. 927 do CC/02.

Outrossim, a inteligência artificial aplicada aos carros autônomos reduzirá em muito estes acidentes, todos os dados evidenciam que esta tecnologia irá agregar maior segurança ao trânsito, então, com maior razão, tal atividade não deve ser considerada de risco, afastando-se a aplicação do parágrafo único do art. 927 do CC/02. Desta forma, deve-se analisar algumas especificidades da responsabilidade civil subjetiva no contexto dos carros autônomos, notadamente a situação dos denominados "comportamentos emergentes".

4.2.1 Responsabilidade subjetiva aplicada aos acidentes com carros autônomos

A fim de analisar os pressupostos da responsabilidade civil subjetiva nos acidentes com carros autônomos, parte-se de um exemplo, duas empresas que prestam serviços de transporte de pessoas mediante remuneração, de um lado a *Uber* e de outro, a *Lyft* (empresas mencionadas no capítulo anterior, pois já estão trabalhando no desenvolvimento de seus carros autônomos), os veículos destas empresas, sem levar passageiros, indo para o destino, colidem entre si. Não se trata de relação de consumo, sem deixar vítimas, também não haverá a figura de consumidor por equiparação (art. 17 do CDC que será analisada adiante). Como responderiam estas empresas?[58]

Fica claro que a única conclusão justa, inclusive sob a perspectiva da análise econômica tratada no tópico 4.1 deste capítulo, para que se possa atingir um cenário ideal que associe a busca pela prevenção destes acidentes e a justiça distributiva, seria que ambas as empresas respondessem mediante a comprovação de culpa, pois se cada um tiver que comprovar que o sistema dos respectivos carros autônomos atuou de maneira diligente, tais empresas adotarão todas as medidas para demonstrar que não foram culpadas no acidente, consequentemente, os sistemas estão sempre em constante melhoria, o que contribuirá positivamente para se atingir o fim precípuo que deve ser a prevenção de acidentes.

Neste sentido, não há justificativa lógica, econômica ou jurídica para considerar a responsabilidade objetiva destas empresas que utilizam um sistema de

---

58. Segundo Newton De Lucca, pode-se classificar a "(...) relação jurídica de consumo em sentido estrito como aquela que se estabelece entre um fornecedor e o consumidor-padrão de que trata o art. 2º, caput, do CDC, e relação jurídica em sentido lato como aquela que se estabelece entre um fornecedor e o consumidor por equiparação". DE LUCCA, Newton. *Direito do Consumidor: Teoria Geral da Relação Jurídica de Consumo.* 2. ed. São Paulo: Quartier Latin, 2008, p. 210.

automação plena do veículo apenas pelo fato de utilizarem inteligência artificial em seus sistemas operacionais que, inclusive, não aumentam os riscos atuais de acidentes de trânsito. Portanto, no exemplo narrado *supra* as empresas deveriam responder com base no art. 186 c/c *caput* do art. 927 do CC/02.

Entretanto, deve-se alertar para a polêmica em torno da responsabilidade pelo fato das coisas, cuja tese sempre suscitou intensos debates doutrinários. José Aguiar Dias[59] afirma que a coisa não é capaz de fato, *in verbis:*

> Ora, não há nada tão incongruente como expressar em responsabilidade por fato da coisa a que deriva de acidentes ocorridos com veículos ou objetos de nossa propriedade ou sob nossa guarda, porque a coisa não é capaz de fatos; e todos os que ocorrem, causando dano a terceiro, por intermédio de coisas, são, realmente, consequência ou de falta de vigilância ou de prudência.

No mesmo sentido, Henri Mazeaud, Michel de Juglart, Jean Mazeaud e Léon Mazeaud[60] afirmam que o fato de uma coisa inanimada é inconcebível. Os autores destacam que uma caldeira somente explode se um ser humano a acende, quando um carro atropela alguém, é porque um ser humano o está conduzindo, por isso, os autores concluem que o "fato da coisa" está intimamente relacionado ao fato do homem.

No entanto, há que se ponderar que a situação é bem diferente quando se trata de inteligência artificial, porque já está comprovada a habilidade dos sistemas inteligentes adotarem comportamentos autônomos, ainda que tenham sido programados por um ser humano e treinados por ele, a máquina tem autonomia para a tomada de decisões quando em funcionamento. Em outras palavras, o carro se coloca em movimento a partir de um sistema de aprendizagem de máquina que reconhece objetos e, diante de um obstáculo, aciona os freios do carro, por exemplo. Esta situação é inovadora não se enquadra, portanto, nas formulações desenvolvidas pela doutrina clássica, quando a realidade era totalmente diferente.

No célebre julgado da Corte de Cassação,[61] afirmou-se uma tese de culpa presumida em um acidente com um trabalhador de um rebocador a vapor, tendo em vista a falta de regulação específica sobre acidente do trabalho, a corte de cassação concluiu que o empregador responderia pelos danos que o rebocador a vapor causou ao trabalhador por culpa presumida. Hoje, tal hipótese está amparada na legislação trabalhista como um acidente de trabalho pelo qual res-

---

59. *Responsabilidade Civil.* Op. cit., p. 26.
60. *Leçons de Droit Civil.* Paris: Montchrestien, 1955. v. 2. p. 527.
61. L'arrêt Teffaine (Cass. Civ., 16 juin 1896). Vide: SALEILLES, Raymond. *Les accidents de travail et la responsabilitè civile: essai d'une théorie objective de la responsabilité delectuelle.* Paris: Librairie Nouvelle de Droit et de Jurisprudence, 1897. p. 12; MAZEAUD, Henri; MAZEAUD, Léon; MAZEAUD, Jean; JUGLART, Michel de. *Op. cit.,* p. 514.

CAPÍTULO 4 • RESPONSABILIDADE CIVIL PELOS DANOS DECORRENTES DE ACIDENTES

ponde o empregador, atualmente em debate no Supremo Tribunal Federal para se definir a natureza desta responsabilidade civil: subjetiva com culpa presumida ou objetiva:[62] "932 – Possibilidade de responsabilização objetiva do empregador por danos decorrentes de acidentes de trabalho."

Afastada a relação trabalhista e a relação de consumo, há quem defenda que a responsabilidade civil pelo fato da coisa seria subjetiva com culpa presumida, com a qual concordamos; e a segunda corrente que entende tal hipótese uma responsabilidade civil objetiva. Conforme a primeira corrente,[63] entende-se que a responsabilidade civil pelo fato da coisa é subjetiva com culpa presumida, desta forma, o proprietário da coisa ou o seu guardião pode afastar tal presunção.[64]

José Aguiar Dias[65] pondera que, na verdade, tal presunção se refere à causalidade,[66] ou seja, o que se presume é o nexo causal entre o fato da coisa e o dano experimentado pela vítima.

Outra parte da doutrina,[67] contudo, entende que a responsabilidade seria objetiva, apontando que seria este o embrião da responsabilidade fundada na teoria do risco, pois segundo Marcel Planiol,[68] o proprietário tem o proveito econômico do bem, por isso, deve arcar com os prejuízos pelos danos que causar; o segundo critério, seria fundado na direção material da coisa, como o motorista quando estiver guiando o carro (o que não acontece com os carros autônomos, *nível 4 e 5 da classificação SAE*, vide capítulo 3, item 3.1); ou o terceiro critério seria a direção intelectual, ou seja, a responsabilidade está fundada no poder de dar ordens.[69] Quanto a este último critério, também não está adequado aos carros autônomos, porque a programação com base em aprendizado de máquina é auto

---

62. Recurso Extraordinário. Trabalhista. Natureza jurídica da responsabilidade do empregador de reparar danos a empregado, decorrentes de acidente do trabalho. Artigo 7º, XXVIII, da Constituição Federal. Repercussão geral reconhecida.
    (RE 828040 RG, Relator(a): Min. Alexandre De MoraeS, Relator(a) p/ Acórdão: Min. Gilmar Mendes, julgado em 10.02.2017, Processo Eletrônico DJe-254 Divulg 08.11.2017 Public 09.11.2017).
63. MAZEAUD, Henri; MAZEAUD, Léon; MAZEAUD, Jean; JUGLART, Michel de. Op. cit., p. 514; BEVILAQUA, Clóvis. *Código Civil dos Estados Unidos do Brasil Comentado*. Rio de Janeiro: Livraria Francisco Alves, 1926. v. 5 (obrigações – t. 2), p. 310; CARVALHO SANTOS, João Manuel de. *Código Civil Brasileiro Interpretado*. Rio de Janeiro: Freitas Bastos, 1943. v. 20, p. 323; DINIZ, Maria Helena. *Curso de Direito Civil Brasileiro*. 26. ed. São Paulo: Saraiva, 2010. v. 3 – Teoria das Obrigações Contratuais e Extracontratuais, p. 852.
64. DIAS, José Aguiar. Op. cit., p. 37.
65. Op. cit., p. 36.
66. PEREIRA, Caio Mário da Silva. *Responsabilidade Civil*. Op. cit., p. 106: o autor defende que não somente a culpa é presumida, mas, também, presume-se o nexo de causalidade entre a conduta ilícita presumivelmente culposa e o dano experimentado pela vítima.
67. JOSSERAND, Louis. *Cours de Droit Positif Français*. Op. cit., p. 553; SALEILLES, Raymond. Op. cit., p. 12.
68. Op. cit., p. 1.049.
69. CARBONNIER, Jean. *Droit Civil. Les Obligations*. Paris: Presses Universitaires de France, 1967. p. 382.

programável, ou seja, o ser humano faz os *inputs* de informações e treinos, daí em diante, a máquina tem capacidade de se auto programar, não recebe ordens (o que se denominada IA forte).

Atualmente, o CC/02 não disciplinou especificamente sobre a responsabilidade pelo fato da coisa em geral, mas o fez a partir de três situações: 1ª) fato do animal (art. 936 do CC/02), o dono ou detentor do animal responde pelo dano que este causar, salvo se provar culpa da vítima (por exemplo, a pessoa que provocou o animal) ou força maior, o que leva a doutrina afirmar ser responsabilidade civil subjetiva com culpa presumida[70] ou, para outra parte da doutrina,[71] responsabilidade objetiva, sendo as excludentes a culpa da vítima e força maior; 2ª) fato decorrente de ruínas em edifício (art. 937 do CC/02), em que o dono do edifício ou da construção responde pelos danos que resultarem de sua ruína, quando tiver origem na falta de reparos quando a necessidade destes era manifesta, portanto, seria uma hipótese de responsabilidade civil subjetiva com culpa presumida, pois o dono deverá provar seu cuidado com a manutenção e conservação do edifício,[72] ou responsabilidade subjetiva, pois a culpa do dono do imóvel está na falta de cuidado com os reparos manifestamente necessários;[73] e 3ª) responsabilidade pelos objetos lançados de um imóvel (art. 938 do CC/02), aquele que habitar o imóvel responde pelos danos que caírem ou forem lançados do imóvel, o que dá ensejo à responsabilidade objetiva, cujo posicionamento é pacífico na doutrina brasileira.[74]

Constata-se, que a hipótese dos carros autônomos não se encaixa em nenhuma destas três hipóteses previstas no CC/02, o que revela a necessidade de um acréscimo ao CC/02 para prever regras *específicas* sobre os danos pelos fatos das máquinas com inteligência artificial, outra alternativa, seria tal hipótese ser regulada em lei específica como comentado no capítulo anterior.

Um obstáculo para acomodar a inteligência artificial como na hipótese de responsabilidade pelo fato da coisa está justamente na ideia de "guarda" que fundamenta o dever de reparar o dano pelo "guardião. José Aguiar Dias[75] afirma que a obrigação de guardar uma determinada coisa consiste em "impedir que ela escape ao controle humano". Ora o grande avanço da *inteligência artificial forte* é justamente a autonomia adquirida pelas máquinas na tomada de decisão, fugindo

---

70. SERPA LOPES, Miguel Maria de. Op. cit., p. 324.
71. TEPEDINO, Gustavo. In: PEREIRA, Caio Mário da Silva. Op. cit., p. 145.
72. Idem, ibidem.
73. SERPA LOPES, Miguel Maria de. Op. cit., p. 326.
74. SERPA LOPES, Miguel Maria de. Op. cit., p. 329; TEPEDINO, Gustavo. In: PEREIRA, Caio Mário da Silva. Op. cit., p. 145.
75. Op. cit., p. 29.

CAPÍTULO 4 • RESPONSABILIDADE CIVIL PELOS DANOS DECORRENTES DE ACIDENTES

totalmente do controle do ser humano, que participa apenas do momento inicial da programação e do aprendizado de máquina.

André Besson[76] entende que a culpa na guarda de alguma coisa é a imperfeição da ação do homem sobre a coisa. Para os irmãos Mazeaud[77] seria a perda do controle pelo ser humano sobre a coisa. Qualquer uma destas noções não se aplica aos carros autônomos, pois o ser humano não tem controle sobre as decisões a serem tomadas pela máquina.

Primeiro, quanto à própria autonomia, esta é pressuposto para o funcionamento de um carro autônomo, o que permite a movimentação deste sem que seja controlado por um ser humano.[78] Quanto à previsibilidade, foi descrito no capítulo 1 que os sistemas de IA funcionam sem limites estabelecidos a partir de preconceitos ou ideias convencionais, que baseiam os processos de tomada de decisão pelos seres humanos. Ao contrário, os sistemas de IA têm capacidade de apresentar soluções não consideradas pelos seres humanos. Este comportamento de máquina impede a previsibilidade da tomada de decisões por um carro autônomo, por exemplo, quando estiver fora do ambiente controlado dos testes. Em outras palavras, os sistemas são previsíveis no sentido que somente atuarão conforme sua programação, por exemplo, uma fórmula que indique ao sistema para escolher pela alternativa que salve o maior número de vidas humanas, a máquina atuará neste sentido. Todavia, o sistema de IA é imprevisível no sentido de que as escolhas a serem feitas são, muitas vezes, algo que os programadores não tinham pensado, pois o computador calcula diversas possibilidades em fração de segundo, o que favorece a tomada de decisão racional ótima para se chegar ao objetivo para o qual foi programado, como o de salvar o maior número de vidas humanas.

Justamente, em função desta característica da IA é que, ainda que pudesse ser aplicada a responsabilização objetiva, mesmo fora do contexto das relações de consumo, pois na situação ilustrativa imaginou-se duas empresas, deve-se considerar o comportamento emergente como fortuito externo, como adiante se discutirá, a fim de excluir o dever de reparar pelo rompimento do nexo causal.[79]

---

76. *La notion de garde dans la rsponnsabilité du fait des choses*. Paris: Dalloz, 1927. p. 49.
77. Op. cit., p. 517.
78. SCHERER, Matthew. Op. cit., p. 363: "The most obvious feature of AI that separates it from earlier technologies is AI's ability to act autonomously. Already, AI systems can perform complex tasks, such as driving a car and building an investment portfolio, without active human control or even supervision."
79. Neste sentido: SCHERER, Matthew. Op. cit., p. 365: "The experiences of a learning AI system could be viewed as a superseding cause – that is, "an intervening force or act that is deemed sufficient to prevent liability for an actor whose tortious conduct was a factual cause of harm" – of any harm that such systems cause. This is because the behavior of a learning AI system depends in part on its post-design experience, and even the most careful designers, programmers, and manufacturers will not be able to control or predict what an AI system will experience after it leaves their care."

Neste sentido, os elementos da responsabilidade civil subjetiva,[80] quais sejam, a ação ou omissão culpável, o dano e o nexo de causalidade entre a ação e omissão e o dano, já enfrentados exaustivamente, pela doutrina,[81] devem ser considerados levando-se em conta as particularidades dos carros autônomos.

4.2.2 Elementos da responsabilidade civil subjetiva aplicada aos acidentes com carros autônomos

Quanto ao primeiro pressuposto, *ação ou omissão culpável,* nos carros autônomos, como conceituado no capítulo anterior (item 3.2.2), não há condução humana, tendo em vista que a direção é realizada completamente pelo sistema de inteligência artificial (muitos carros projetados para tanto não tem volante de direção). No entanto, quando a doutrina tradicional sobre responsabilidade civil analisa este elemento, correlaciona-o ao fato humano. No exemplo acima mencionado, o acidente entre os carros autônomos das duas empresas, *Uber* e *Lyft,* sem nenhuma vítima, teria sido ocasionado pela decisão autônoma do sistema, muitas vezes, imprevisível e que foge ao controle dos desenvolvedores.

Portanto, quanto à ação ou omissão culpável, deve ser analisada a conduta humana na elaboração do sistema operacional do carro autônomo, ou seja, deve-se responder à pergunta quem é o responsável pelo desenvolvimento da tecnologia aplicada ao carro autônomo. Geralmente, será difícil de chegar a uma resposta, porque participam diversos agentes desde os *hardwares* e os programas que são utilizados, muitas vezes, inclusive, são pessoas e empresas de países distintos.

Matthew Scherer[82] sintetiza bem este problema, apresentando que um dos entraves para a efetividade das leis de responsabilidade civil aplicadas pelos juízes será detectar um responsável diante da participação de diversas pessoas, além do problema de executar a sentença em países estrangeiros.

Para tentar contornar este obstáculo, as leis norte-americanas, comentadas no capítulo anterior (item 3.3.1), indicam que o responsável por acidentes com os protótipos de carros autônomos (em testes) seria o ente que apresentou a auto certificação aprovada pelos órgãos de trânsito.

---

80. PEREIRA, Caio Mário da Silva. *Responsabilidade Civil.* Op. cit., p. 105: afirma que os elementos da responsabilidade civil subjetiva são três, ou seja, "a ofensa a uma norma preexistente ou erro de conduta; um dano; e o nexo de causalidade entre uma e outro".

81. PEREIRA, Caio Mário da Silva. *Responsabilidade Civil.* Op. cit., p. 48; DIAS, José Aguiar. Op. cit., p. 20; GOMES, Orlando. *Obrigações.* Op. cit., p. 82.

82. Op. cit., p. 373: "Similarly, the opacity of AI systems may make courts hesitant to blame the end user of an AI system that causes harm to a third party. And considerations of foreseeability aside, the multitude of potential defendants will complicate the assignment and apportionment of liability."

CAPÍTULO 4 • RESPONSABILIDADE CIVIL PELOS DANOS DECORRENTES DE ACIDENTES

Quanto à culpa, elemento fundamental para desencadear os efeitos da responsabilidade civil subjetiva, deve-se investigar se o agente agiu com negligência, imprudência ou imperícia (*negligentia, imprudentia, ignavia*), independentemente do elemento volito do agente quanto à produção dos resultados.[83] José Aguiar Dias[84] afirma que culpa, em termos genéricos é o elemento anímico do ato ilícito praticado, compondo-se pelo elemento objetivo, que é a ilicitude da conduta do agente e o elemento subjetivo, qual seja o mal pretendido pelo agente. Este, por sua vez, pode ser deliberado, ou seja, a vontade direta em prejudicar (culpa em sentido amplo) ou pode ser em virtude de um comportamento negligente da parte do agente (culpa em sentido estrito).

Alvino Lima[85] destaca o movimento em se objetivar a culpa, que passa a ser vista de forma concreta, notando-se uma erosão deste conceito a partir de regras jurídicas e decisões jurisprudenciais que presumem a culpa em diversas situações, como na responsabilidade pelo fato da coisa. Todavia, o autor conclui que a culpa continua ocupando seu "pedestal, sobre o qual se construiu a teoria da responsabilidade subjetiva extracontratual".

Como destacado *supra,* adota-se o critério de culpa normativa, ou seja, o desrespeito a *standards* jurídicos que devem estar delineados em lei, por isso, a necessidade de se adotar uma lei específica sobre o uso de IA à semelhança de diversos países. Assim, Caio Mário da Silva Pereira[86] sustenta que a culpa se caracteriza pela violação do dever preexistente. Justamente por isso, a lei específica deve elencar estes deveres preexistentes para que se possa constatar as eventuais violações.

João de Matos Antunes Varela[87] alerta que o sistema português se manteve fiel ao sistema da responsabilidade civil subjetiva, sendo a culpa um elemento para sua caracterização. O autor afirma que culpa é um juízo de reprovabilidade pessoal da conduta do agente que, diante das circunstâncias do caso concreto, devia e podia ter adotado conduta diversa.

Neste sentido, deve-se verificar estes elementos à luz do desenvolvimento da tecnologia de IA aplicada aos carros autônomos, tomando por base a situação econômica do desenvolvedor do sistema, ou seja, se a decisão autônoma da máquina poderia ser prevista a um custo razoável, considerando, também, o estado da arte na época em que tal tecnologia foi desenvolvida e comercializada e a conformidade com a regulação sobre a matéria.

---

83. PEREIRA, Caio Mário da Silva. *Responsabilidade Civil*. Op. cit., p. 40.
84. Op. cit., p. 122.
85. Culpa e Risco. Op. cit., p. 108-109.
86. Op. cit., p. 95.
87. *Das Obrigações em Geral*. 10. ed. Coimbra: Almedina, 2000. v. 1, p. 566-567.

No exemplo cogitado, deve-se verificar se as empresas tinham força econômica para arcar com os custos razoáveis para prever a decisão que ocasionou o acidente, a fim de estimular a tecnologia e inovação em IA e uma concorrência saudável. Além disso, caso a situação não seja logicamente previsível, não poderá ser imputado o dever de indenizar, por exemplo, os carros autônomos são testados em ambiente controlado, mas em vias públicas eles interagem com coisas tão diversas, sendo impossível treinar o sistema de IA para todas as variantes que podem ocorrer no trânsito. Neste caso, deve-se comprovar que a alternativa adotada pelo veículo se fundamentou em um critério lógico razoável que justifique a tomada de decisão.

Valendo dos ensinamentos de Guido Alpa,[88] conclui-se que *culpa genérica* deve ser verificada segundo os critérios de previsibilidade, podendo utilizar o critério do homem médio; a *culpa específica*, por sua vez, deve ser constatada a partir da violação de normas jurídicas. Já ficou evidenciado que os comportamentos emergentes não são absolutamente previsíveis, pois o sistema que atua com inteligência artificial tem autonomia para a tomada de decisões, como o caso dos carros autônomos. Quanto à violação da norma, justifica-se, mais uma vez, a necessidade de uma regulação específica para que possa orientar os aplicadores do direito a analisar a culpa no caso concreto que envolva acidentes com carros autônomos e estabelecer critérios a serem seguidos pelos agentes econômicos.

Outra pergunta que se faz é se existe gradação da culpa? O parágrafo único do art. 944 do CC/02 diz: "se houver excessiva desproporção entre a gravidade da culpa e o dano, poderá o juiz reduzir, equitativamente, a indenização". Este dispositivo fomentou um intenso debate na doutrina sobre a relevância na gradação da culpa e quais os efeitos deste artigo face ao princípio da reparação integral. Neste sentido, Gustavo Tepedino[89] interpreta com restrição o referido dispositivo legal a evitar um possível vício de inconstitucionalidade, por isso, somente poderá ser aplicado quando a aplicação do princípio da reparação integral puder levar o ofensor a ser privado do indispensável a uma vida digna.

Ao interpretar o parágrafo único do art. 944 do CC/02, Sérgio Cavalieri Filho[90] afirma que a aplicação desta regra deve ser restrita, ou seja, pode ser aplicada apenas se presentes algumas condições, quais sejam: culpa levíssima, entendida como a falta de atenção extraordinária ou pela ausência de habilidade especial. Para o autor, esta regra se aplicaria a qualquer modalidade de responsabilidade subjetiva, desde que seja constatada a culpa levíssima, sendo que o juiz deverá

---

88. *La responsabilità civile. Principi.* 2. ed. Milão: Wolters Kluwer, 2018. p. 155-156.
89. In: PEREIRA, Caio Mário da Silva. Op. cit., p. 97; no mesmo sentido: CALIXTO, Marcelo Junqueira. *A culpa na responsabilidade civil*: estrutura e função. Rio de Janeiro: Renovar, 2008. p. 325.
90. *Programa de Responsabilidade Civil.* 13. ed. rev. e atual. São Paulo: Atlas, 2019. p. 57.

CAPÍTULO 4 • RESPONSABILIDADE CIVIL PELOS DANOS DECORRENTES DE ACIDENTES

levar em consideração as condições econômicas da vítima e do ofensor, pautando-se pela equidade. Além destes, há pressupostos negativos, ou seja, desde que não seja responsabilidade civil objetiva, pois independe da análise de culpa; e, inaplicável à indenização punitiva, que, por razões óbvias, a indenização deve ser agravada e não atenuada. Contudo, o autor destaca que a norma não tem grande relevância prática, na medida em que o juiz, no caso concreto, irá fixar a indenização com base nos princípios da razoabilidade, proporcionalidade e nas condições econômicas das partes.

Paulo de Tarso Vieira Sanseverino[91] defende que ao interpretar a cláusula geral de redução da indenização prevista no parágrafo único do art. 944 do CC/02 deve-se pautar na *concepção subjetiva* ou *concreta* de culpa, ou seja, deve-se avaliar a condição concreta ou subjetiva do agente que tenha praticado um ato ilícito para fins de redução do valor da indenização.

Portanto, a condição econômica das empresas envolvidas em um acidente com carros autônomos, sem vítimas (não se aplicando o CDC), deve ser levada em consideração ao fixar a indenização a fim de não inviabilizar a atividade empresarial. Mais adiante, será analisada a proposta de ser criado um fundo para fazer frente aos acidentes que envolvam o uso de IA, que poderia ser utilizado para complementar as indenizações nestas hipóteses.

Caso se verifique a culpa concorrente, no caso em que se trata de duas empresas (relação que não seja de consumo), cada qual arcará com seus próprios prejuízos nos termos do art. 945 do CC/02: "Se a vítima tiver concorrido culposamente para o evento danoso, a sua indenização será fixada tendo-se em conta a gravidade de sua culpa em confronto com a do autor do dano".

Esta solução já era defendida por Silvio Rodrigues[92] no sentido de repartir o prejuízo pela metade entre as partes, como no caso de uma colisão de veículos sendo que ambos trafegavam em alta velocidade. Semelhantemente, José de Aguiar Dias[93] conclui que havendo culpa concorrente, deve-se repartir proporcionalmente os prejuízos.

Outro elemento da responsabilidade civil é o dano, o elemento objetivo do dever de indenizar, que pode ser das mais diversas espécies no contexto em que os princípios constitucionais da dignidade da pessoa humana e da solidariedade social aliados ao intenso desenvolvimento tecnológico fundamentam a chamada "era dos danos".[94] No caso concreto, deve-se demonstrar um dano que

---

91. *Princípio da Reparação Integral: indenização no Código Civil*. São Paulo: Saraiva, 2010. p. 106.
92. Op. cit., p. 182.
93. Op. cit., p. 286.
94. TEPEDINO, Gustavo. In: PEREIRA, Caio Mário da Silva. Op. cit., p. 53.

represente um prejuízo econômico que possa ser quantificado.[95] A doutrina já tratou exaustivamente sobre o dano, elemento crucial para desencadear o dever de reparar, todavia, carece o enfrentamento sobre o dano não indenizável, como na hipótese de não ser possível identificar o causador do dano.

A ideia de dano no contexto informático e telemático tem uma dinâmica especial, como já antevia Caio Mário da Silva Pereira[96] que destacou os possíveis danos que os *hackers* podem causar ao invadir um determinado dispositivo informático. A sociedade atual já deixou claro os graves prejuízos não só materiais, mas à honra, à imagem e a tantos outros direitos de personalidade, o que mereceu, inclusive, tutela penal pela Lei 12.737, de 30 de novembro de 2012, que alterou o Código Penal para inserir tipos penais relacionados à violação de dispositivo eletrônicos. Na esfera cível, destaca-se o Marco Civil da Internet, Lei 12. 965, de 23 de abril de 2014, que trouxe regras específicas sobre a responsabilidade civil dos provedores de conexão e de aplicações.

Seguindo esta esteira, o desenvolvimento tecnológico, dentro o qual se insere a inteligência artificial, trará novas possibilidades destes danos acontecerem, ao que deve se atentar o Legislador e os juízes. Um dos problemas está na determinação da "extensão do dano", pois o contexto transfronteiriço e ubiquidade da Internet potencializam os prejuízos.

Por fim, cabe analisar o derradeiro elemento caracterizador da responsabilidade civil subjetiva, qual seja, o *nexo de causalidade*, entendido como a interligação entre a conduta ilícita culposa e o dano experimentado pela vítima.[97]

O nexo de causalidade é um dos aspectos de maior complexidade no estudo da responsabilidade civil, tanto subjetiva quanto objetiva, em função da dificuldade probatória e da coexistência de diversos fatos que podem desencadear o evento danoso a ponto de ser hercúlea a definição de qual dos fatos antecedentes foi determinante para o desfecho do dano experimentado pela vítima.

Não será diferente na hipótese dos carros autônomos que, pela própria arquitetura das tecnologias de inteligência artificial, torna-se difícil definir com precisão qual teria sido o fato antecedente determinante para ter ocorrido o aci-

---

95. DIAS, José Aguiar. Op. cit., p. 315.
96. Op. cit., p. 72-73.
97. PEREIRA, Caio Mário da Silva. *Responsabilidade Civil*. Op. cit., p. 105. Semelhantemente, DE CUPIS, Adriano. *Il Danno*. Milão: Dott. A. Giuffrè, 1979. v. 1, p. 215 define o nexo de causalidade como: "il legame che intercede tra due diversi fenomeni, per cui l'uno assume figura di effetto rispetto all'altro: quando un fenomeno sussiste in ragione dell'esistenza di un altro fenomeno, esso si dice 'causato' da questo, ad indicare che un rapporto di causalità si inserisce tra entrambi. Più precisamente, rapporto di causalità è il nesso eziologico materiale (ovverosia, oggettivo od esterno) che lega un fenomeno ad un altro; esso, per quanto concerne il danno, costituisce il fattore della sua imputazione materiale al soggetto umano".

CAPÍTULO 4 • RESPONSABILIDADE CIVIL PELOS DANOS DECORRENTES DE ACIDENTES

dente, um problema no algoritmo de aprendizagem de máquina, um ataque de um *hacker*, a disponibilização do produto ou do serviço e etc. Enfim, são múltiplos estes fatores determinantes, o que precisa ser analisado com cuidado pelo julgador.

Preliminarmente, vale lembrar a lição de Serpa Lopes[98] que distingue "nexo causal" de "imputabilidade". O autor explica que o primeiro diz respeito aos elementos objetivos da conduta do agente que determinaram o resultado danoso, como, por exemplo, a colisão entre os carros autônomos por não ter identificado um obstáculo na pista, como uma folha de papel plainando no ar em frente ao veículo. Outra análise diz respeito à imputabilidade ou culpabilidade, quando, por exemplo, a colisão dos carros autônomos tenha sido em decorrência de falha do sistema de freios do outro carro autônomo. Neste caso hipotético, não se poderia imputar o dever de reparar o dano ao responsável legal pelo carro autônomo que identificou erroneamente a folha de papel plainando como se fosse um muro, freando abruptamente, se o fato determinante para o acidente foi a falha nos freios do outro veículo.

Existem diversas teorias para orientar na determinação do nexo de causalidade dentre os muitos acontecimentos antecedentes. Entretanto, nenhuma teoria pode ser tida como uma fórmula automática, como alerta Sergio Cavalieri Filho[99] caberá ao juiz analisar o caso concreto para se chegar à solução mais justa.

A primeira teoria é a teoria da "equivalência das condições" (ou da *conditio sine qua non)*, em que se deve fazer uma regressão considerando todos os fatos que colaboraram à produção do dano. Esta teoria é amplamente utilizada no Direito Penal, sendo incorporada ao Direito Civil por Henri De Page, segundo a qual todas as condutas culposas anteriores que culminaram no evento danoso são consideradas como causas.[100] Segundo esta teoria, o desenvolvimento da tecnologia de inteligência artificial, a fabricação do carro autônomo, a venda do veículo e a utilização deste podem ser considerados no enredo que teve por desfecho o dano a alguém. Fica claro que o grande inconveniente desta teoria seria um regresso indefinido e, muitas vezes, pouco útil.[101]

A segunda teoria, denominada "teoria da causalidade adequada", determina a análise do evento antecedente sem o qual o dano "provavelmente" não teria

---

98. Op. cit., p. 219.
99. Op. cit., p. 67.
100. PEREIRA, Caio Mario da Silva. Op. cit., p. 108.
101. CAVALIERI FILHO, Sergio. Op. cit., p. 68; no mesmo sentido vide SCHREIBER, Anderson. *Novos Paradigmas da Responsabilidade Civil: da erosão dos filtros da reparação à diluição dos danos*. 2. ed. São Paulo: Atlas, 2009. p. 55. O autor destaca que esta teoria pode ser utilizada no Direito Penal, pois está limitada à tipicidade dos crimes previstos em lei; todavia, no Direito Civil, que se vale de cláusulas gerais, esta teoria poderia resultar em "responsabilização do comerciante, efeito claramente indesejável por sua sonora injustiça".

ocorrido. De maneira que Pietro Trimarchi[102] destaca que o problema desta teoria está no juízo de probabilidade segundo o qual se deve levar em consideração todas as circunstâncias naturais e sociais conhecidas anteriormente segundo o padrão do homem médio. Caio Mário da Silva Pereira[103] critica o uso desta teoria, porque "probabilidade não é certeza", o que levaria a decisões injustas no caso concreto.

Tentando resolver tais inconvenientes apontados nas críticas das duas teorias comentadas, desenvolveu-se a terceira teoria, da "causalidade eficiente", que impõe uma análise casuística sobre os fatos antecedentes ao evento danoso para identificar o fato que tenha sido decisivo para a produção do dano, sendo este, portanto, a "verdadeira causa do evento". O problema desta teoria é a falta de um critério científico para se chegar à tal conclusão, razão pela qual não foi acolhida pelos civilistas.[104]

A quarta teoria, conhecida como "teoria da causalidade direta ou imediata" ou "teoria da interrupção do nexo causal", terminologia proposta por Enneccerus, determina o nexo de causalidade a partir do fato que tenha diretamente o produzido o dano. Desta forma, esta teoria pretende ser mais objetiva e científica, constituindo-se como um meio termo entre a teoria da equivalência das condições e a teoria da causalidade adequada.[105]

Neste sentido, Agostinho Alvim[106] analisa todas as teorias sobre o nexo causal e conclui que a mais apropriada é a que determina o nexo causal a partir da relação de causa e efeito, direta e imediata entre a ação (inexecução das obrigações) e o dano. O autor sustentava que nos termos do art. 1.060 do CC/16, a teoria da causalidade direta ou imediata foi adotada no direito brasileiro por influência do Código Napoleão e o Código Civil italiano de 1865.

Semelhantemente, segundo o art. 403 do CC/02, que estabelece a regra segundo a qual as perdas e os danos decorrentes de conduta dolosa só incluem os prejuízos efetivos e os lucros cessantes por efeito dela *direto e imediato*, esta teoria é a mais aceita pela doutrina e incorporada em diversos julgados. Muito embora este dispositivo esteja relacionado à responsabilidade contratual, pode ser aplicada à responsabilidade civil extracontratual.[107]

Esta teoria poderia, se aplicada de maneira exacerbada, levar à irreparabilidade dos danos indiretos, por isso, a doutrina e a jurisprudência têm aplicado

---

102. *La Responsabilità Civile: Atti Illeciti, Rischio, Danno.* Milão: Dott. A. Giuffrè, 2017. p. 473.
103. *Responsabilidade Civil.* Op. cit., p. 109.
104. SCHREIBER, Anderson. Op. cit., p. 57-58.
105. GONÇALVES, Carlos Roberto. *Responsabilidade Civil.* 14. ed. São Paulo: Saraiva, 2012. p. 470.
106. *Da Inexecução das Obrigações e suas Consequências.* 3. ed. atual. Rio de Janeiro: Editora Jurídica e Universitária, 1965. p. 330.
107. SCHREIBER, Anderson. Op. cit., p. 58.

CAPÍTULO 4 • RESPONSABILIDADE CIVIL PELOS DANOS DECORRENTES DE ACIDENTES **131**

a "subteoria da necessidade causal", ou seja, o dano deverá ser reparado quando ficar demonstrado que foi o efeito necessário de determinada causa. Exemplo, nos acidentes com carros autônomos, a colisão gerou danos materiais aos veículos das empresas, *Uber* e *Lyft*, fato que fez com que tivesse que cancelar o chamado do táxi por determinada pessoa, que processa a empresa. A empresa que reembolsar o cliente poderá cobrar da outra a quantia desembolsada, pois este é um dano necessariamente causado em virtude da colisão entre os dois veículos das empresas.

No julgado do RE 130.764-1/PR, o Supremo Tribunal Federal[108] encampou esta subteoria, ao concluir pela inexistência do nexo causal direto e imediato entre a fuga do preso de um presídio e a morte da vítima baleada na troca de tiros no assalto realizado pelo foragido em conjunto com outros comparsas, afastando o dever do Estado em indenizar os familiares da vítima por suposta falha na segurança do presídio do qual o criminoso fugiu:

> Responsabilidade civil do Estado. Dano decorrente de assalto por quadrilha de que fazia parte preso foragido vários meses antes. – A responsabilidade do Estado, embora objetiva por força do disposto no artigo 107 da Emenda Constitucional 1/69 (e, atualmente, no parágrafo 6. do artigo 37 da Carta Magna), não dispensa, obviamente, o requisito, também objetivo, do nexo de causalidade entre a ação ou a omissão atribuída a seus agentes e o dano causado a terceiros. – Em nosso sistema jurídico, como resulta do disposto no artigo 1.060 do Código Civil, a teoria adotada *quanto ao nexo de causalidade é a teoria do dano direto e imediato, também denominada teoria da interrupção do nexo causal*. Não obstante aquele dispositivo da codificação civil diga respeito a impropriamente denominada responsabilidade contratual, *aplica-se ele também a responsabilidade extracontratual, inclusive a objetiva*, até por ser aquela que, sem quaisquer considerações de ordem subjetiva, afasta os inconvenientes das outras duas teorias existentes: a da equivalência das condições e a da causalidade adequada. – No caso, em face dos fatos tidos como certos pelo acórdão recorrido, e com base nos quais reconheceu ele o nexo de causalidade indispensável para o reconhecimento da responsabilidade objetiva constitucional, e inequívoco que o nexo de causalidade inexiste, e, portanto, não pode haver a incidência da responsabilidade prevista no artigo 107 da Emenda Constitucional 1/69, a que corresponde o parágrafo 6. do artigo 37 da atual Constituição. Com efeito, o dano decorrente do assalto por uma quadrilha de que participava um dos evadidos da prisão não foi o efeito necessário da omissão da autoridade pública que o acórdão recorrido teve como causa da fuga dele, mas resultou de concausas, como a formação da quadrilha, e o assalto ocorrido cerca de vinte e um meses após a evasão. Recurso extraordinário conhecido e provido. (grifo nosso)

Em suma, diante de uma relação jurídica empresarial, sem vítimas, a responsabilidade civil *subjetiva* é a alternativa mais justa, devendo-se comprovar todos os seus elementos, quais sejam: conduta culposa, dano e nexo de causalidade entre eles. Mas diante das especificidades das tecnologias de inteligência

---

108. RE 130764, Relator: Min. Moreira Alves, Primeira Turma, julgado em 12.05.1992, DJ 07.08.1992.

artificial, o ideal é que o tema seja regulamentado em lei própria, pois o CC/02 não traz um regramento que possa acomodar os casos que surgirão a partir do uso dos carros autônomos, por exemplo. Neste cenário que se aproxima, haverá casos em que não se comprovará que o dano adveio de um mal funcionamento do carro autônomo, portanto, a chance de haver um dano não indenizável, por falta de nexo de causalidade, será grande. Isto justifica a importância de se criar um *Fundo Especial para o Uso de Inteligência* que será exposto adiante. Desta forma, chega-se a um equilíbrio não onerando injustamente as empresas desenvolvedoras desta tecnologia (o que iria de encontro ao disposto no inc. V do art. 4º da Lei de Liberdade Econômica, Lei 13.784/2019); mas, de outro lado, não deixaria a vítima totalmente desamparada.

Neste sentido, constata-se uma opção interessante vislumbrada por Matthew Scherer, que será analisada adiante. Em apertada síntese, o autor sugere um sistema de responsabilidade civil condicionado ao registro da tecnologia de IA aplicada em determinado setor perante um órgão a ser criado para tal fim, uma agência reguladora. Assim, a empresa que realizou o registro do sistema de IA responderia mediante comprovação de culpa; caso contrário, a responsabilidade da empresa seria objetiva.[109]

4.2.3 Proposta para um regime de responsabilidade civil específico aos carros autônomos

A regulação sobre inteligência artificial enfrenta desafios, semelhantemente à regulação de outras áreas como energia nuclear, transporte ferroviário e etc., alguns destes desafios foram tratados no capítulo 1 desta obra, quando foram analisadas algumas propostas para estabelecer diretrizes éticas para o desenvolvimento e a aplicação da inteligência artificial (cf. item 1.3). Um ponto importante é achar um equilíbrio entre a diminuição dos riscos sociais e a promoção à inovação consoante o art. 170 da CF/88.

Um destes problemas é como lidar com o fato de diversos agentes participarem do desenvolvimento de IA, como destaca Daniel Crane.[110] Observe-se que o STJ[111] entende que o dano causado por defeito em determinada peça responsabiliza o fabricante. Todavia, no contexto dos carros autônomos torna-se

---

109. Op. cit., p. 391.
110. Op. cit., p. 268: "In the automotive context, the typical arrangement is that vehicle manufacturers – called "original equipment manufacturers" (OEMs) – for competitive reasons, compartmentalize the design and manufacture tasks of various component part suppliers such that the suppliers know only enough information to complete those tasks."
111. "Agravo regimental. Recurso especial não admitido. Responsabilidade civil. Defeito em veículo automotivo.

CAPÍTULO 4 • RESPONSABILIDADE CIVIL PELOS DANOS DECORRENTES DE ACIDENTES

complexa a definição pelo fabricante de uma tecnologia da qual participam diversas empresas. Esta dificuldade poderia ser sanada pelo sistema facultativo de registro da tecnologia de IA, pois, os fabricantes constariam do certificado bem como as respectivas responsabilidades.

Quanto à falta de clareza sobre os procedimentos e as aplicações de inteligência artificial, as diretrizes éticas devem estabelecer o princípio da transparência, para que seja dado conhecimento público em um sistema de registro facultativo como preconiza Matthew Scherer,[112] cuja análise é muito interessante.

O autor destaca que a IA pode ser regulamentada por medidas a serem adotadas antes que os danos ocorram (*ex ante*) por meio de lei específica e por medidas após a ocorrência de danos (*ex post*), como em uma ação judicial de reparação de danos. Quanto à lei específica, a grande dificuldade é compreender o tema para que possa estabelecer regras pertinentes e um sistema de *enforcement* da lei. Contudo, o Legislador pode recorrer à nomeação de comissão específica para tratar do tema, que ouvirá muitos especialistas em audiências públicas, experiência vivenciada no Brasil quando da discussão e aprovação da Lei Geral de Proteção de Dados (LGPD) e, atualmente, está vivenciando na discussão do futuro *Plano Nacional de Inteligência Artificial* para o Brasil, mencionado no capítulo 1 desta obra.

Um complemento importante para uma regulação efetiva é a criação de uma agência, cuja flexibilidade em adotar um modelo acomoda as necessidades de um tema interdisciplinar como inteligência artificial, sendo aconselhável que este órgão tenha uma composição multissetorial e com a participação de especialistas no tema, semelhantemente à Autoridade Nacional de Proteção de Dados (ANPD), o mesmo raciocínio pode ser aplicado para a IA.[113]

Desta forma, tendo em vista a dinamicidade que caracteriza qualquer tema relacionado à tecnologia, a lei deve ser essencialmente principiológica, trazendo algumas regras e conceitos jurídicos indeterminados, que irão ser concretizados pela atuação da agência criada para tal fim a partir de seu poder de regulação. Além disso, o órgão irá fiscalizar e punir aqueles que não observarem a lei, garantido a efetividade da lei em questão, desde que sua atuação seja independente.

---

1. A Turma julgadora, com base nos elementos de prova dos autos, considerou que demonstrado "o defeito de fabricação de peça de veículo, via perícia técnica, é o fabricante responsável perante o adquirente do mesmo pelos danos nele causados" (fl. 320). Acolher a tese recursal e ultrapassar os fundamentos do acórdão demandaria o reexame de provas, incidindo a Súmula 7/STJ.

2. Agravo regimental desprovido."

(AgRg no Ag 634.219/RO, Rel. Ministro Carlos Alberto Menezes Direito, Terceira Turma, julgado em 10.08.2006, DJ 13.11.2006, p. 247).

112. Op. cit., p. 392 e ss.

113. LIMA, Cíntia Rosa Pereira de. *Autoridade Nacional de Proteção de Dados...*, op. cit., p. 299.

A regulação da IA *ex post,* realizada pelos tribunais diante de um caso concreto em que se discuta a responsabilidade civil, é reativa na medida em que ela virá após o dano ter ocorrido. No entanto, como ressaltado no início deste capítulo, as decisões judiciais impondo a obrigação de indenizar têm um impacto em comportamentos futuros, notadamente por sua função pedagógica.[114]

Portanto, tendo em vista a necessária reparação do dano, porém sem que esta seja um óbice ao desenvolvimento tecnológico e à inovação, Matthew Scherer[115] sugere a adoção de uma lei específica, cujo título seria "Artificial Intelligence Development Act (AIDA)", que criaria uma agência para a Inteligência Artificial (*Artificial Intelligence Development Agency*). Este órgão teria todas as funções de uma agência reguladora, mas além destas, seria o órgão responsável pela certificação das tecnologias baseadas em inteligência artificial.

O propósito desta lei seria garantir a segurança e a proteção dos seres humanos, bem como impedir a criação de tecnologias com base em inteligência artificial que não trariam inovação de maneira sustentável. De maneira que à Agência caberia regulamentar o setor, definir o que se compreende por inteligência artificial, cujo conceito é complexo como visto no capítulo 1, bem como a fiscalização do correto cumprimento da lei e administrar a certificação das tecnologias devidamente aprovadas em um sistema de registro facultativo e publicar relatórios para divulgação pública sobre tais práticas.

No modelo de Scherer,[116] uma empresa que tenha feito o pedido de certificação perante a Agência, apresentando toda a documentação exigida, além de oitivas, se a Agência entender necessário, responderia subjetivamente, ou seja, a vítima deveria provar a culpa da ferramenta que usa inteligência artificial.

Por outro lado, caso a empresa opte em não registrar a tecnologia de IA utilizada e disponibilizada no mercado, responderia independentemente de culpa (responsabilidade objetiva).[117]

---

114. Neste sentido: SCHERER, Matthew. Op. cit., p. 388: "employs. Tort law influences future behavior primarily through the deterrent effect of liability. But because tort cases cannot be brought until after harm occurs, courts have only a limited ability to be proactive in setting or influencing policy, a flaw that could prove quite significant if the pace of AI development accelerates further."

115. Op. cit., p. 393.

116. Op. cit., p. 394: "Systems that successfully complete the agency certification process would enjoy limited tort liability – in essence, a partial regulatory compliance defense with the effect of limiting rather than precluding tort liability. For Agency-certified AI, plaintiffs would have to establish actual negligence in the design, manufacturing, or operation of an AI system in order to prevail on a tort claim."

117. Idem, ibidem: "Companies who develop, sell, or operate AI without obtaining Agency certification would be strictly liable for harm caused by that AI. In addition, liability would be joint and several, thus permitting a plaintiff to recover the full amount of their damages from any entity in the chain of development, distribution, sale, or operation of the uncertified AI."

CAPÍTULO 4 • RESPONSABILIDADE CIVIL PELOS DANOS DECORRENTES DE ACIDENTES **135**

O autor sugere, ainda a criação de um fundo, gerido pela *Agência*, que fará frente ao ressarcimento de vítimas quando o responsável for insolvente ou quando não se poder identificá-lo, o que será tratado adiante.

Todavia, é importante destacar que este sistema valeria apenas para as relações que não sejam enquadradas como relação jurídica de consumo, que prevê a regra da responsabilidade civil objetiva e a solidariedade entre todos os envolvidos na cadeia de consumo, como se verá a seguir.

4.3 RESPONSABILIDADE OBJETIVA NO CÓDIGO DE DEFESA DO CONSUMIDOR APLICADA AOS ACIDENTES COM CARROS AUTÔNOMOS

Os avanços tecnológicos motivaram a consagração da responsabilidade objetiva, seja pelo risco criado, seja pelo risco proveito, passou-se a admitir o dever de reparar o dano por um agente independentemente de sua culpa. Pontes de Miranda[118] destacou que o dano provocado afeta o equilíbrio social, sendo esse um fundamento da responsabilidade civil objetiva. Em outras palavras, trata-se de medida para minimizar os riscos em prol da segurança social fundada na certeza de que os danos sofridos serão indenizados independentemente da análise de culpa quando a lei previr expressamente, como é o caso o Código de Defesa do Consumidor, ou pela cláusula geral de responsabilidade civil objetiva fundada na teoria do risco consoante o parágrafo único do art. 927 do CC/02.

A tese da responsabilidade civil objetiva foi defendida por dois grandes juristas franceses. De um lado, Raymond Saleilles[119] defendeu, em 1897, a responsabilidade civil objetiva, sustentando que o fato do homem desencadeia, por si só, o dever de indenizar. De outro, Louis Josserand[120] que alertou para o aumento dos acidentes em virtude do desenvolvimento tecnológico, sendo a responsabilidade civil objetiva uma medida social a fim de facilitar a reparação dos danos dispensando a prova da culpa.

Seguindo esta esteira, Georges Ripert[121] sustenta a responsabilidade civil objetiva (*responsabilitè objective*) fundada na teoria do risco criado, ou seja, o agente que criou uma situação que aumentou o risco de acidentes, deve suportar o ônus de sua reparação, independentemente da comprovação de culpa. Nas palavras do autor:

---

118. Op. cit., p. 03.
119. Cf. *Les accidents de travail et la responsabilitè civile...*, op. cit.
120. Cf. *Cours de Droit Civil Positif Français.* Op. cit.; JOSSERAND, Louis. Evolução da Responsabilidade Civil. Trad. Raul Lima. *Revista Forense*, v. 86, abr./jun. de 1941. p. 549.
121. *La règle morale dans les obligations civiles.* Paris: Librarie Gènèrale de Droit & Jurisprudence, 1925. p. 196.

Lorsque, laissant de côté les moyens techniques par lesquels ils avaient élargi le domaine de la responsabilité civile sans abandonner l'idée de faute, les juristes ont cherché un principe nouveau qui put fonder le droit à réparation ils ont formulé ce principe en disant: le dommage doit être attribué à celui qui l`a causé, parce que les risques doivent peser sur l'auteur de l'acte. Risque professionnel, risque de la propriété, *risque créé* ce sont là des formules d'attribution.

Alvino Lima[122] realça que diante do acentuado risco que a sociedade moderna apresenta, riscos estes até desconhecidos, a responsabilidade civil objetiva é medida de vital importância para a proteção da vítima, assegurando-lhe a reparação.

Wilson Melo da Silva[123] defende a socialização do direito como um dos fundamentos para a responsabilidade objetiva, enfatizando o movimento de publicização do direito privado que, aos poucos, vai abandonando os princípios do individualismo jurídico. Consequentemente, a responsabilidade civil passou a exorbitar os seus "antigos domínios" para responsabilizar o indivíduo pelos atos que fogem a seu controle e a sua guarda.

Neste sentido, o direito brasileiro encampou a responsabilidade objetiva em diversos setores, para os quais se verificava um aumento de riscos de acidentes, como a legislação sobre acidentes de trabalho (Dec. 3.724, de 15 de janeiro de 1919, hoje substituído pela Lei 6.367, de 19 de outubro de 1976); aeronáutica (Código Brasileiro do Ar, Decreto-Lei 483, de 08 de junho de 1938, hoje substituído pelo Código Brasileiro de Aeronáutica, Lei 7.565, de 19 de dezembro de 1986);[124] acidentes nucleares (art. 4º da Lei 6.453, de 17 de outubro de 1977).[125]

O Código de Defesa do Consumidor se insere neste contexto ao estabelecer a responsabilidade do fornecedor por danos que os consumidores sofrerem, independentemente de culpa (arts. 12 e 14 do CDC). A *ratio* da responsabilidade civil objetiva do fornecedor pelo fato do produto é: a produção em massa, a vulnerabilidade do consumidor e a teoria do risco-proveito, pela qual o fornecedor deve arcar com as consequências dos acidentes de consumo.[126]

O fundamento para a responsabilização do fornecedor no CDC é a proteção à saúde e à segurança do consumidor, tidos como direitos básicos conforme o art. 6º, inc. I do CDC). Portanto, fala-se em responsabilidade pelo fato do produto e

---

122. Op. cit., p. 115-116.
123. *Responsabilidade sem culpa.* 2 ed. São Paulo: Saraiva, 1974. p. 134.
124. TEPEDINO, Gustavo. In: PEREIRA, Caio Mário da Silva. *Responsabilidade Civil.* Op. cit., p. 32-33.
125. "Art. 4º Será exclusiva do operador da instalação nuclear, nos termos desta Lei, independentemente da existência de culpa, a responsabilidade civil pela reparação de dano nuclear causado por acidente nuclear".
126. FILOMENO, José Geraldo Brito. *Manual de Direito do Consumidor.* 11. ed. São Paulo: Atlas, 2012. p. 201-202.

do serviço para se referir à tutela da incolumidade físico-psíquica do consumidor diante dos acidentes de consumo (arts 12 a 17 do CDC).

Além desta tutela, tendo em vista o direito à reparação integral, previsto no art. 6º, inc. VI do CDC, tutela-se, também, a incolumidade econômica do consumidor, garantindo direitos diante dos incidentes de consumo, ou seja, a responsabilidade pelos vícios e defeitos do produto e do serviço (arts. 18 a 26 do CDC), que será analisada adiante. Tal hipótese dispensa o debate entre responsabilidade objetiva ou subjetiva do fornecedor, pois basta constatar o vício no produto ou no serviço.[127]

Destaca-se que a responsabilidade pelo fato do produto e do serviço pode coexistir com a responsabilidade pelos vícios do produto e do serviço, o que impõe uma análise sobre a preponderância na tutela dos direitos à saúde e à segurança do consumidor e do direito ao ressarcimento pelos prejuízos meramente econômicos. Em outras palavras, diante dos acidentes de consumo, os danos econômicos decorrentes dos vícios do produto e do serviço são absorvidos, pois farão parte do cálculo da indenização seja na modalidade de danos materiais ou lucros cessantes.[128]

Portanto, diante da existência da relação jurídica de consumo, o fornecedor deverá reparar o dano sofrido pelo consumidor, independentemente de culpa, pois a responsabilidade pelo fato do produto[129] é a obrigação solidária e, em regra,[130] objetiva, de reparar o dano sofrido pelo consumidor *standard* (padrão), art. 2º *caput* do CDC, em razão da utilização de um produto ou por um serviço ou pelo consumidor *bystander,* isto é, as vítimas do dano consideradas consumidoras por equiparação nos termos do art. 17 do CDC.[131]

---

127. BESSA, Leonardo Roscoe. Vício do Produto e do Serviço. In: BENJAMIN, Antonio Herman Vasconcelos; MARQUES, Claudia Lima; BESSA, Leonardo Roscoe. *Manual de Direito do Consumidor.* 2 ed. rev., atual. e ampl. São Paulo: Ed. RT, 2009. p. 154.

128. MARQUES, Claudia Lima; BENJAMIN, Antonio Herman V.; MIRAGEM, Bruno. *Comentários ao Código de Defesa do Consumidor.* Arts. 1º a 74: aspectos materiais. São Paulo: Ed. RT, 2003. p. 225.

129. Esta terminologia "fato do produto" tem origem na responsabilidade pelo "fato da coisa", analisada no tópico anterior, em que ficou evidenciado que foi um campo fértil para a doutrina que passou a defender a responsabilidade civil objetiva.

130. A responsabilidade civil dos profissionais liberais é subjetiva, nos termos do § 4º do art. 14 do CDC.

131. A doutrina sobre responsabilidade pelo fato do produto é farta, das quais se destacam: FILOMENO, José Geraldo Brito. *Manual de Direito do Consumidor.* 11. ed. São Paulo: Atlas, 2012; BENJAMIN, Antonio Herman Vasconcelos e. Fato do Produto e do Serviço. In: BENJAMIN, Antonio Herman Vasconcelos e; MARQUES, Claudia Lima; BESSA, Leonardo Roscoe. *Manual de Direito do Consumidor.* 2 ed. rev., atual. e ampl. São Paulo: Ed. RT, 2009. p. 114-141; CAVALIERI FILHO, Sérgio. *Programa de Direito do Consumidor.* 3. ed. São Paulo: Atlas, 2011; KHOURI, Paulo R. Roque A. *Direito do Consumidor:* Contratos, Responsabilidade Civil e Defesa do Consumidor em Juízo. 3. ed. São Paulo: Atlas, 2013; LISBOA, Roberto Senise. *Responsabilidade Civil nas Relações de Consumo.* São Paulo: Ed. RT, 2001; NUNES, Rizzatto. *Curso de Direito do Consumidor.* 6. ed. rev. e atual. São Paulo: Saraiva, 2011; GRI-

Em outro caso hipotético com carros autônomos, partindo-se do exemplo acima descrito, em que as mesmas duas empresas que desenvolveram e utilizam carros autônomos para transporte de passageiros, *Uber* e *Lyft*, causem danos ao consumidor em decorrência da colisão dos veículos. Se os danos forem causados ao passageiro, trata-se de consumidor em sentido estrito nos termos do *caput* do art. 2º, respondendo as empresas de forma solidária e objetiva. Imagine-se, ainda, que na colisão um pedestre seja atingido ou um motorista que dirigia um terceiro carro envolvido no acidente, estas vítimas do acidente de consumo são consideradas consumidoras por equiparação nos termos do art. 17 do CDC atraindo a aplicação da legislação consumerista ainda que não tenham contratado diretamente com as empresas *Uber* e *Lyft*.

Isto porque o CDC traz um tratamento unitário ao consumidor em sentido estrito e às demais figuras equiparadas, tema que será retomado adiante. Assim, os pressupostos da responsabilidade no caso seriam: – a prestação do serviço ou a venda do produto diretamente ao consumidor ou a distribuição destes no mercado de consumo; – o dano sofrido pelo consumidor (seja a figura padrão ou sejam as vítimas do evento danoso); e o nexo de causalidade entre estes dois elementos.

Conclui-se que a responsabilidade civil objetiva do fornecedor é uma política legislativa que facilita a defesa do consumidor em juízo na medida em que este está dispensado da prova a culpa (negligência, imprudência e imperícia) do fornecedor, caso contrário, seria muito difícil produzi-la vez que o consumidor não detém os dados da produção, controlada pelo fornecedor,[132] caracterizado como "sujeitos à sujeição" na expressão utilizada por Carlos Ferreira de Almeida.[133]

Portanto, ressalta-se a importância do nexo causal entre a atividade do fornecedor e os danos sofridos pelos consumidores para se determinar o dever de indenizar. Como foi analisado *supra*, a causalidade é um tema complexo sobre o qual foram desenvolvidas diversas teorias, sendo que, no Brasil, adota-se a teoria da causalidade direta e imediata, em sua vertente pela demonstração da necessariedade do fato do produto ou do serviço para o evento danoso.

Neste sentido, o Legislador estabeleceu uma sistemática de excludentes de responsabilidade civil que afastam o nexo causal direto, imediato e necessário nos termos do § 3º do art. 12 do CDC. Estas excludentes são: a) não ter colocado o produto no mercado; b) inexistência do defeito; e c) culpa exclusiva da vítima

---

NOVER, Ada Pellegrini; BENJAMIN, Antonio Herman de Vasconcelos e; FINK, Daniel Roberto; FILOMENO, José Geraldo Brito; WATANABE, Kazuo; NERY JÚNIOR, Nelson; DENARI, Zelmo. *Código Brasileiro de Defesa do Consumidor Comentado pelos Autores do Anteprojeto*. 6. ed. rev., atual. e ampl. Rio de Janeiro: Forense Universitária, 2000.

132. NUNES, Rizzatto. Op. cit., p. 218.

133. *Os Direitos dos Consumidores*. Coimbra (Portugal): Almedina, 1982. p. 13.

ou de terceiro. Um aspecto problemático destas excludentes está justamente na omissão do Legislador quanto ao caso fortuito e à força maior. Dada a polêmica em torno do tema, ele será desenvolvido adiante com mais detalhes para aprofundar nos argumentos doutrinários e jurisprudenciais.

Contudo, para que se possam aplicar as regras previstas no CDC, deve-se caracterizar uma relação jurídica de consumo, o que já foi substancialmente analisado pela doutrina. Quanto ao âmbito de aplicação do CDC,[134] é forçoso concluir que caracterizado o consumidor de um lado e, o fornecedor do outro, que disponibilize bens ou serviços no mercado de consumo mediante remuneração direta ou indireta, aplica-se a legislação consumerista.[135]

Neste sentido, Newton De Lucca[136] define consumidor como ...

Portanto, o adquirente de um carro autônomo, bem como o usuário,[137] são considerados consumidores *em sentido estrito* conforme o *caput* do art. 2º do CDC. Mas, além desta possibilidade, a coletividade (par. único do art. 2º do CDC), as vítimas dos acidentes de consumo (art. 17 do CDC) e as pessoas expostas às práticas comerciais (art. 29 do CDC) são equiparadas a consumidor para fins de aplicação do CDC.[138]

Claudia Lima Marques[139] afirma que o conceito de consumidor é relacional, ou seja, depende de uma análise casuística para verificar o desequilíbrio socioeconômico, informacional ou jurídico entre as partes a justificar a aplicação do CDC. Em suma, a autora realça a necessidade de se constatar a destinação fática e econômica do bem ou serviço (*teoria finalista* ou *teleológica*), interpretando restritivamente a expressão "destinatário final" do *caput* do art. 2º do CDC. Para os finalistas, o primeiro caso hipotético tratado no início deste capítulo, as duas empresas de transporte de pessoas, *Uber* e *Lyft,* não podem ser consideradas consumidoras, pois repassam os seus serviços para o mercado de consumo.

---

134. LIMA, Cíntia Rosa Pereira de. Consumidor versus Instituições Financeiras: estudo da ADIN 2.591, de 26 de dezembro de 2002 (discussão quanto à aplicação do CDC às Instituições Financeiras). *Revista da Faculdade de Direito*, v. 101, p. 653-696. São Paulo: Universidade de São Paulo, 2006. Disponível em: http://www.revistas.usp.br/rfdusp/article/view/67722. Acesso em: 10 abr. 2020.

135. Neste sentido cf. DONATO, Maria Antonieta Zanardo. *Proteção ao Consumidor: Conceito e Extensão.* São Paulo: Ed. RT, 1993. p. 64-66.

136. *Direito do Consumidor:* teoria geral da relação jurídica de consumo. 2. ed. São Paulo: Quartier Latin, 2008. p.

137. Esta tecnologia atualmente é muito cara, por isso, o sistema que opera um carro autônomo será disponibilizado, provavelmente, por uma licença de uso.

138. NERY JÚNIOR, Nelson. Os princípios gerais do Código Brasileiro de Defesa do Consumidor. *Revista de Direito do Consumidor*, v. 3, ano 1, 1992, p. 53.

139. Campo de aplicação do CDC. In: BENJAMIN, Antonio Herman Vasconcelos e; MARQUES, Claudia Lima; BESSA, Leonardo Roscoe. *Manual de Direito do Consumidor.* 2 ed. rev., atual. e ampl. São Paulo: Ed. RT, 2009. p. 68.

Por outro lado, a *teoria maximalista* interpreta amplamente tal expressão, considerando que o CDC se propõe estabelecer regras gerais sobre o consumo, aplicado a todos os agentes do mercado que se caracterizarem como destinatários fáticos do produto ou serviço.[140] Esta teoria não contou com o apoio dos doutrinadores brasileiros, para esta corrente, as empresas acima mencionadas seriam consideradas como consumidoras face às empresas que oferecem os serviços utilizados para operacionalizar os carros autônomos, por exemplo, uma empresa de engenharia da computação.

Atualmente, tem se consolidado na doutrina e na jurisprudência brasileiras, a posição intermediária, denominada *finalismo aprofundado ou mitigado*,[141] segundo a qual estende-se a aplicação do CDC às pequenas empresas que utilizam insumos em sua produção, desde que constatada a vulnerabilidade (que pode ser técnica, socioeconômica, jurídica ou informacional). O Superior Tribunal de Justiça[142] tem afirmado esta corrente em reiterados julgados, como o que se passa a expor:

> Consumidor. Definição. Alcance. Teoria finalista. Regra. Mitigação. Finalismo aprofundado. Consumidor por equiparação. Vulnerabilidade.
>
> 1. A jurisprudência do STJ se encontra consolidada no sentido de que a determinação da qualidade de consumidor deve, *em regra, ser feita mediante aplicação da teoria finalista, que, numa exegese restritiva do art. 2º do CDC, considera destinatário final tão somente o destinatário fático e econômico do bem ou serviço*, seja ele pessoa física ou jurídica.
>
> 2. Pela teoria finalista, fica excluído da proteção do CDC o *consumo intermediário*, assim entendido como aquele cujo produto retorna para as cadeias de produção e distribuição, *compondo o custo (e, portanto, o preço final) de um novo bem ou serviço*. Vale dizer, só pode ser considerado consumidor, para fins de tutela pela Lei 8.078/90, *aquele que exaure a função econômica do bem ou serviço, excluindo-o de forma definitiva do mercado de consumo*.
>
> 3. A jurisprudência do STJ, tomando por base o conceito de consumidor por equiparação previsto no art. 29 do CDC, tem evoluído para uma aplicação temperada da teoria finalista frente às pessoas jurídicas, num processo que a doutrina vem denominando finalismo aprofundado, consistente em se admitir que, em determinadas hipóteses, a pessoa jurídica adquirente de um produto ou serviço pode ser equiparada à condição de consumidora, por apresentar frente ao fornecedor alguma vulnerabilidade, que constitui o princípio-motor da política nacional das relações de consumo, premissa expressamente fixada no art. 4º, I, do CDC, que legitima toda a proteção conferida ao consumidor.

---

140. MARINS, James. Proteção contratual do CDC a contratos interempresariais, inclusive bancários. *Revista de Direito do Consumidor*, n. 18, p. 99. abr.-jun. 1996.
141. MARQUES, Claudia Lima. Campo de Aplicação do CDC. Op. cit., p. 73.
142. REsp 1195642/RJ, Rel. Ministra Nancy Andrighi, Terceira Turma, julgado em 13.11.2012, DJe 21.11.2012) – Informativo 510 do STJ. No mesmo sentido: REsp 660.026/RJ, Rel. Ministro Jorge Scartezzini, Quarta Turma, julgado em 03.05.2005, DJ 27.06.2005, p. 409.

CAPÍTULO 4 • RESPONSABILIDADE CIVIL PELOS DANOS DECORRENTES DE ACIDENTES **141**

4. A doutrina tradicionalmente aponta a existência de três modalidades de vulnerabilidade: *técnica* (ausência de conhecimento específico acerca do produto ou serviço objeto de consumo), *jurídica* (falta de conhecimento jurídico, contábil ou econômico e de seus reflexos na relação de consumo) e *fática* (situações em que a insuficiência econômica, física ou até mesmo psicológica do consumidor o coloca em pé de desigualdade frente ao fornecedor).

Mais recentemente, tem se incluído também a *vulnerabilidade informacional* (dados insuficientes sobre o produto ou serviço capazes de influenciar no processo decisório de compra).

5. A despeito da identificação *in abstracto* dessas espécies de vulnerabilidade, *a casuística poderá apresentar novas formas de vulnerabilidade aptas a atrair a incidência do CDC à relação de consumo*. Numa relação interempresarial, para além das hipóteses de vulnerabilidade já consagradas pela doutrina e pela jurisprudência, a relação de dependência de uma das partes frente à outra pode, conforme o caso, caracterizar uma vulnerabilidade legitimadora da aplicação da Lei 8.078/90, *mitigando os rigores da teoria finalista e autorizando a equiparação da pessoa jurídica compradora à condição de consumidora*.

6. Hipótese em que revendedora de veículos reclama indenização por *danos materiais derivados de defeito em suas linhas telefônicas, tornando inócuo o investimento em anúncios publicitários*, dada a impossibilidade de atender ligações de potenciais clientes. [...] fica mantida a condenação imposta a título de danos materiais, à luz dos arts. 186 e 927 do CC/02 e tendo em vista a conclusão das instâncias ordinárias quanto à existência de culpa da fornecedora pelo defeito apresentado nas linhas telefônicas e a relação direta deste defeito com os prejuízos suportados pela revendedora de veículos.

7. Recurso especial a que se nega provimento. (grifo nosso)

Partindo desta análise, o primeiro exemplo que foi imaginado das duas empresas desenvolvedoras de tecnologia para carros autônomos, *Uber* e *Lyft*, quando seus respectivos carros autônomos colidirem, sem deixar vítimas, não há que se falar em aplicação do CDC, pois não há vulnerabilidade destas empresas que justifique (como destacado no capítulo anterior, a *Uber*, por exemplo, está investindo milhões de dólares nos projetos relacionados à plena automação dos seus veículos. Consequentemente, neste caso, a responsabilidade será subjetiva consoante a regra do CC/02 (art. 186 c/c *caput* do art. 927). Por outro lado, se no exemplo, for acrescentada uma vítima do acidente (seja a figura do consumidor padrão, seja o *bystander)*, aplica-se o CDC, que impõe a responsabilidade objetiva.

Uma questão mais complexa, e polêmica, diz respeito a um pequeno empresário, que utiliza o carro autônomo em sua produção (na sua fábrica, por exemplo), levantando o debate sobre a aplicação ou não do CDC à esta relação jurídica?

A resposta dependerá da constatação da vulnerabilidade deste pequeno empresário face à empresa que desenvolveu a tecnologia aplicada aos carros autônomos. Uma vez constatada tal vulnerabilidade, pela doutrina e jurisprudência majoritária, com a qual concordamos, aplicar-se-á o CDC, no caso, a responsabilidade civil objetiva e todas as demais regras e princípios previstos na legislação consumerista.[143] Completando este raciocínio, o consumo intermediário (consumidor pessoa jurídica) deve ser reconhecido quando esta atuar "à margem de sua atividade empresarial".[144]

Em sentido contrário, Marco Antônio Zanellato[145] entende que o consumidor profissional (pessoa jurídica ou não) que adquire o bem para repassar ao mercado, transformados ou não, não é amparado pelos dispositivos do CDC como consumidor.

Na outra ponta da relação jurídica de consumo, a figura do fornecedor é definida no art. 3º do CDC: "toda pessoa física ou jurídica, pública ou privada, nacional ou estrangeira, bem como os entes despersonalizados, que desenvolvem atividades de produção, montagem, criação, construção, transformação, importação, exportação, distribuição ou comercialização e produtos ou prestação de serviços". Destaca-se a amplitude desta definição,[146] da qual não se excluíram as pessoas físicas (e.g. os profissionais liberais mencionados expressamente no § 4º do art. 14 do CDC). Outrossim, os entes públicos, tanto da administração pública direta quanto indireta (autarquias, fundações etc.), bem como os entes despersonalizados (sociedades de fato, por exemplo) podem ser caracterizados como fornecedores para fins de aplicação do CDC.

Quanto à responsabilidade civil, o CDC atinge tanto o fornecedor imediato ou direto (comerciante ou ofertante do produto ou serviço), quanto o fornecedor mediato ou indireto (fabricante, produtor, construtor, importador, montador, criador, transformador, exportador, distribuidor etc.).[147] Neste sentido, para o CDC, todos os envolvidos na indústria automotiva, nacionais e estrangeiros, que participaram do desenvolvimento de um carro autônomo podem ser acionados pelos consumidores, vítimas dos acidentes de consumo, cabendo entre os fornecedores a ação regressiva como adiante será tratada. O STJ[148] já reconheceu

---

143. Cf. PASQUALOTTO, Adalberto. *Conceitos fundamentais do código de defesa do consumidor. Revista dos Tribunais*, v. 666, p. 51, abr./1991. O autor entende que as normas do CDC se destinam à proteção do mais fraco, sendo que a vulnerabilidade deve estar presente para que se possa aplicar a proteção do consumidor.

144. LEÃES, Luiz Gastão Paes de Barros. As relações de consumo e o crédito ao consumidor. *Revista de Direito Mercantil*, v. 82, p. 15, abr.-jun. 1991.

145. Considerações sobre o conceito jurídico de consumidor. *Revista Estratégica* (Revista da Faculdade de Administração FAAP e do FAAP – MBA). v. 1, n. 2, jul.-set. 2002. p. 35. No mesmo sentido: LISBOA, Roberto Senise. *Relação de consumo e proteção jurídica do consumidor no direito brasileiro*. São Paulo: Juarez de Oliveira, 1999. p. 19.

146. EFING, Antônio Carlos. *Contratos e procedimentos bancários à luz do Código de Defesa do Consumidor*. 3. tir. São Paulo: Ed. RT, 2000. p. 58.

147. LISBOA, Roberto Senise. *Relação de Consumo...* Op. cit., p. 13.

148. REsp 611.872/RJ, Rel. Ministro Antonio Carlos Ferreira, Quarta Turma, julgado em 02.10.2012, DJe 23.10.2012.

CAPÍTULO 4 • RESPONSABILIDADE CIVIL PELOS DANOS DECORRENTES DE ACIDENTES

existir relação de consumo entre um taxista e a concessionária da qual adquiriu o veículo para trabalhar como táxi, o STJ entendeu ainda existir responsabilidade solidária entre a fabricante e a concessionária com relação aos defeitos de uma peça do automóvel, inviabilizando o uso do veículo o que acarretou danos ao taxista (considerado consumidor no caso):

> Direito civil. Código de Defesa do Consumidor. Aquisição de veículo zero-quilômetro para utilização profissional como táxi. Defeito do produto. Inércia na solução do defeito. Ajuizamento de ação cautelar de busca e apreensão para retomada do veículo, mesmo diante dos defeitos. Situação vexatória e humilhante. Devolução do veículo por ordem judicial com reconhecimento de má-fé da instituição financeira da montadora. Reposição da peça defeituosa, após diagnóstico pela montadora. Lucros cessantes. Impossibilidade de utilização do veículo para o desempenho da atividade profissional de taxista. Acúmulo de dívidas. Negativação no SPC. Valor da indenização.
>
> 1. **A aquisição de veículo para utilização como táxi, por si só, não afasta a possibilidade de aplicação das normas protetivas do CDC.**
>
> 2. A constatação de defeito em veículo zero-quilômetro revela hipótese de vício do produto e **impõe a responsabilização solidária da concessionária (fornecedor) e do fabricante,** conforme preceitua o art. 18, **caput**, do CDC.
>
> 3. Indenização por dano moral devida, com redução do valor.
>
> 4. Recurso especial parcialmente provido. (grifo nosso)

Enfim, para caracterizar um fornecedor, é necessário que se identifique o caráter profissional de sua atividade.[149] Georges Ripert[150] sintetiza a atividade empresarial da seguinte maneira: ao fabricar, o empresário exerce o **jus utendi**; quando se apodera dos produtos, o **jus fruendi;** e quando os vende, exerce o **jus abutendi**. Portanto, todos aqueles que exercem, em alguma medida, estes direitos, podem ser considerados empresários. O autor conclui que os fornecedores têm enorme poder político porque detêm a propriedade dos bens de produção, podendo controlar e direcionar a produção de produtos e a prestação de serviços. Por isso, a **ratio** do CDC é a vulnerabilidade do consumidor.

O elemento objetivo da relação jurídica de consumo são os bens de consumo, ou seja, aqueles que se destinam "à satisfação de uma necessidade imediata, a qual, via de regra, exaure o próprio bem, eliminando-lhe a substância", não se confundindo com os bens de capital ou de insumo, pois estes retornam ao mercado de consumo.[151] O § 1º do art. 3º do CDC determina que produto pode

---

149. DALL'AGNOL JÚNIOR, Antônio Janyr. Direito do consumidor e serviços bancários e financeiros – aplicação do CDC nas atividades bancárias. *Revista do Direito do Consumidor*, v. 27, p. 09, jul.-set. 1998. p. 09.

150. *Aspectos Jurídicos do Capitalismo Moderno.* Tradução de Gilda G. de Azevedo. Rio de Janeiro: Livraria Editora Freitas Bastos, 1947. p. 279.

151. Cf. PASQUALOTTO, Adalberto. Op. cit., p. 50.

ser qualquer bem, móvel ou imóvel, material ou imaterial. Portanto, os carros autônomos estão plenamente adequados a esta definição, seja pelo fato de ser um automóvel (bem material), seja pelos softwares utilizados na automação do veículo (bem imaterial).

Além disso, a dinâmica dos carros autônomos impõe a coexistência de uma série de serviços, por exemplo, com a segurança cibernética, dentre outros, por isso, deve-se destacar que o § 2º do art. 3º do CDC traz o conceito de serviço, a saber: "qualquer atividade fornecida no mercado de consumo, mediante remuneração". Todavia, a remuneração pode ser indireta para fins de aplicação do CDC, conforme entendimento consolidado pelo STJ:[152]

> Risco inerente ao negócio. Inexistência. Ciência da existência de conteúdo ilícito. Retirada imediata do ar. Dever. Disponibilização de meios para identificação de cada usuário. Dever. Registro do número de IP. Suficiência.
>
> 1. A exploração comercial da internet sujeita as relações de consumo daí advindas à Lei 8.078/90.
>
> 2. O fato de o serviço prestado pelo provedor de serviço de internet ser gratuito não desvirtua a relação de consumo, **pois o termo "mediante remuneração", contido no art. 3º, § 2º, do CDC, deve ser interpretado de forma ampla, de modo a incluir o ganho indireto do fornecedor**. (grifo nosso)

Esta discussão é relevante nos serviços adicionados aos sistemas que operam os carros autônomos, e terá maior impacto no caso dos carros conectados (analisados no capítulo anterior), isto porque, alguns serviços "aparentemente gratuitos" podem ter por objetivo a publicidade comportamental, fato que enseja o reconhecimento da remuneração indireta para fins de aplicação do CDC.

Dentre todos estes elementos (subjetivos e objetivos) caracterizadores da relação jurídica de consumo, no caso dos carros autônomos, merece destaque a análise das vítimas dos acidentes de consumo e as pessoas expostas às práticas comerciais envolvendo os carros autônomos.

4.3.1 A figura do consumidor equiparado: as vítimas dos acidentes de consumo e as pessoas expostas às práticas comerciais envolvendo carros autônomos

É muito comum que os acidentes de consumo acabem por atingir e prejudicar muitas pessoas além do consumidor padrão, que adquire o produto ou serviço

---

152. REsp 1186616/MG, Rel. Ministra Nancy Andrighi, Terceira Turma, julgado em 23.08.2011, DJE 31.08.2011.

CAPÍTULO 4 • RESPONSABILIDADE CIVIL PELOS DANOS DECORRENTES DE ACIDENTES **145**

como destinatário final (fenômeno da propagação do dano).[153] O desenvolvimento científico e tecnológico trouxe novos riscos, desencadeando um movimento social e doutrinário em prol de se garantir a efetiva reparação da vítima.[154] Neste sentido, o CDC protege, também, as figuras equiparadas a consumidor, além da coletividade de pessoas (par. único do art. 2º do CDC),[155] protegem-se as vítimas dos acidentes de consumo (art. 17 do CDC)[156] e as pessoas expostas às práticas comerciais (art. 29 do CDC).[157]

Este conceito visa a proteger, não só aquele que tenha efetivamente participado da relação de consumo, como por exemplo, o comprador de um carro autônomo ou que dele se utilize, mas também aquelas pessoas que sofreram algum dano decorrente da disponibilização no mercado de consumo de bens e produtos, e.g. outras pessoas que sejam atingidas pela colisão dos carros autônomos quando caminhando pelas proximidades. Estas pessoas são denominadas pela doutrina, por inspiração do direito norte americano, de **bystanders**, que significa os "circunstantes".[158]

Portanto, na hipótese dos acidentes de consumo, o sistema adotado pela legislação consumerista foi o da responsabilidade objetiva nos termos dos arts. 12 e 14 do CDC, como acima destacado. Em outras palavras, o fornecedor responde pelos danos decorrentes destes acidentes independentemente de culpa, bastando que a vítima prove o dano sofrido e o nexo de causalidade entre o acidente de consumo ao qual foi exposta e o prejuízo sofrido.[159]

---

153. DENARI, Zelmo. Da Qualidade de Produtos e Serviços, Da Prevenção. In: GRINOVER, Ada Pellegrini; BENJAMIN, Antonio Herman de Vasconcelos e; FINK, Daniel Roberto; FILOMENO, José Geraldo Brito; WATANABE, Kazuo; NERY JÚNIOR, Nelson; DENARI, Zelmo. *Código Brasileiro de Defesa do Consumidor Comentado pelos Autores do Anteprojeto.* 6. ed. rev., atual. e ampl. Rio de Janeiro: Forense Universitária, 2000. p. 175.
154. DIAS, José Aguiar. Op. cit., p. 15-16.
155. "Equipara-se a consumidor a coletividade de pessoas, ainda que indetermináveis, que haja intervindo nas relações de consumo".
156. "Para os efeitos desta Seção (da responsabilidade pelo fato do produto e do serviço), equiparam-se aos consumidores todas as vítimas do evento". (observação nossa)
157. "Para os fins deste Capítulo e do seguinte (práticas comerciais e proteção contratual), equiparam-se aos consumidores todas as pessoas determináveis ou não, expostas às práticas nele previstas". (observação nossa)
158. DALL'AGNOL Jr., Antônio Janyr. Op. cit., p. 10.
159. Ementa: Responsabilidade civil. Ação indenizatória. Consumidor por equiparação. Acidente de consumo. Falha na prestação do serviço ocorrente. Dano material e moral. *Quantum.* – Caso em que a empresa ré foi contratada para organizar evento de casamento do qual os autores participavam, vindo a sócia da pessoa jurídica a acender fogos de artifício para recepcionar os noivos, tendo os artefatos pirotécnicos explodido em direção aos convidados, atingindo os demandantes. Requerentes que são consumidores por equiparação, *bystander.* Responsabilidade objetiva da demandada (art. 14 do CDC). Falha na prestação do serviço verificada desde a assunção de responsabilidade por acionar os artefatos. Culpa exclusiva de terceiro não configurada. Dever de indenizar ocorrente. – Dano material. Pagamento por avarias em vestido locado. Cabimento. – Abalo extrapatrimonial presente. Situação que é

Em um caso que ficou muito conhecido sobre uma explosão em decorrência de um vazamento de gás no **Shopping Center** em Osasco, na grande São Paulo, que provocou danos em dezenas de pessoas além das que estavam dentro do estabelecimento comercial, os destroços da explosão atingiram pessoas que caminhavam na calçada, muitas delas nem ao menos tinham intenção de entrar no **Shopping**. Entretanto, o STJ[160] estendeu a aplicação do CDC a estas pessoas por considera-las como consumidoras por equiparação na medida em que foram vítimas dos acidentes de consumo:

Responsabilidade civil e Direito do consumidor. Recurso especial.

Shopping Center de Osasco-SP. Explosão. Consumidores. Danos materiais e morais. **Ministério Público. Legitimidade ativa**. Pessoa jurídica. Desconsideração. Teoria maior e teoria menor. Limite de responsabilização dos sócios. Código de Defesa do Consumidor.

Requisitos. Obstáculo ao ressarcimento de prejuízos causados aos consumidores. Art. 28, § 5º.

– **Considerada a proteção do consumidor um dos pilares da ordem econômica, e incumbindo ao Ministério Público a defesa da ordem jurídica, do regime democrático e dos interesses sociais e individuais indisponíveis, possui o Órgão Ministerial legitimidade para atuar em defesa de interesses individuais homogêneos de consumidores, decorrentes de origem comum.**

– A teoria maior da desconsideração, regra geral no sistema jurídico brasileiro, não pode ser aplicada com a mera demonstração de estar a pessoa jurídica insolvente para o cumprimento de suas obrigações.

Exige-se, aqui, para além da prova de insolvência, ou a demonstração de desvio de finalidade (teoria subjetiva da desconsideração), ou a demonstração de confusão patrimonial (teoria objetiva da desconsideração).

– A teoria menor da desconsideração, acolhida em nosso ordenamento jurídico excepcionalmente no Direito do Consumidor e no Direito Ambiental, incide com a mera prova de insolvência da pessoa jurídica para o pagamento de suas obrigações, independentemente da existência de desvio de finalidade ou de confusão patrimonial.

---

capaz de incutir na psique dos envolvidos. Requerente Roberto que era criança de tenra idade à época, vindo a sofrer queimaduras em razão do acidente. Demandantes Karen e Ricardo que são genitores do menor, também se encontrando envolvidos na situação com a explosão dos fogos, tendo de se retirar do casamento para atendimento médico do filho. Autora Karen que inclusive encontrava-se grávida, tendo a situação causado alteração comportamental. – Extensão do ocorrido que deve ser sopesada no montante compensatório a título de dano moral. Necessidade de redução proporcional do montante indenizatório. Observância ao art. 944, parágrafo único, do Código Civil. Atenção ao grau de culpa da causadora do prejuízo. – Ausente sistema tarifado, a fixação do montante indenizatório ao dano extrapatrimonial está adstrita ao prudente arbítrio do juiz. Valor arbitrado em sentença reduzido para R$ 3.500,00 (três mil e quinhentos reais) para os autores Roberto e Karen e R$ 2.000,00 (dois mil reais) para Ricardo. Deram provimento em parte à apelação. Unânime. (Apelação Cível, 70082750118, Décima Câmara Cível, Tribunal de Justiça do RS, Relator: Jorge Alberto Schreiner Pestana, Julgado em: 05.03.2020)[0].

160. REsp 279.273/SP, Rel. Ministro Ari Pargendler, Rel. p/ Acórdão Ministra Nancy Andrighi, Terceira Turma, julgado em 04.12.2003, DJ 29.03.2004, p. 230.

CAPÍTULO 4 • RESPONSABILIDADE CIVIL PELOS DANOS DECORRENTES DE ACIDENTES

– Para a teoria menor, o risco empresarial normal às atividades econômicas não pode ser suportado pelo terceiro que contratou com a pessoa jurídica, mas pelos sócios e/ou administradores desta, ainda que estes demonstrem conduta administrativa proba, isto é, mesmo que não exista qualquer prova capaz de identificar conduta culposa ou dolosa por parte dos sócios e/ou administradores da pessoa jurídica.

– A aplicação da teoria menor da desconsideração às relações de consumo está calcada na exegese autônoma do § 5º do art. 28, do CDC, porquanto a incidência desse dispositivo não se subordina à demonstração dos requisitos previstos no caput do artigo indicado, mas apenas à prova de causar, a mera existência da pessoa jurídica, obstáculo ao ressarcimento de prejuízos causados aos consumidores.

– Recursos especiais não conhecidos. (grifo nosso)

Diante de tudo o que foi exposto, não resta dúvida que os pedestres e outros condutores de veículos estarão equiparados à figura jurídica de consumidor **em sentido estrito** para efeitos de aplicação do CDC. Todavia, outra situação mais problemática diz respeito à equiparação prevista no art. 29 do CDC, ou seja, em quais circunstâncias as pessoas expostas às práticas comerciais dos carros autônomos serão equiparadas a consumidor.

Nelson Nery Júnior[161] afirma, ao interpretar o art. 29 do CDC, que mesmo sem adquirir produto ou utilizar-se de serviço, estas pessoas são equiparadas a consumidor pelo fato de estarem expostas às práticas comerciais. Semelhantemente, Dall'Agnol Jr.[162] entende que este dispositivo legal traz uma noção abstrata de consumidor, bastando a "simples exposição à prática comercial", mesmo que não seja um consumidor em concreto, isto é, que tenha adquirido ou utilizado o produto ou serviço.

Por outro lado, Zanellato[163] adota uma posição finalista ao analisar este dispositivo legal concluindo que deve ser interpretado em conjunto com o **caput** do art. 2º, ou seja, devem-se considerar consumidor tão somente aquele que tem interesse em usar ou adquirir um serviço ou produto.

Parece-nos, contudo, que a opção mais acertada seja considerar equiparadas a consumidor todas as pessoas que estejam expostas à publicidade de carros autônomos, para fins, por exemplo, de serem tuteladas quanto à publicidade enganosa e/ou abusiva. Como salientado, por Claudia Lima Marques,[164] trata-se de uma política legislativa a fim de harmonizar os interesses no mercado de consumo e servir como instrumento ao combate das práticas comerciais abusivas.

---

161. Defesa do consumidor de crédito bancário em juízo. *Revista de Direito Privado*, n. 05, p. 192-222, jan./mar. de 2001. São Paulo: Ed. RT, p. 201.
162. Op. cit., p. 12.
163. Op. cit., p. 35.
164. *Manual...* Op. cit., p. 81.

Caracterizada a relação jurídica de consumo, como salientado, o fornecedor será responsabilizado independentemente de culpa, bastando ao consumidor comprovar o dano e o nexo de causalidade entre a atividade do fornecedor e aquele. Tal consequência está embasada na ideia do "risco", que é uma palavra polissêmica, o próprio Código Civil utiliza em contextos diferentes, como no sentido de ameaça à vida ou à saúde (art. 15 do CC/02 e no contrato de transporte de pessoas, art. 746 do CC/02); como um elemento essencial do contrato aleatório (art. 458 do CC/02); na compra e venda, no sentido de possíveis deteriorações ou até mesmo a perda do bem (art. 492 CC/02); e, no contrato de seguro, o risco assumido pelo segurador (art. 757 do CC/02).

No contexto da responsabilidade civil, este vocábulo tem uma acepção específica, como explica, Alvino Lima,[165] tem fundamento nos princípios de justiça e equidade na medida em que a complexidade da vida moderna "trouxe a multiplicidade dos acidentes que se tornaram anônimos". Todavia, a teoria do risco tem algumas variações, a saber: – risco integral; – risco administrativo; – risco proveito; – risco profissional; e – risco criado.[166]

A teoria do risco integral desconsidera os elementos pessoais, pois a responsabilidade persiste mesmo nos casos de culpa exclusiva da vítima, fato de terceiro, caso fortuito ou força maior, teoria aplicada aos danos ambientais com base na Lei 6.938/1981).[167] O risco administrativo limita a responsabilidade civil à comprovação do nexo causal como ocorre na responsabilidade civil do Estado.[168] A teoria do risco profissional sustenta a obrigação do empregador pelos prejuízos causados por seus empregados. Já a teoria fundada no risco proveito sustenta a responsabilidade pelos danos individuais e metaindividuais por parte de quem se beneficia economicamente da atividade que causou o dano.[169] Ao passo que, a teoria do risco criado é uma ampliação desta última, pois impõe a responsabilização à atividade geradora do risco, seja econômica ou não, isto porque pelo "próprio fato de agir, o homem frui todas as vantagens de sua atividade, criando riscos de prejuízos para os outros de que resulta o justo ônus dos encargos".[170]

---

165. *Culpa e Risco.* Op. cit., p. 195.
166. PEREIRA, Caio Mario da Silva. *Responsabilidade Civil.* Op. cit., p. 369.
167. CAVALIERI FILHO, Sérgio. Op. cit., p. 241.
168. CAHALI, Yussef Said. Op. cit., p. 41.
169. PEREIRA, Caio Mario da Silva. *Responsabilidade Civil.* Op. cit., p. 370-321.
170. SERPA LOPES, Miguel Maria de. Op. cit., v. V, p. 170.

CAPÍTULO 4 • RESPONSABILIDADE CIVIL PELOS DANOS DECORRENTES DE ACIDENTES **149**

A teoria do risco criado, por sua amplitude, é a mais aceita pela doutrina,[171] bem como pelo STJ[172] que entende ser responsável o fornecedor que deixou de fazer reparos na rede elétrica, criando um risco de acidentes em decorrência de choque elétrico, o que aconteceu com uma vítima que estava no local para tentar evitar que crianças viessem a se machucar pelo risco criado pela empresa que deixou de fazer os reparos necessários.

No contexto dos carros autônomos, a responsabilidade objetiva nas relações de consumo, sustenta-se pela teoria do risco criado. Todavia, importante frisar que os riscos em acidentes de trânsito não serão aumentados; pelo contrário, estima-se uma considerável redução. Todavia, a chave para analisar o dever de indenizar os eventuais danos está no nexo causal, que tem ensejado um intenso

---

171. Idem, ibidem; no mesmo sentido vide: PEREIRA, Caio Mario da Silva. *Responsabilidade Civil*. Op. cit., p. 373.

172. "processual civil e responsabilidade civil. Recurso especial. Rompimento de cabo de energia por disparo de fuzil. Morte de vítima que, várias horas após o acidente e comunicação à concessionária de energia acerca do ocorrido, tentava prevenir que crianças se acidentassem. Responsabilidade civil objetiva da concessionária de serviço público. Culpa exclusiva da vítima ou de terceiro não caracterizada, visto que houve superveniente e inconcebível negligência quanto ao reparo da linha de energia. Apreciação de tese acerca de concorrência de causas. Inviabilidade, por exigir o reexame de provas. Pensionamento. Em caráter excepcional, é possível o exercício da faculdade do magistrado de substituição da constituição de capital pela inclusão em folha de pagamento de empresa de notória capacidade econômica, nos termos do art. 475-Q, § 2º, do CPC. Matéria, cujo exame compete às instâncias ordinárias, não constituindo direito subjetivo do demandado.

    1. O artigo 14, § 3º, do Código de Defesa do Consumidor somente afasta a responsabilidade do fornecedor por fato do serviço quando a culpa da vítima do evento ou de terceiro for exclusiva. Embora o rompimento do cabo de energia por disparo de fuzil seja inusual, é comum esse tipo de dano em linhas de energia decorrente dos mais variados fatos (v.g., colisão de automóvel com poste que sustenta linha de energia, vandalismo, queda de árvore), devendo, pois, as concessionárias de energia manter ininterruptamente serviço eficiente de reparo, de modo a mitigar os riscos inerentes aos serviços que presta.

    2. No caso, foi apurado pelas instâncias ordinárias que o rompimento do cabo de eletricidade ocorreu às 16h e apenas às 21h30 foi providenciado o reparo, tendo a vítima vindo a falecer por volta de 19h, quando tentava proteger crianças que circulavam pelo local de riscos de acidentes; *isto é, buscava afastar o risco criado pela negligência da própria ré, que não efetuou o reparo de imediato, em tempo hábil a prevenir o acidente.*

    3. O advento da Lei 11.232/2005 instituiu o atual art. 475-Q, § 2º, do Código de Processo Civil, estabelecendo ser faculdade do juiz a substituição da determinação de constituição de capital pela inclusão dos beneficiários na folha de pagamento de sociedade empresária que apresente notória capacidade econômica. Dessarte, a Súmula 313/STJ, embora não tenha ficado superada, deve ser interpretada de forma consentânea ao texto legal em vigor, que estabelece ser faculdade do juiz que, excepcionalmente, determine a substituição da constituição de capital pela inclusão dos beneficiários na folha de pagamento de sociedade empresária, contanto que a condenada apresente clara higidez econômica, podendo a questão ser examinada na fase de cumprimento da sentença.

    4. Recurso especial não provido."

    (REsp 1308438/RJ, Rel. Ministro Luis Felipe Salomão, Quarta Turma, julgado em 27.08.2013, REPDJe 07/10/2013, DJe 27.09.2013).

debate na doutrina e nos tribunais, notadamente quanto aos denominados "fortuito interno" e "fortuito externo" como excludentes do dever de reparar.

4.3.2 Excludentes da responsabilidade civil e a aplicação da tese do "fortuito interno" e "fortuito externo" no contexto dos carros autônomos

A responsabilidade civil objetiva não significa que o fornecedor responderá de forma absoluta,[173] razão pela qual a discussão sobre o nexo de causalidade é de suma importância.[174] Assim, as excludentes da responsabilidade civil do fornecedor estão previstas em lei (§ 3º do art. 12 e § 3º do art. 14 do CDC), quais sejam: não ter colocado o produto ou serviço no mercado de consumo; a inexistência do defeito; e culpa exclusiva da vítima ou de terceiro.

Quanto à primeira hipótese, o fato de não inserir o produto no mercado de consumo ou não disponibilizar o serviço aos consumidores rompe com o nexo causal entre o dano sofrido pelo consumidor e a atividade do fornecedor. Por exemplo, se um sistema utilizado no carro autônomo tenha sido pirateado, ou seja, utilizado em um veículo por uma pessoa que o subtraíra, se o sistema ainda não estava pronto para ser vendido, motivo pelo qual não tenha sido comercializado, e a colisão dos carros autônomos tenha sido em razão deste mau funcionamento. Ora, o dano sofrido pelo consumidor não poderá ser imputado ao fornecedor a menos que ele pudesse detectar o uso do sistema falsificado e não fizer nada para impedir.

Semelhantemente, não haverá o dever de indenizar por parte do fornecedor se demonstrar que o defeito inexistia, como no caso de se alegar uma falha no sistema de inteligência artificial que operava o carro autônomo, e a empresa demonstrar que tal falha era impossível de acontecer.[175]

---

173. BENJAMIN, Antonio Herman de Vasconcelos e. Fato do Produto e do Serviço..., op. cit., p. 129.
174. Vide: Tribunal de Justiça do Rio Grande do Sul. Apelação Civil 70082085903, 10ª Câmara Cível. Rel. Des. Jorge Alberto Schreiner Pestana. "Apelação cível. Responsabilidade civil. Ação de indenização. Acidente de consumo. Choque elétrico. Lesões físicas. Responsabilidade objetiva. Não comprovação do nexo de causalidade. Sentença de improcedência mantida. A concessionária de energia elétrica possui responsabilidade objetiva em reparar os prejuízos sofridos em razão da prestação dos seus serviços, nos termos do art. 37, § 6º, da Constituição Federal e artigo 14 do Código de Defesa do Consumidor. Para a configuração de responsabilidade da concessionária e, assim, do dever de indenizar, devem estar presentes a comprovação do dano efetivo, a conduta lesiva e o nexo causal. No caso dos autos, a parte autora não logrou comprovar o fato constitutivo de seu direito, haja vista não ter demonstrado o nexo de causalidade entre o acidente e a responsabilidade da concessionária ré. Sentença mantida. Recurso desprovido."
175. Cf. "Recurso inominado. Responsabilidade civil. Consumidor. Ação de indenização por danos materiais e morais. Acidente de consumo. Leite. Inadequação de alimento. Problemas estomacais decorrentes do consumo. Ausente prova do nexo de causalidade. Cuida-se de ação por meio da qual reclama a parte autora a condenação da parte ré ao pagamento de indenização por danos materiais e morais, com origem

CAPÍTULO 4 • RESPONSABILIDADE CIVIL PELOS DANOS DECORRENTES DE ACIDENTES **151**

Por fim, o CDC traz, ainda, a culpa exclusiva da vítima ou de terceiro como excludente da responsabilidade civil, o que rompe o nexo causal entre a atividade do fornecedor e o dano experimentado pelo consumidor. No caso dos carros autônomos, como destacado, o ser humano não está na direção, por isso, dificilmente ele concorrerá para a colisão do veículo. Todavia, o consumidor pode, por imprudência, disponibilizar códigos de segurança para terceiros que podem, por sua vez, realizar alguma prática criminosa lesionando o consumidor, fato que excluiria o nexo causal, desde que plenamente informado ao consumidor os perigos em disponibilizar os códigos de segurança nas licenças de uso e no manual de instrução.

Todavia, a culpa concorrente do consumidor não exclui o dever de reparar o dano, mas pode ser levada em consideração para diminuir o valor da indenização, semelhantemente ao que entendeu, o Tribunal de Justiça de São Paulo, em que a consumidora adquiriu produtos em site clonado e, portanto, não foram entregues. No caso, o TJ/SP concluiu pela responsabilização do fornecedor por omissão em informar aos consumidores sobre tais práticas fraudulentas e em adotar medidas eficazes para evitar situações semelhantes.[176]

---

na aquisição e consumo de leite impróprio para o consumo. A sentença julgou improcedente o pedido, dela recorrendo a autora. Pois bem. De acordo com o que dispõe o art. 12 do CDC, que trata da responsabilidade pelo fato do produto ou do serviço, a responsabilidade é objetiva, ou seja, independe de culpa, bastando que fique comprovada a ocorrência do fato, o dano e o nexo de causalidade entre ambos. No caso concreto, no entanto, não há prova estreme de dúvida do alegado acidente de consumo. Note-se que a prova produzida, inclusive, deixa dúvida acerca da impropriedade do alimento para consumo à época de sua aquisição. Veja-se que as imagens acostadas aos autos (fls. 73/86), não trazem qualquer referência da data em que realizadas pela consumidora, tendo sido juntadas em 05.04.2017, vários meses após o vencimento do produto (12.11.2016). Ademais, não há nos autos nenhuma prova, além das alegações da autora e de sua testemunha (ouvida como informante), de que, ao utilizar o produto, tenha sofrido os propalados problemas estomacais. Com efeito, na espécie, em que pese haja afirmação veemente da parte autora, no sentido de que o dano alegado surgiu a partir da utilização do produto, nada há nos autos a confirmar o nexo de causalidade, inexistindo, sequer um atestado médico que corrobore com a tese sustentada pela consumidora. Nesse quadro, a par do conjunto probatório, tem-se que a autora não se desincumbiu do ônus que lhe cabia (artigo 373, inciso I, do CPC). Sentença de improcedência mantida. Recurso desprovido." Unânime (Recurso Cível, 71008652547, Segunda Turma Recursal Cível, Turmas Recursais, Relator: Elaine Maria Canto da Fonseca, Julgado em: 04.02.2020)[0].

176. "Compra e venda – Comércio eletrônico – Entrega do produto não efetuada – Ação de indenização por danos materiais e morais proposta pela consumidora – Sentença de improcedência – Apelo da autora – Negócio realizado em site falso (clonado) com as características do site oficial da ré, pessoa jurídica de renome – Conhecimento de que seu nome, logotipo e formato de página da internet são utilizados para práticas criminosas e lesivas aos consumidores – Não comprovação da adoção de qualquer procedimento de segurança para evitar situações semelhantes – Omissão quanto ao dever de prestar informações que permitam ao consumidor certificar-se de que não opera em um site fraudado – Inobservância do princípio da boa-fé objetiva – Culpa exclusiva da autora não verificada – Ação procedente em parte – Responsabilidade da ré – Ressarcimento da quantia despendida pela consumidora, observada a culpa concorrente – Danos morais não caracterizados – Hipótese de mero dissabor – Indenização inexigível – Apelação parcialmente provida." Ap. Cível 1000259-19.2019.8.26.0161. Órgão julgador: 29ª Câmara de Direito Privado. Relator Des. Carlos Henrique Miguel Trevisan. Data do julgamento: 29.01.2020. Data de publicação: 29.01.2020.

No entanto, *data maxima venia,* sentenças como esta revelam a ausência de cientificidade quanto aos critérios para excluir o nexo causal entre a atividade do fornecedor e o dano sofrido pelo consumidor. Como alertou Anderson Schreiber,[177] este tipo de análise acaba fundamentando a reparação de danos devido às desgraças das vítimas em um contexto de "vitimização social" ("blame culture"), resultando na temível "extraordinária expansão do dano ressarcível".

Para evitar situações injustas, a doutrina[178] entende que o caso fortuito e a força maior são excludentes de responsabilidade. Preliminarmente, deve-se conceituar estes elementos, que é objeto de divergência doutrinária, por exemplo, Orlando Gomes[179] entende que caso fortuito seria o evento natural ou humano, imprevisível, ao passo que força maior seria o evento previsível, cujos efeitos sejam inevitáveis. Agostinho Alvim,[180] por sua vez, entende que o caso fortuito se caracteriza pelo fato necessário impossível de se evitar ou impedir, sendo que a necessidade do fato deve ser analisada em concreto porque está relacionado à atividade do devedor, nos casos das relações de consumo, do fornecedor ("fato interno"); enquanto que a força maior decorre de causas estranhas atividade do fornecedor ("fato externo").

Tradicionalmente, caso fortuito está relacionado a um evento natural imprevisível, como tempestade que causa inundação,[181] ao passo que força maior seria um fato humano alheio à vontade do devedor, como um roubo do objeto da prestação que não poderá ser entregue para o credor, ou ainda, decorrente de ato emanado de autoridade (*factum principis*), como a desapropriação, conforme exemplo dado por Caio Mario da Silva Pereira.[182]

Contudo tal conceito não é unânime na doutrina, pois, João Manoel de Carvalho Santos[183] entende justamente ao contrário, ou seja, caso fortuito seria o fato humano, e a força maior estaria relacionada a eventos naturais.

Devido a estas divergências, Caio Mario da Silva Pereira[184] e José Aguiar Dias[185] propõem tomar as expressões como sinônimas, porque ambas as hipó-

---

177. Op. cit., p. 76-77.
178. PEREIRA, Caio Mario da Silva. *Responsabilidade Civil,* op. cit., p. 397.
179. *Obrigações.* Op. cit., p. 176.
180. *Da inexecução das obrigações e suas consequências.* Op. cit., p. 315: "A distinção que modernamente a doutrina vem estabelecendo, aquela que tem efeitos práticos e que já vai se introduzindo em algumas leis, é a que vê no caso fortuito um impedimento relacionado com a pessoa do devedor ou com a sua empresa enquanto que a força maior é um acontecimento externo".
181. BEVILAQUA, Clóvis. *Código Civil dos Estados Unidos do Brasil Comentado.* 2. ed. Rio de Janeiro: Francisco Alves, 1924. v. IV, p. 217.
182. *Instituições de Direito Civil.* 21. ed. Rio de Janeiro: Forense, 2006. v. II: Teoria Geral das Obrigações, p. 384.
183. *Código Civil brasileiro interpretado.* 3. ed. Rio de Janeiro: Freitas Bastos, 1942.
184. *Responsabilidade Civil.* Op. cit., p. 398.
185. Op. cit., v. II, p. 281.

CAPÍTULO 4 • RESPONSABILIDADE CIVIL PELOS DANOS DECORRENTES DE ACIDENTES

teses têm um efeito em comum, qual seja, a exclusão da imputação do dever de reparar o dano. Portanto, não é necessário distinguir se os acidentes com carros autônomos seriam caso fortuito ou força maior na medida em que o efeito é o mesmo, qual seja, a exclusão do nexo causal. A discussão relevante é distinguir entre fortuito externo e fortuito interno.

Agostinho Alvim[186] distingue em "fortuito interno" para designar todos os fatos ligados à empresa enquanto "fortuito externo" para aqueles que estão fora dela, ao qual o doutrinador chama de "força maior". Para o autor, somente o "fortuito externo" ou "força maior" exclui a responsabilidade objetiva, pois se tratam de acontecimentos sem ligação alguma com a empresa ou negócio, como os fenômenos naturais. Por outro lado, o "fortuito interno" não afasta o dever de reparar o dano por se tratar de fatos relacionados à empresa ou ao negócio. Nesta hipótese, por mais cauteloso que seja o empresário, se ele usa um animal, ou veículo, uma máquina ou qualquer serviço de terceiro em sua atividade profissional que venha a causar dano, será obrigado a repará-lo.

Importante destacar os requisitos para que estes fatos sejam considerados como caso fortuito ou força maior, são eles: – necessidade, ou seja, considera-se apenas o evento que de fato provocou o dano, sem o qual este não ocorreria; e – inevitabilidade, isto é, o suposto responsável não teria meios de evitar ou impedir a ocorrência dos danos. Quanto à imprevisibilidade, a doutrina entende não ser este um requisito para caracterizar um fato determinado como caso fortuito ou força maior.[187] José Aguiar Dias[188] sugere que esta análise seja feita casuisticamente, pois o que pode ser considerado como caso fortuito hoje, pode deixar de sê-lo.

O Código de Defesa do Consumidor foi omisso quanto ao caso fortuito e à força maior como excludentes da responsabilidade civil do fornecedor. Tal omissão deixou margem para diversos posicionamentos doutrinários acerca desta questão. A primeira corrente[189] entende que o CDC adotou a teoria do risco integral, mantendo o dever de reparar do fornecedor ainda que o dano decorra de caso fortuito ou força maior, pois o rol das excludentes de responsabilidade civil previsto no CDC é taxativo (*numerus clausus*). Em sentido contrário, outra

---

186. Op. cit., p. 301-303.
187. SERPA LOPES, Miguel Maria de. *Curso de Direito Civil*. 6. ed. rev. e atual. Rio de Janeiro: Biblioteca Jurídica Freitas Bastos, 1995. v. II: Obrigações em Geral, p. 378. No mesmo sentido: PEREIRA, Caio Mario da Silva. *Responsabilidade Civil*. Op. cit., p. 399.
188. Op. cit., p. 282.
189. Dentre os que defendem a não aplicação do caso fortuito e força maior como excludente de responsabilidade civil: LISBOA, Roberto Senise. *Responsabilidade...*, op. cit., p. 270; NUNES, Rizzatto. Op. cit., p. 330.

parte de doutrina,[190] com a qual concordamos, entende que, muito embora o CDC não tenha previsto o caso fortuito e a força maior como excludentes de responsabilidade, não afastou a possibilidade de se aplicar os fatores negativos de imputação do dever de indenizar como previsto no art. 393 do CC/02.[191]

Entretanto, observa-se um movimento intermediário que, com base na distinção feita por Agostinho Alvim acima descrita, distingue entre "fortuito *interno*" e "fortuito externo".[192] O primeiro é considerado o fato imprevisível e inevitável que esteja vinculado à fabricação do produto ou à realização do serviço e, por isso, não exclui a responsabilidade do fornecedor na medida em que compõe os riscos do empreendimento (entendido, portanto, como um "defeito de concepção do produto ou de formulação do serviço"). Fortuito externo, por sua vez, é o fato que não tenha relação com a atividade do fornecedor, geralmente, manifesta-se em momento posterior à fabricação ou à realização do serviço.[193]

Neste sentido, a doutrina e a jurisprudência têm relativizado o entendimento com base na caracterização do fortuito interno, ou seja, os fatos sobre os quais o fornecedor tem controle e, portanto, não são excludentes da responsabilidade civil objetiva; já os acontecimentos que fogem ao controle do fornecedor são considerados fortuito externo, rompendo o nexo de causalidade, como observado por Zelmo Denari, não sujeitando o fornecedor à obrigação de reparação do dano (seria um exemplo de dano não indenizável).[194]

O STJ[195] já vem adotando esta distinção em diversos julgados, como no caso abaixo que considerou um fortuito externo o roubo em posto de combustível, prejudicando os clientes que estavam no estabelecimento, pois não se insere nesta atividade a prestação de segurança contra criminosos:

---

190. BENJAMIN, Antonio Herman Vasconcelos e. Fato do Produto e do Serviço. Op. cit., p. 129; LIMA, Alvino. Op. cit., p. 324.

191. "Art. 393. O devedor não responde pelos prejuízos resultantes de caso fortuito ou força maior, se expressamente não se houver por eles responsabilizado.

   Parágrafo único. O caso fortuito ou de força maior verifica-se no fato necessário, cujo efeito não era possível evitar ou impedir."

192. DENARI, Zelmo. Op. cit., p. 168. No mesmo sentido: BENJAMIN, Antonio Herman Vasconcelos e. Op. cit., p. 130.

193. CAVALIERI FILHO, Sérgio. Programa de Direito do Consumidor. Op. cit., p. 307. O autor entende que o fortuito externo pode ser fundamentado no art. 14, § 3º, inc. II do CDC, ou seja, inexistência de defeito.

194. Op. cit., p. 168: "Mas a doutrina mais atualizada já se advertiu de que esses acontecimentos – ditados por forças físicas da natureza ou que, de qualquer forma, escapam ao controle do homem – tanto podem ocorrer antes como depois da introdução do produto no mercado de consumo.

   Na primeira hipótese, instalando-se na fase de concepção ou durante o processo produtivo, o fornecedor não pode invocá-la para se subtrair à responsabilidade por danos."

195. REsp 1243970/SE, Rel. Ministro Massami Uyeda, Terceira Turma, julgado em 24.04.2012, DJe 10.05.2012.

CAPÍTULO 4 • RESPONSABILIDADE CIVIL PELOS DANOS DECORRENTES DE ACIDENTES **155**

Recurso especial – Direito civil e consumidor – Responsabilidade civil – Indenização por danos morais e materiais – Fornecedor – Dever de segurança – Artigo 14, *caput*, do CDC – Responsabilidade objetiva – Posto de combustíveis – Ocorrência de delito – Roubo – *Caso fortuito externo – Excludente de responsabilidade – Inexistência do dever de indenizar –* Recurso especial improvido.

I – É dever do fornecedor oferecer aos seus consumidores a segurança na prestação de seus serviços, sob pena, inclusive, de responsabilidade objetiva, tal como estabelece, expressamente, o próprio artigo 14, "caput", do CDC.

II – Contudo, *tratando-se de postos de combustíveis, a ocorrência de delito (roubo) a clientes de tal estabelecimento, não traduz, em regra, evento inserido no âmbito da prestação específica do comerciante, cuidando-se de caso fortuito externo, ensejando-se, por conseguinte, a exclusão de sua responsabilidade pelo lamentável incidente.*

III – O dever de segurança, a que se refere o § 1º, do artigo 14, do CDC, diz respeito à qualidade do combustível, na segurança das instalações, bem como no correto abastecimento, atividades, portanto, próprias de um posto de combustíveis.

IV – A prevenção de delitos é, em última análise, da autoridade pública competente. É, pois, dever do Estado, a proteção da sociedade, nos termos do que preconiza o artigo 144, da Constituição da República.

V – Recurso especial improvido. (grifo nosso)

Em outro julgado, sobre as fraudes realizadas por terceiros em serviços financeiros, o STJ[196] entendeu ser um fortuito interno, porque faz parte da prestação de serviços financeiros assegurar sistemas contra a prática destes delitos, *in verbis*:

---

196. AgRg no Ag 1388725/SP, Rel. Ministro Ricardo Villas Bôas Cueva, Terceira Turma, julgado em 07.03.2013, DJe 13.03.2013. No mesmo sentido: "Recurso especial representativo de controvérsia. Julgamento pela sistemática do art. 543-C do CPC. Responsabilidade civil.

Instituições bancárias. Danos causados por fraudes e delitos praticados por terceiros. Responsabilidade objetiva. Fortuito interno. Risco do empreendimento.

1. Para efeitos do art. 543-C do CPC: As instituições bancárias respondem objetivamente pelos danos causados por fraudes ou delitos praticados por terceiros - como, por exemplo, abertura de conta-corrente ou recebimento de empréstimos mediante fraude ou utilização de documentos falsos –, porquanto tal responsabilidade decorre do risco do empreendimento, caracterizando-se como fortuito interno.

2. Recurso especial provido." (REsp 1199782/PR, Rel. Ministro Luis Felipe Salomão, Segunda Seção, julgado em 24.08.2011, DJe 12.09.2011) – (grifos)

"Civil e processual civil. Acidente ocorrido com aluno durante excursão organizada pelo colégio. Existência de defeito. Fato do serviço. Responsabilidade objetiva. Ausência de excludentes de responsabilidade.

1. É incontroverso no caso que o serviço prestado pela instituição de ensino foi defeituoso, tendo em vista que o passeio ao parque, que se relacionava à atividade acadêmica a cargo do colégio, foi realizado sem a previsão de um corpo de funcionários compatível com o número de alunos que participava da atividade.

2. O Tribunal de origem, a pretexto de justificar a aplicação do art. 14 do CDC, impôs a necessidade de comprovação de culpa da escola, violando o dispositivo ao qual pretendia dar vigência, que prevê a responsabilidade objetiva da escola.

Agravo regimental no agravo de instrumento. Responsabilidade civil. Instituição financeira. Danos causados por ato de terceiro. Responsabilidade objetiva. Fortuito interno. Matéria submetida ao regime dos recursos repetitivos. Acórdão fundado em matéria fático-probatória. Súmula 7/STJ.

1. As instituições bancárias respondem objetivamente por danos causados por fraudes ou *delitos praticados por terceiros, visto que tal responsabilidade decorre do risco do empreendimento, caracterizando-se como fortuito interno*, consoante entendimento firmado em julgamento submetido ao procedimento do art. 543-C do CPC (REsp 1.199.782/PR, Rel. Min. Luis Felipe Salomão, Segunda Seção, julgado em 24.08.2011, DJe 12.09.2011) e consagrado na Súmula 479/STJ.

2. Somente nas hipóteses excludentes previstas no art. 14, § 3º, da Lei 8.078/90 é que ficaria afastada a responsabilidade objetiva das instituições financeiras por fraudes praticadas por terceiros e que sejam danosas aos consumidores, dentre as quais se encontra culpa exclusiva do consumidor ou de terceiro, conforme se colhe da dicção do inciso II do citado dispositivo.

3. Hipótese em que o tribunal de origem não considerou presente nenhuma hipótese excludente da responsabilidade da instituição financeira. Consectariamente, reverter tais conclusões demandaria o reexame de matéria fático-probatória, o que é inviável em sede de recurso especial, nos termos da Súmula 7 do Superior Tribunal de Justiça ("A pretensão de simples reexame de prova não enseja recurso especial").

4. Agravo regimental não provido."

Constata-se, portanto, que este é um campo fértil para posições doutrinárias, diante da lacuna do CDC. No caso dos carros autônomos, não será diferente, devido às especificidades do sistema de funcionamento da inteligência artificial denominada "forte", surge a possibilidade de os carros adotarem "comportamentos emergentes", que fogem à previsibilidade e inevitabilidade dos desenvolvedores, justificando o enfrentamento sobre a caracterização destes como fortuito externo.

---

3. Na relação de consumo, existindo caso fortuito interno, ocorrido no momento da realização do serviço, como na hipótese em apreço, permanece a responsabilidade do fornecedor, pois, tendo o fato relação com os próprios riscos da atividade, não ocorre o rompimento do nexo causal.

4. Os estabelecimentos de ensino têm dever de segurança em relação ao aluno no período em que estiverem sob sua vigilância e autoridade, dever este do qual deriva a responsabilidade pelos danos ocorridos.

5. Face as peculiaridades do caso concreto e os critérios de fixação dos danos morais adotados por esta Corte, tem-se por razoável a condenação da recorrida ao pagamento de R$ 20.000,00 (vinte mil reais) a título de danos morais.

6. A não realização do necessário cotejo analítico dos acórdãos, com indicação das circunstâncias que identifiquem as semelhanças entre o aresto recorrido e os paradigmas implica o desatendimento de requisitos indispensáveis à comprovação do dissídio jurisprudencial.

7. Recursos especiais conhecidos em parte e, nesta parte, providos para condenar o réu a indenizar os danos morais e materiais suportados pelo autor.

(REsp 762.075/DF, Rel. Ministro Luis Felipe Salomão, Quarta Turma, julgado em 16.06.2009, DJe 29.06.2009)" (grifos)

CAPÍTULO 4 • RESPONSABILIDADE CIVIL PELOS DANOS DECORRENTES DE ACIDENTES

4.3.2.1 Os comportamentos emergentes de máquinas como fortuito externo

Os comportamentos emergentes de máquinas são produzidos pelos chamados "emergent algorithms", ou seja, um algoritmo inteligente capaz de adotar diversas condutas diante de um ambiente complexo, como por exemplo, adaptando seus movimentos quando verificar os obstáculos no ambiente.[197]

Como foi analisado no capítulo anterior, os carros autônomos são desenvolvidos e submetidos a inúmeros testes em ambiente controlado, podendo, em alguns países, ser testados em vias públicas. O objetivo central destes testes é realizar o aprendizado de máquina, pelo qual o sistema de inteligência artificial é treinado a reconhecer uma variedade imensa de objetos, estabelecendo as alternativas para o movimento diante destes obstáculos. Todavia, é impossível realizar testes prévios que configurem todas as possíveis combinações de variáveis que o carro autônomo enfrentará na dinâmica do trânsito das pequenas, médias e grandes cidades, em que ele irá interagir com outros carros (autônomos ou não), pessoas, animais e coisas; e sobre estas circunstâncias o desenvolvedor do carro autônomo não tem controle algum.

Esta análise deve levar em consideração três categorias de comportamento da máquina, conforme sua interação com o ambiente: máquinas individuais, máquinas coletivas e grupos de máquinas em um ambiente social com interação com outras máquinas e com seres humanos. Na primeira categoria, busca-se avaliar o comportamento individual da máquina, ou seja, estudar o próprio algoritmo, isto é muito comum, por exemplo, nas ferramentas de aprendizado de máquina *unipropósito*, como o algoritmo inteligente capaz de jogar xadrez com um ser humano, campeão mundial em xadrez, e ganhar facilmente (sendo este o único objetivo do sistema).[198]

Na segunda, por sua vez, objetiva-se analisar o comportamento coletivo da máquina, isto é, como ela interage com outras máquinas. Por fim, na terceira, enfatiza-se o estudo das interações entre máquinas e entre estas diante do comportamento humano.[199] Estas duas possibilidades são viabilizadas pelas ferramentas

---

197. LEE, Seung-Ik; CHO, Sung-Bae. Emergent Behaviors of a Fuzzy Sensory-Motor Controller Evolved by Genetic Algorithm. *IEEE Transactions on Cybernetics*, v. 31, n. 6, p. 919-929, jan. 2002. Disponível em: http://citeseerx.ist.psu.edu/viewdoc/download?doi=10.1.1.97.8106&rep=rep1&type=pdf. Acesso em: 20 mar. 2020.

198. No exemplo de IA em jogo de xadrez, os possíveis movimentos são finitos por isso o treino do sistema de inteligência artificial leva em consideração todos os possíveis movimentos dentro deste cenário que é limitado. Sobre alguns exemplos de inteligência artificial unipropósito cf. KAPLAN, Jerry. Op. cit., p. 19; RUSSEL, Stuart J; NORVIG, Peter. Op. cit., p. 21.

199. RAHWAN, Iyad et al, op. cit., p. 481.

de aprendizado de máquina *multipropósitos*,[200] ou seja, que são desenhadas para desempenhar diversas tarefas simultaneamente com objetivos dinâmicos. Justamente nessa vertente que se encaixam os carros autônomos.

David C. Vladeck[201] cita um exemplo muito ilustrativo para tal discussão. O autor imagina um carro autônomo projetado para evitar, a todo custo, atingir um humano. Portanto, não há que se falar em defeito de concepção. Ocorre que um pedestre atravessa repentinamente a rua, estando na direção do veículo, sendo que para não atingir o pedestre, o veículo tem apenas duas opções: 1) pode realizar uma manobra evasiva fazendo uma curva acentuada para evitar o atropelamento do pedestre, no entanto, tal medida acarretaria a colisão em um muro (arriscando, desta forma, lesionar os ocupantes do veículo); ou 2) pode frear com muita força, sem garantir que não ocorrerá o atropelamento dada a distância e a velocidade do veículo, mas podendo, ainda, ocasionar uma colisão com carro que esteja atrás. Nesta situação hipotética, imaginando que o algoritmo não escolha nenhuma das duas alternativas para o qual foi programado, optando por uma terceira, qual seja, frear devagar, diminuindo a velocidade do carro para evitar o muro, colocando a salvo os passageiros do veículo, além da possível colisão com o carro atrás dele, mas atropelando e ferindo o pedestre que atravessou a pista repentinamente. Como observado pelo autor, o carro não deveria "fazer" a escolha que fez, pois, os engenheiros e programadores que projetaram o sistema de direção autônoma "instruíram" o carro a evitar atropelamento de pedestres. Entretanto, reconhecendo que o carro autônomo optou por salvaguardar os passageiros do veículo, como deveria ser interpretada tal situação à luz da legislação sobre responsabilidade civil (no caso, o CDC seria aplicado em função do conceito equiparado de consumidor como já mencionado)?

Este exemplo ilustra bem a diversidade de variáveis que o carro autônomo enfrenta fora dos ambientes controlados onde são realizados os testes. Neste sentido, parece-nos tratar de um fortuito externo, pois foge ao controle daqueles que desenvolveram a tecnologia de inteligência artificial utilizada no carro autônomo.

A questão gira em torno do risco de desenvolvimento ser ou não uma exclusão da responsabilidade no CDC. Antonio Herman Vasconcelos e Benjamin[202] define risco de desenvolvimento como o "risco que não pode ser cientificamente conhecido ao momento do lançamento do produto no mercado, vindo a ser des-

---

200. Observe-se que na dinâmica do trânsito, diversamente de uma partida de xadrez, não é possível antecipar todos os movimentos, pois as situações concretas são infinitas e muitas das quais não estão sob o controle do desenvolvedor da tecnologia, como crianças jogando bola na rua, animais na pista e etc.

201. Machines Without Principals: Liability Rules and Artificial Intelligence. *Washington Law Review.* Washington: The University of Washington School of Law. v. 89, n. 01, p. 117-150, Mar. 2014. p. 144.

202. Fato do Produto e do Serviço. Op. cit., p. 131.

CAPÍTULO 4 • RESPONSABILIDADE CIVIL PELOS DANOS DECORRENTES DE ACIDENTES **159**

coberto somente após um certo período de uso do produto e do serviço". Este não se confunde com o risco de concepção, entendido como um defeito do produto que tenha sido mal projetado, por exemplo. No caso vislumbrado acima, não houve erro na programação, mas, na verdade, o carro autônomo optou por uma escolha distinta dos padrões de aprendizado de máquina utilizados nos testes do sistema, mas que está relacionada ao programa de matar o mínio de pessoas (se imaginar que no interior do veículo havia 3 passageiros e todos os três poderiam se ferir gravemente para resguardar a vida do pedestre que ingressou na pista abruptamente).

É importante que se encontre uma solução que não aumente ainda mais a responsabilidade do fornecedor, inviabilizando o desenvolvimento e a inovação no que diz respeito à automação plena dos carros. Não se trata de uma atividade de risco, pois como demonstrado no capítulo anterior, estima-se uma substancial redução nos acidentes de trânsito e, por consequência, redução do número de mortos e feridos.

Excluído o nexo causal entre a programação do sistema utilizado no carro autônomo e o dano, que ocorreu em virtude de um comportamento para além do previsto pelo fornecedor, não arcaria com a indenização. Por outro lado, para não deixar o consumidor desamparado, sugere-se uma alternativa, adiante enfrentada, que pode ser um sistema de securitização especial para os carros autônomos, o que iria encarecer muito o produto, sendo que o consumidor iria arcar com tais custos, ou a criação de *um Fundo Especial para os Acidentes com Carros Autônomos*, de onde os consumidores receberiam a indenização, desde que excluído o nexo causal entre a atividade do fornecedor e o dano experimentado pelo consumidor, considerado neste contexto os comportamentos emergentes como fortuito externo.[203]

O STJ,[204] no caso em que se discutiu o *fortuito externo*, reconheceu que o assalto que culminou com a morte do consumidor (vítima do acidente de consumo), constitui fortuito externo por não estar dentro da margem de previsibilidade do fornecedor, no caso, a transportadora:

---

203. Neste sentido cf. VLADECK, David C. Op. cit., p. 150: "As suggested earlier, at some point the courts will have to wrestle with the underlying question of how to treat machines that are agents of no one – i.e., machines without principals. One solution would be to reconceptualize these autonomous, intelligent machines as entities with the status of a "person" under the law. Conferring "personhood" on these machines would resolve the agency question; the machines become principals in their own right, and along with new legal status would come new legal burdens, including the burden of self-insurance. This is a different form of cost-spreading than focusing on the vehicle's creators, and it may have the virtue of necessitating that a broader audience – including the vehicle's owner – participate in funding the insurance pool, and that too may be more fair."

204. REsp 974.138/SP, Rel. Ministro Raul Araújo, Quarta Turma, julgado em 22.11.2016, DJe 09.12.2016.

> Recurso especial. Responsabilidade civil. Transporte de passageiros. Concessionária de serviço público. Metropolitano. Roubo com arma branca seguido de morte. Escadaria de acesso à estação metroviária. Caso fortuito externo. Excludente de responsabilidade civil. Precedentes. Apelo provido.
>
> 1. Nos termos da jurisprudência firmada nesta Corte Superior, a responsabilidade do transportador em relação aos passageiros é objetiva, somente podendo ser elidida por fortuito externo, força maior, fato exclusivo da vítima ou por fato doloso e exclusivo de terceiro – quando este não guardar conexidade com a atividade de transporte.
>
> 2. *Não está dentro da margem de previsibilidade e de risco da atividade de transporte metroviário o óbito de consumidor por equiparação (bystander) por golpes de arma branca desferidos por terceiro com a intenção de subtrair-lhe quantia em dinheiro, por se tratar de fortuito externo com aptidão de romper o nexo de causalidade entre o dano e a conduta da transportadora.*
>
> 3. Recurso especial provido. (grifo nosso)

Neste sentido, os comportamentos emergentes das máquinas estão totalmente fora do controle do fornecedor, na medida em que as máquinas inteligentes podem adotar conduta não configurada pelos engenheiros e pelos programadores, não o reconhecer como excludente de responsabilidade agravaria a situação do fornecedor que repassaria para o consumidor, resultando em carros autônomos demasiadamente caros, muito longe do padrão de consumo da grande maioria dos consumidores. Ou, no mínimo, atrasando demasiadamente o lançamento de novos produtos. Além disso, representaria uma grande perda social, na medida em que estes veículos representarão grande economia ao reduzir drasticamente os acidentes de trânsito.

Além da responsabilidade pelo fato do produto, deve-se analisar algumas particularidades da responsabilidade pelos vícios do produto e do serviço no contexto dos carros autônomos.

4.3.3 Responsabilidade pelos incidentes de consumo: rumo a uma nova caracterização do defeito do produto e do serviço conforme o estado da arte do desenvolvimento de tecnologias de IA aplicadas aos carros autônomos

Na responsabilidade pelos defeitos no produto ou no serviço, é irrelevante perquirir a culpa, pois o fornecedor responde constatado o defeito no produto ou no serviço. No *leading case, Greenman v. Yuba Power Products Inc.*,[205] no qual o tribunal da Califórnia adotou, pela primeira vez, a responsabilidade objetiva

---

205. 59 Cal. 2d 57, 377 P.2d 897, 27 Cal. Rptr. 697, 1963 Cal. LEXIS 140, 13 A.L.R.3d 1049 (Cal. 1963).

CAPÍTULO 4 • RESPONSABILIDADE CIVIL PELOS DANOS DECORRENTES DE ACIDENTES **161**

para a hipótese de produtos defeituosos. Esta tese foi incorporada na seção 402A do "Restatement (Second) of the Law of Torts."[206]

Antes de tratar o tema, deve-se dissipar qualquer preconcepção inadequada de que os carros autônomos aumentarão os riscos decorrentes dos acidentes de consumo; pelo contrário, estes diminuirão em muito, notadamente porque a grande maioria dos acidentes se deve a falhas humanas (embriaguez ao volante e excesso de velocidade), o que não se observará na condução plenamente autônoma. Portanto, diante da concepção de produtos perigosos trazidos pelo CDC, os carros autônomos têm uma periculosidade potencial.

Os graus de periculosidade não são medidos a partir de critérios matemáticos ou previamente determinados, o legislador consumerista trabalha com três possibilidades, a saber: – periculosidade inerente ou latente (*unavoidably, unsafe product or service*) que é permitida; – a periculosidade não esperada ou adquirida (*unreasonably dangerous*) que impõe o dever de informação ostensiva sobre os riscos potenciais do produto e serviço; e – a periculosidade exagerada (*unreasonably dangerous*) que impede a disponibilização do produto ou serviço no mercado de consumo.[207]

Um fator decisivo para se apurarem eventuais vícios de qualidade por insegurança é a "[d]esconformidade de um produto ou serviço com as expectativas legítimas dos consumidores e que tem a capacidade de provocar acidentes de

---

206. CRANE, Daniel. Op. cit., p. 260: "Restatement (third) of torts: PROD. LIAB. § 5 (2000). Section 2, in turn, defines when a "component is defective in itself": A product is defective when, at the time of sale or distribution, it contains a manufacturing defect, is defective in design, or is defective because of inadequate instructions or warnings. A product: (a) contains a manufacturing defect when the product departs from its intended design even though all possible care was exercised in the preparation and marketing of the product; (b) is defective in design when the foreseeable risks of harm posed by the product could have been reduced or avoided by the adoption of a reasonable alternative design by the seller or other distributor, or a predecessor in the commercial chain of distribution, and the omission of the alternative design renders the product not reasonably safe; (c) is defective because of inadequate instructions or warnings when the foreseeable risks of harm posed by the product could have been reduced or avoided by the provision of reasonable instructions or warnings by the seller or other distributor, or a predecessor in the commercial chain of distribution, and the omission of the instructions or warnings renders the product not reasonably safe. Id. at § 2.
   Section 3 provides additionally that a product's defective condition may be inferred without proof of a specific defect if the injury-causing incident "(a) was of a kind that ordinarily occurs as a result of product defect; and (b) was not, in the particular case, solely the result of causes other than the product defect existing at the time of sale or distribution." Id. at § 3. Courts and scholars alike often call this rule the "malfunction doctrine." See, e.g., White v. Mazada Motor of Am., Inc., 99 A.3d 1079, 1096, 1100, (Conn. 2014) (Eveleigh, J., dissenting) (arguing that plaintiff introduced sufficient circumstantial evidence to create a genuine issue of material fact under the malfunction doctrine); see also Henderson v. Sunbeam Corp., 46 F.3d 1151 (10th Cir. 1995) (applying Oklahoma law) (holding that plaintiff may prove case against product manufacturer with circumstantial evidence without identifying a particular defective component)."
207. DENARI, Zelmo. Op. cit., p. 144.

consumo".[208] Permanecendo, contudo, a dificuldade de se estabelecer um critério objetivo de segurança na prestação de serviços e disponibilização de produtos no mercado de consumo. Isto porque o CDC relativiza a periculosidade, pois sempre haverá um risco mínimo, segundo o critério da razoabilidade.

A fim de minimizar os inconvenientes de uma norma tão ampla, busca-se estabelecer alguns critérios objetivos para a definição de segurança de um produto a partir de três critérios, quais sejam: – a adequação às normas de saúde e segurança dos consumidores; – adequação às normas técnicas específicas, ainda que não sejam obrigatórias; e – na ausência de regulamentação específica, a observância de recomendações, diretrizes e boas práticas.[209] Estes critérios objetivos devem ser delineados na futura lei brasileira sobre inteligência artificial.

Nota-se que, consoante o art. 8º do CDC,[210] os riscos que estejam dentro de uma expectativa legítima (periculosidade *esperada*), são admitidos, como, por exemplo, uma faca cuja finalidade é cortar, portanto, há um risco latente de ocorrer um acidente de consumo, quando o consumidor ao manusear a faca venha a se ferir.

Outra hipótese é a periculosidade *potencial*, quando o risco de dano não é esperado, mas possível, destacando-se a importante função do dever de informar por parte do fornecedor nos termos do art. 9º do CDC[211] (periculosidade potencial). Parece-nos que justamente nesta hipótese se encaixam os carros autônomos, ou seja, tem um risco em potencial quanto aos possíveis acidentes (que serão em menor número, mas ocorrerão). Além disso, pode-se adicionar uma periculosidade *imprevisível* devido aos comportamentos emergentes dos programas autônomos.

Neste sentido, o fornecedor (amplamente considerado) não deve poupar esforços para estabelecer uma comunicação clara e ostensiva, de maneira a traduzir para uma linguagem simples toda a complexidade do sistema utilizado no carro autônomo.

---

208. BENJAMIN, Antonio Herman de Vasconcelos e et al. *Manual de Direito do Consumidor*. São Paulo: Ed. RT, 2009. p. 16.

209. CALAIS-AULOY, Jean; TEMPLE, Henri. *Droit de la Consommation*. 9. ed. Paris: Dalloz, 2015. p. 266.

210. "Art. 8º Os produtos e serviços colocados no mercado de consumo não acarretarão riscos à saúde ou segurança dos consumidores, exceto os considerados normais e previsíveis em decorrência de sua natureza e fruição, obrigando-se os fornecedores, em qualquer hipótese, a dar as informações necessárias e adequadas a seu respeito.

Parágrafo único. Em se tratando de produto industrial, ao fabricante cabe prestar as informações a que se refere este artigo, através de impressos apropriados que devam acompanhar o produto."

211. "Art. 9º O fornecedor de produtos e serviços potencialmente nocivos ou perigosos à saúde ou segurança deverá informar, de maneira ostensiva e adequada, a respeito da sua nocividade ou periculosidade, sem prejuízo da adoção de outras medidas cabíveis em cada caso concreto."

CAPÍTULO 4 • RESPONSABILIDADE CIVIL PELOS DANOS DECORRENTES DE ACIDENTES   **163**

Apenas para completar a abordagem, há produtos ou serviços que oferecem um risco acentuado, como materiais radioativos, e somente podem ser colocados no mercado de consumo de acordo com as limitações legais como dispõe o art. 10 do CDC[212] (periculosidade proibida).

Além do fornecedor, o Poder Público, também, é responsável pela informação sobre a periculosidade dos serviços e dos produtos, como se observa a partir da prática de diversas agências reguladoras, realçando mais uma vez a necessidade de uma agência reguladora em inteligência artificial conforme se sustenta na União Europeia.

No contexto dos carros autônomos, notam-se quatro categorias de possíveis vícios do produto e do serviço, quais sejam: – defeitos de concepção (*design defects*); – defeitos de fabricação (*manufacturing defects*); – defeito de informação (*information defects*); e – falha nas instruções de uso do carro autônomo (*failures to instruct on use*).[213]

O defeito de concepção, por exemplo, falha nos códigos de programação utilizados para criar os algoritmos inteligentes, ou mesmo falha no sistema de aprendizagem de máquina, que apresentem um risco de dano desarrazoado, caracterizado pela inevitabilidade, a dificuldade de previsão estatística e a manifestação universal (ou seja, em todos os produtos).[214]

O defeito de fabricação é caracterizado por uma falha na linha de produção ou no acondicionamento, no armazenamento do produto, podendo ser originado de falha humana ou de falha mecânica, como a ausência de um sistema de auditoria da linha de produção rigoroso a ponto de evitar que os produtos defeituosos ingressem no mercado de consumo.[215] A título de exemplo, pode-se citar erro na conexão de fios que sustenta a transmissão dos pacotes de dados do sistema utilizado na automação plena do carro, dentre outros.

---

212. "Art. 10. O fornecedor não poderá colocar no mercado de consumo produto ou serviço que sabe ou deveria saber apresentar alto grau de nocividade ou periculosidade à saúde ou segurança.

§ 1º O fornecedor de produtos e serviços que, posteriormente à sua introdução no mercado de consumo, tiver conhecimento da periculosidade que apresentem, deverá comunicar o fato imediatamente às autoridades competentes e aos consumidores, mediante anúncios publicitários.

§ 2º Os anúncios publicitários a que se refere o parágrafo anterior serão veiculados na imprensa, rádio e televisão, às expensas do fornecedor do produto ou serviço.

§ 3º Sempre que tiverem conhecimento de periculosidade de produtos ou serviços à saúde ou segurança dos consumidores, a União, os Estados, o Distrito Federal e os Municípios deverão informá-los a respeito."

213. VLADECK, David C. Op. cit., p. 130.

214. BENJAMIN, Antonio Herman Vasconcelos e. Fato do Produto e do Serviço. Op. cit., p. 128.

215. EFING, Antônio Carlos; ARAÚJO, Jailson de Souza. Op. cit., p. 89.

Por fim, o defeito de informação será caracterizado pela falha no dever de passar ao consumidor todas as informações relevantes sobre o produto ou serviço, bem como na atividade pré-contratual, coibindo publicidade enganosa ou abusiva sobre um carro autônomo, por exemplo; ou, ainda, informar claramente sobre as políticas de privacidade e proteção de dados. Além disso, haverá falha nas instruções de uso, quando o fornecedor não explicar a maneira mais segura para utilizar o produto, e.g., significado de alguns botões "de pânico" caso haja necessidade de parar o veículo. Este tema é ainda mais relevante no contexto dos carros semiautônomos, pois o consumidor deve ser amplamente informado sobre os sinais e avisos que indiquem a necessidade de o motorista assumir a condução do carro.

Assim, segundo a teoria da qualidade e quantidade prevista no CDC, com a preocupação de afastar as deficiências do sistema tradicional, estabelece uma ampla tutela dos vícios do produto ou serviço. Portanto, o defeito do produto e do serviço caracteriza-se pela disparidade entre a quantidade ofertada e a real, violação à justa expectativa quanto à segurança ou por inadequação do produto e do serviço às normas técnicas quando estabelecidas pelas autoridades competentes.

Destaca-se que a garantia de fábrica não exclui a obrigação de garantir a qualidades e segurança dos produtos consoante o art. 50 do CDC, que determina ser a garantia contratual complementar à legal.[216] Em outras palavras, após o término da garantia contratual, começa a viger a garantia legal.[217]

---

216. BESSA, Leonardo Roscoe. Vício do Produto e do Serviço. Op. cit., p. 171.
217. Cf. "Direito do consumidor e processual civil. Recurso especial. Ação e reconvenção. Julgamento realizado por uma única sentença. Recurso de Apelação não conhecido em parte. Exigência de duplo preparo. Legislação local. Incidência da súmula 280/STF. Ação de cobrança ajuizada pelo fornecedor. Vício do produto. Manifestação fora do prazo de garantia. Vício oculto relativo à fabricação. Constatação pelas instâncias ordinárias. Responsabilidade do fornecedor. Doutrina e jurisprudência. Exegese do art. 26, § 3º, do CDC. (....)

3. No mérito da causa, cuida-se de ação de cobrança ajuizada por vendedor de máquina agrícola, pleiteando os custos com o reparo do produto vendido. O Tribunal *a quo* manteve a sentença de improcedência do pedido deduzido pelo ora recorrente, porquanto *reconheceu sua responsabilidade pelo vício que inquinava o produto adquirido pelo recorrido, tendo sido comprovado que se tratava de defeito de fabricação e que era ele oculto. (...)*

4. *O prazo de decadência para a reclamação de defeitos surgidos no produto não se confunde com o prazo de garantia pela qualidade do produto* – a qual pode ser convencional ou, em algumas situações, legal. O Código de Defesa do Consumidor não traz, exatamente, no art. 26, um prazo de garantia legal para o fornecedor responder pelos vícios do produto. Há apenas um prazo para que, tornando-se aparente o defeito, possa o consumidor reclamar a reparação, de modo que, se este realizar tal providência dentro do prazo legal de decadência, ainda é preciso saber se o fornecedor é ou não responsável pela reparação do vício.

5. Por óbvio, o fornecedor não está, *ad aeternum*, responsável pelos produtos colocados em circulação, *mas sua responsabilidade não se limita pura e simplesmente ao prazo contratual de garantia*, o qual é estipulado unilateralmente por ele próprio. Deve ser considerada para a aferição da responsabilidade

CAPÍTULO 4 • RESPONSABILIDADE CIVIL PELOS DANOS DECORRENTES DE ACIDENTES **165**

Na garantia contratual, exige-se a análise do princípio da relatividade dos contratos, na medida em que a parte contratante que ofereceu a garantia contratual é que deve ser acionada caso exista um defeito no produto durante o prazo da garantia contratual.[218] Como esta garantia é contratada pelo consumidor, ele pode dispensá-la se preferir executar diretamente a garantia legal.

As categorias de vícios previstas no art. 18 do CDC são plenamente aplicáveis aos carros autônomos, a saber: 1) impróprio ao consumo (§ 6º do art. 18 do CDC), tais como os produtos deteriorados, alterados, adulterados, avariados, falsificados, corrompidos, fraudados, e etc.; 2) diminua o valor; 3) disparidade entre as características do produto com as veiculadas na oferta e publicidade.

Destaca-se que o CDC tutela também os vícios ocultos, por exemplo, falhas na programação dos algoritmos, que o consumidor não poderia facilmente constatar. No entanto, os comportamentos emergentes não podem ser considerados vícios ocultos, porque não são erros ou falhas da programação; mas, sim, um

---

do fornecedor *a natureza do vício que inquinou o produto, mesmo que tenha ele se manifestado somente ao término da garantia.*

6. Os prazos de garantia, sejam eles legais ou contratuais, visam a acautelar o adquirente de produtos contra defeitos relacionados ao desgaste natural da coisa, como sendo um intervalo mínimo de tempo no qual não se espera que haja deterioração do objeto. Depois desse prazo, tolera-se que, em virtude do uso ordinário do produto, algum desgaste possa mesmo surgir. Coisa diversa é o vício intrínseco do produto existente desde sempre, mas que somente veio a se manifestar depois de expirada a garantia. Nessa categoria de vício intrínseco certamente se inserem os defeitos de fabricação relativos a projeto, cálculo estrutural, resistência de materiais, entre outros, os quais, em não raras vezes, somente se tornam conhecidos depois de algum tempo de uso, mas que, todavia, não decorrem diretamente da fruição do bem, e sim de uma característica oculta que esteve latente até então.

7. *Cuidando-se de vício aparente, é certo que o consumidor deve exigir a reparação no prazo de noventa dias, em se tratando de produtos duráveis, iniciando a contagem a partir da entrega efetiva do bem e não fluindo o citado prazo durante a garantia contratual. Porém, conforme assevera a doutrina consumerista, o Código de Defesa do Consumidor, no § 3º do art. 26, no que concerne à disciplina do vício oculto, adotou o critério da vida útil do bem, e não o critério da garantia, podendo o fornecedor se responsabilizar pelo vício em um espaço largo de tempo, mesmo depois de expirada a garantia contratual.*

8. Com efeito, em se tratando de vício oculto não decorrente do desgaste natural gerado pela fruição ordinária do produto, mas da própria fabricação, e relativo a projeto, cálculo estrutural, resistência de materiais, entre outros, o prazo para reclamar pela reparação se inicia no momento em que ficar evidenciado o defeito, não obstante tenha isso ocorrido depois de expirado o prazo contratual de garantia, devendo ter-se sempre em vista o critério da vida útil do bem.

9. Ademais, independentemente de prazo contratual de garantia, a venda de um bem tido por durável com vida útil inferior àquela que legitimamente se esperava, além de configurar um defeito de adequação (art. 18 do CDC), evidencia uma quebra da boa-fé objetiva, que deve nortear as relações contratuais, sejam de consumo, sejam de direito comum. Constitui, em outras palavras, descumprimento do dever de informação e a não realização do próprio objeto do contrato, que era a compra de um bem cujo ciclo vital se esperava, de forma legítima e razoável, fosse mais longo. 10. Recurso especial conhecido em parte e, na extensão, não provido" (REsp 984.106/SC, Rel. Ministro Luis Felipe Salomão, Quarta Turma, julgado em 04.10.2012, DJe 20.11.2012) – (grifos).

218. CRANE, Daniel. Op. cit., p. 279.

componente essencial para conferir o dinamismo necessário para o enfrentamento das situações absolutamente imprevisíveis no trânsito.

Consequentemente, as falhas de programação dos algoritmos ou no sistema de segurança cibernética são alguns exemplos de vícios ocultos, que podem se manifestar muito tempo depois da aquisição de um carro autônomo. Assim, manifestado o defeito, o fornecedor tem até 30 dias para sanar o problema, após este período o consumidor poder exercer uma das três opções previstas no art. 18, § 1º do CDC, quais sejam: substituição do produto por outro em perfeitas condições; devolução do produto mediante a restituição da quantia paga corrigida monetariamente; ou o abatimento proporcional do preço. Trata-se, assim, de um verdadeiro direito potestativo franqueado ao consumidor, conforme entendimento jurisprudencial:

> Apelação cível. Responsabilidade civil. Vício redibitório. Veículo zero quilômetro. Problema não solucionado no trintídio legal. Substituição do veículo. *Direito potestativo do consumidor.*
>
> Restando incontroverso nos autos o vício redibitório apresentado no veículo zero quilômetro adquirido pelo autor junto à concessionária demandada, e não sendo sanado o problema no prazo de trinta dias, faz jus o consumidor à substituição do bem por outro de iguais características, em perfeitas condições de uso, sendo direito potestativo franqueado pelo art. 18, § 1º, I, do Código de Defesa do Consumidor. (TJRS – Apelação 70046029435 – Des. Rel: Asso Caubi Soares Delabary – Data de Julgamento: 14.12.20110) – (grifo nosso).

Destaca-se que o veículo é um bem essencial, portanto, o consumidor não pode ser privado do bem, o que pode determinar a não aplicação da oportunidade de correção do problema em até 30 dias, a menos que o fornecedor ofereça outra alternativa para que o consumidor possa se locomover como de costume durante o período em que o fornecedor terá para sanar o defeito. Quando os carros autônomos forem disponibilizados no mercado de consumo, será uma excelente alternativa para os fornecedores, a um baixo custo, disponibilizar serviços de locomoção para os clientes enquanto esteja realizando o reparo no carro.

Quanto aos defeitos relacionados à segurança do veículo, destaca-se a função do princípio da precaução no mercado de consumo por meio de uma ação concreta do fornecedor em retirar o produto potencialmente danoso do mercado de consumo, ou seja, o *recall*.

4.3.3.1   O Recall de carros autônomos

O *recall*, na expressão inglesa significa literalmente "chamar de volta". É uma convocação feita amplamente pelo fornecedor noticiando os defeitos do produto, que se manifestaram posteriormente à comercialização deste no mercado de consumo, para que o fornecedor recolha os produtos defeituosos mediante o

CAPÍTULO 4 • RESPONSABILIDADE CIVIL PELOS DANOS DECORRENTES DE ACIDENTES

ressarcimento aos consumidores ou que seja estabelecida uma forma de reparos destes defeitos pelos consumidores às custas do fornecedor.[219]

Na redação original do CDC, o *recall* estava expressamente previsto no art. 11,[220] que foi vetado sob o argumento de que seria contrário ao interesse público, pois alguns produtos perigosos, cuja comercialização é necessária, deveriam ser retirados do mercado de consumo, tais como materiais radioativos, produtos químicos e outros.

Todavia, a doutrina[221] entende que o referido veto não prejudica o *recall,* cujo embasamento legal seria o art. 10 do CDC, que proíbe a inserção no mercado de consumo de produtos perigosos como visto *supra,* sendo que o § 1º deste dispositivo legal impõe ao fornecedor que se dê ampla divulgação mediante anúncios publicitários sobre os defeitos detectados e os mecanismos para a adequação.

Além disso, o *recall* fundamenta-se no princípio da precaução que deve nortear a Política Nacional de Consumo nos termos do *caput* do art. 4º do CDC, em decorrência dos princípios da dignidade da pessoa humana, proteção à saúde e à segurança, transparência e harmonia das relações de consumo.

Na prática, esta tem sido uma medida adotada pela indústria automotiva, inclusive, sendo recordistas nos *rankings* de frequência de *recalls* organizados pelo PROCON-SP e Secretaria de Justiça e Defesa da Cidadania.[222] Todavia, estes dados não devem assustar, pelo contrário, revelam a responsabilidade deste segmento do mercado de consumo em atuar com transparência para diminuir sempre que possível os acidentes de consumo.

Neste sentido, Rogério Ferraz Donnini[223] destaca que o *recall* é uma medida preventiva para evitar os acidentes de consumo, não pode ser confundida como culpa *post pactum finitum* do fornecedor, porque sendo medida preventiva não há danos para ser imputados a ninguém.

---

219. FILOMENO, José Geraldo Brito. Op. cit., p. 17.

220. "Art. 11. O produto ou serviço que, mesmo adequadamente utilizado ou fruído, apresenta alto grau de nocividade ou periculosidade será retirado imediatamente do mercado pelo fornecedor, sempre às suas expensas, sem prejuízo da responsabilidade pela reparação de eventuais danos".

221. BENJAMIN, Antonio Herman Vasconcelos e; MARQUES, Claudia Lima; MIRAGEM, Bruno. Op. cit., p. 216; no mesmo sentido: DENARI, Zelmo. Op. cit., p. 153.

222. Recall: Brasil teve 2,1 milhões de carros chamados em 2018; dados preocupam... Reportagem publicada pela UOL em 21 de dezembro de 2018. Disponível em: https://www.uol.com.br/carros/noticias/redacao/2018/12/21/recall-brasil-teve-21-milhoes-de-carros-chamados-em-2018-dados-preocupam.htm. Acesso em: 14 abr. 2020.

223. *Responsabilidade Civil Pós-Contratual no Direito Civil, no Direito do Consumidor, no Direito do Trabalho, no Direito Ambiental e no Direito Administrativo.* 3 ed. rev., ampl. e atual. São Paulo: Saraiva, 2011. p. 184.

O Tribunal de Justiça do Rio Grande do Sul,[224] ao analisar uma ação em que se pleiteava indenização por danos materiais e morais em decorrência de um acidente de automóvel, constatou que muito embora existisse um *recall* sobre aquele produto, a causa do acidente, conforme prova pericial, atestou que não tinha relação com o problema que ensejou o *recall*. Portanto, correto concluir que não há presunção de nexo causal diante de um *recall*, devendo comprovar no caso concreto todos os elementos ensejadores da responsabilidade civil do fornecedor.

O *recall* de carros autônomos será diferente do tradicional na medida em que, muitas vezes, pode ser feito à distância com a atualização do *software*, por exemplo, não sendo necessário "chamar de volta" o veículo; mas sim dar ampla publicidade aos problemas e as ferramentas para corrigi-los.

Caso tenha sido feito o *recall* pelo fornecedor, mas ignorado pelo consumidor, vítima de um acidente de consumo em decorrência do defeito que ensejou o *recall*, não se pode falar culpa exclusiva da vítima, mas sim, a existência de risco concorrente, conforme sustenta Flávio Tartuce,[225] razão pela qual deveria reduzir equitativamente o valor da indenização nos termos dos arts. 944 e 945 do CC/02. Isto porque o acidente ocorreu em virtude do defeito de fabricação em colaboração com a conduta do consumidor que ignorou o *recall*. Assim, também, não pode se falar em responsabilidade civil do fornecedor fundada na teoria do risco, na medida em que noticiou amplamente o problema que, se o consumidor tivesse observado, o acidente não ocorreria. Neste caso, a teoria do risco concorrente é medida imposta pela justiça distributiva.

---

224. Apelações cíveis. Responsabilidade civil. Demandas conexas. Ações indenizatórias. Danos materiais, morais e pensionamento. Acidente de trânsito supostamente ocorrido em razão de defeito em peça de veículo – cubo da roda. Defeito não demonstrado. Dinâmica do acidente que evidenciou que a ruptura da peça foi consequência, não causa, do acidente improcedência confirmada. A prova constante dos autos, especialmente a pericial, não permite concluir que a causa do acidente de trânsito tenha sido a quebra do cubo da roda traseira direita do veículo. Antes pelo contrário, as perícias técnicas anexadas aos autos demonstram que o sinistro ocorreu por causas diversas, apontando que a fratura da referida peça foi consequência do acidente, e não a causa. Impossível, pois, estabelecer o nexo de causalidade entre os danos experimentados pelos autores e qualquer conduta, ato ou fato que possa ser imputado à demandada. A circunstância de que o veículo Fiat/Stilo tenha sido objeto de recall, em razão de outros acidentes envolvendo também a ruptura do cubo da roda, revestiu a pretensão inicial de verossimilhança. Todavia, tal verossimilhança cedeu espaço à farta prova técnica produzida, explicando convincentemente a dinâmica do acidente e demonstrando que a perda de controle do veículo decorreu não da ruptura da referida peça, mas sim do fato do condutor do carro ter ingressado em curva em velocidade muito superior àquela adequada às circunstâncias, com sua atenção distraída pelo fato de ocupantes do veículo estarem com o corpo parcialmente para fora do teto solar e ter ingerido bebida alcoólica, vindo a derrapar e colidir com o meio-fio. Sentença de improcedência mantida. Apelações 70082635533 e 70082635376 desprovidas." (Apelação Cível, 70082635533, Nona Câmara Cível, Tribunal de Justiça do RS, Relator: Eugênio Facchini Neto, Julgado em: 05.02.2020).

225. *Responsabilidade Civil Objetiva e Risco: a Teoria do Risco Concorrente*. Rio de Janeiro: Forense, 2011. p. 336.

CAPÍTULO 4 • RESPONSABILIDADE CIVIL PELOS DANOS DECORRENTES DE ACIDENTES **169**

Este problema tende a ser minimizado no contexto dos carros autônomos, pois um problema no *patch de segurança* cuja atualização pode ser feita imediatamente ao conectar o carro com a Internet. Por isso, deve-se admitir a possibilidade de *recall compulsório,* desde que observado o princípio da transparência e o direito à informação do consumidor.

O grande desafio do *recall* no contexto dos carros autônomos diz respeito à determinação de quem estará obrigado a fazê-lo, já que como analisado no capítulo anterior, estes automóveis são altamente complexos, de cuja fabricação participam uma diversidade de pessoas e empresas, o que dificulta identificar o responsável pelo *recall*. Para tanto, para responder este questionamento, deve-se atentar para as consequências da solidariedade entre todos os envolvidos na cadeia de consumo.

4.3.4 Desafios à solidariedade entre os fornecedores de peças e das tecnologias aplicadas aos carros autônomos

Outro desafio para o mercado de consumo de carros autônomos é a solidariedade entre todos envolvidos desde a concepção do sistema, a montagem do carro, o setor de autopeças, o fabricante, o montador, o importador, o exportador, enfim, todos os que se encaixem na concepção de fornecedor nos termos do art. 3º do CDC, acima comentada. O problema em relação à solidariedade diz respeito à identificação de cada um destes integrantes da cadeia de consumo, tendo em vista à complexidade de toda a linha produtiva dos carros autônomos.

Todavia, esta preocupação será destes agentes econômicos envolvidos, pois a doutrina[226] entende que, segundo a regra da solidariedade prevista no CDC, todos os que participam da cadeia de consumo de um determinado bem pode ser acionado pelo consumidor conforme o parágrafo único do art. 7º do CDC ("tendo mais de um autor a ofensa, todos responderão solidariamente pela reparação dos danos previstos nas normas de consumo"). Para compreender corretamente esta dinâmica, a Diretiva 374, de 25 de julho de 1985 da União Europeia[227] menciona, no art. 3º, três categorias de fornecedor, quais sejam: 1) o *fornecedor real* (alínea 1), que seria aquele pode ser facilmente identificado na cadeia de consumo, seja porque contratou diretamente com o consumidor, seja porque há indicação de sua marca no produto ou na garantia prestada pelo serviço realizado, como por exemplo, o fabricante, o produtor e o construtor; 2) o *fornecedor presumido* (alínea 2), ou seja, aquele identificado por ocasião da entrada do produto no mercado

---

226. BENJAMIN, Antonio Herman de Vasconcelos e. Fato do Produto e do Serviço. Op. cit., p. 137.

227. *Product Liability Directive – Directive 85/374/EEC.* Disponível em: https://eur-lex.europa.eu/legal-content/EN/TXT/PDF/?uri=CELEX:31985L0374&from=EN. Acesso em: 15 mar. 2020.

nacional, e.g., o importador de produtos industrializados ou *in natura*; e 3) *fornecedor aparente* (alínea 3), isto é, aquele que se apresenta ao consumidor, que desconhece o fabricante do produto, hipótese comum na venda de produto sem identificar o fornecedor em que o comerciante assume a aparência de fabricante. A consequência jurídica é uma só, prevista no art. 5º da Diretiva 374/85, qual seja, a solidariedade entre todos pela responsabilização pelos defeitos do produto.[228]

No contexto da indústria automotiva, estas três categorias podem ser ilustradas da seguinte forma: fornecedor real, empresas como *IBM, Audi, Apple, Uber, BMW, Honda, Tesla, Volvo, GM,* além do seguimento de autopeças, e.g. *Bosch,* dentre outras; fornecedor presumido, as importadoras de veículos automotores como a *BYD Brasil Ltda., Chery Brasil, Volvo, BMW* e etc.; e o fornecedor aparente seriam os comerciantes, no caso, as concessionárias de vendas de veículos automotores.

Na dinâmica do CDC brasileiro, a responsabilidade do comerciante (3ª categoria – fornecedor aparente) é subsidiária nos termos do 13 do CDC, pois consoante a redação do *caput* do art. 12 do CDC, somente os fornecedores da 1ª categoria (fornecedor real) e da 2ª categoria (fornecedor presumidor) respondem direta e solidariamente pelos danos ocasionados aos consumidores. Todavia, como realçado pela doutrina,[229] trata-se de uma adição ao número de agentes econômicos responsáveis pelos acidentes de consumo. A responsabilidade subsidiária do comerciante é uma medida de justiça, pois ele não tem controle algum sobre a produção de determinado produto, chamado a responder quando: – o fabricante, o construtor, o produtor ou o importador não puderem ser identificados; – o produto for fornecido sem identificação clara do seu fabricante, produtor, construtor ou importador; – não conservar adequadamente os produtos perecíveis. No entanto, não sendo possível identificar o responsável pelos defeitos do produto, o STJ[230] entende possível ajuizar a ação de reparação contra o comerciante, reforçando o direito à reparação integral, sendo vedada a denunciação da lide nos termos do art. 88 do CDC:

> Direito do consumidor e processual civil. Recurso especial. Ação de indenização por danos materiais e morais. Acidente automobilístico.

---

228. "Artigo 5º Se, nos termos da presente diretiva, várias pessoas forem responsáveis pelo mesmo dano, a sua responsabilidade é solidária, sem prejuízo das disposições de direito nacional relativas ao direito de recurso."

229. BENJAMIN, Antonio Herman de Vasconcelos e. Fato... op. cit., p. 134; CAVALIERI FILHO, Sérgio. *Programa de Direito do Consumidor.* Op. cit., p. 298.

230. REsp 1052244/MG, Rel. Ministra Nancy Andrighi, Terceira Turma, julgado em 26.08.2008, DJe 05.09.2008.

CAPÍTULO 4 • RESPONSABILIDADE CIVIL PELOS DANOS DECORRENTES DE ACIDENTES **171**

Sequelas que conduziram à morte do acidentado. Recall realizado após o falecimento da vítima. Denunciação da lide. Pessoa idosa.

Tramitação prioritária. Razoável duração do processo. Dissídio.

Ausência de similitude.

– É vedada a denunciação da lide em processos nos quais se discuta uma relação de consumo, especificamente na hipótese de responsabilização do comerciante pelos defeitos apresentados pelos produtos por ele comercializados. Sempre que não houver identificação do responsável pelos defeitos nos produtos adquiridos, ou seja ela difícil, autoriza-se que o consumidor simplesmente litigue contra o comerciante, que perante ele fica diretamente responsável.

– Sem descurar das ressalvas da jurisprudência do STJ, mas por encerrar a hipótese peculiaridade concernente à idade avançada de um dos recorridos, que se socorre do Estatuto do Idoso para conferir-lhe prioridade na tramitação do processo, e, sob o esteio da garantia fundamental prevista no art. 5º, inc. LXXVIII, da CF, que assegura a razoável duração do processo e os meios que garantam a celeridade no andamento do processual, mantém-se o acórdão impugnado, para que a demanda principal siga seu curso, sem interrupções e delongas desnecessárias.

– O arrastar de um processo por tempo indefinido, tema corriqueiro em debates jurídicos, não pode impingir a uma pessoa idosa o ônus daí decorrente, máxime quando a ação regressiva da fornecedora do produto poderá ser movida em momento posterior, sem prejuízo ao direito a ela assegurado.

– A regra formal, de índole processual, não deve prevalecer frente a um direito decorrente de condição peculiar da pessoa envolvida no processo, que tem nascedouro em diretrizes constitucionais, como se dá com a proteção ao Idoso.

– A não demonstração da similitude fática entre os julgados confrontados, afasta a apreciação do recurso especial pela alínea "c" do permissivo constitucional.

Recurso especial não conhecido. (grifo nosso)

Mesmo com a solidariedade entre os envolvidos na cadeia de consumo, o CDC não se afastou da necessária causalidade, ao prever no parágrafo único do art. 13, o direito de regresso daquele que indenizou o consumidor contra o verdadeiro causador do dano: "Aquele que efetivar o pagamento ao prejudicado poderá exercer o direito de regresso contra os demais responsáveis, *segundo sua participação na causação do evento danoso*." (grifo nosso)

Por isso, destacou-se no capítulo anterior (item 3.8), que os contratos empresariais entre os diversos segmentos da indústria dos carros autônomos devem deixar bem claro as obrigações e responsabilidades de cada um, o que irá nortear a ação regressiva. Mas, novamente, esta não é uma preocupação do consumidor, e sim dos agentes integrantes da cadeia de consumo.

Por exemplo, se um carro autônomo manifestar um defeito em uma autopeça, portanto, o fornecedor da autopeça que deu causa ao acidente; no entanto, o CDC obriga todos solidariamente perante o consumidor, que pode acionar qualquer um dos fornecedores (no caso, a fabricante, a montadora, a importadora, por exemplo) conforme o art. 25 do CDC,[231] e aquele que reparar o dano ao consumidor terá direito de recobrar os prejuízos do fornecedor da autopeça por ter sido o defeito da autopeça causador do dano. O direito de regresso, portanto, é decorrência da sub-rogação do crédito que ocorre quando o fornecedor que não deu causa indeniza o consumidor, podendo ele pleitear este prejuízo do verdadeiro causador do dano, além de ser um direito decorrente do feixe interno de obrigações que unem todos os coobrigados solidários (art. 283 do CC/02).

Nos Estados Unidos, por exemplo, a jurisprudência tem afirmado que o fabricante de um produto não se responsabiliza por danos causados por componentes defeituosos adicionados a um veículo após a distribuição do produto original no mercado de consumo, como no caso *Baughman v. General Motors.*[232] Neste caso, um mecânico de pneus foi ferido por uma explosão quando substituía o aro do automóvel por defeito nesta autopeça de reposição (o aro), mas a ação foi proposta contra o fabricante do veículo e não contra o fabricante da peça de reposição. Neste caso, o Tribunal do Quarto Circuito confirmou a decisão do tribunal distrital que concluiu que o réu não projetou a peça de reposição, nem a fabricou ou a inseriu no mercado de consumo, por isso, o tribunal concluiu que o dever de advertir sobre o uso seguro no manuseio da autopeça deve recair sobre o fabricante da peça de substituição.[233]

Este julgado dá margem à discussão sobre uma questão envolvendo os carros autônomos que podem ser configurados e alimentados pelo próprio usuário. Quem é responsável pelos acidentes de trânsito com carros autônomos decorrentes desta prática pelo usuário? Seria culpa exclusiva da vítima?

Neste caso, parece que a melhor solução por ser mais justa é reconhecer a culpa exclusiva da vítima. Todavia, a empresa precisa comprovar que prestou informações claras e adequadas sobre a forma correta de alimentar os sistemas pelos usuários. Uma boa prática seria utilizar ferramentas de comunicação eficientes, ou seja, diferente da prática de termos de uso de programas, geralmente, muito extensos cuja leitura se torna enfadonha.[234] Além disso, importante estabelecer uma *hotline* para que os usuários possam tirar dúvidas a qualquer momento.

---

231. Art. 25. É vedada a estipulação contratual de cláusula que impossibilite, exonere ou atenue a obrigação de indenizar prevista nesta e nas seções anteriores.

    § 1º Havendo mais de um responsável pela causação do dano, todos responderão solidariamente pela reparação prevista nesta e nas seções anteriores.

    § 2º Sendo o dano causado por componente ou peça incorporada ao produto ou serviço, são responsáveis solidários seu fabricante, construtor ou importador e o que realizou a incorporação.
232. 627 F. Supp. 871 (D.S.C. 1985).
233. CRANE, Daniel. Op. cit., p. 271.
234. Cf. DE LIMA, Cíntia Rosa Pereira. O ônus de ler o contrato no contexto da "ditadura" dos contratos de adesão eletrônicos. In: Direito e novas tecnologias I [Recurso eletrônico on-line] organização

CAPÍTULO 4 • RESPONSABILIDADE CIVIL PELOS DANOS DECORRENTES DE ACIDENTES | **173**

Há casos, portanto, que seja em razão da insolvência do responsável pela reparação do dano, seja pela impossibilidade de verificar o real causador do dano, ou mesmo nas hipóteses dos comportamentos emergentes de máquina, que ocorrerá um dano decorrente de um acidente com carros autônomos, mas a vítima poderá não ser indenizada (dano não indenizável). Esta tem sido uma preocupação constante nos países onde a regulação da inteligência artificial e mesmo dos carros autônomos já estão avançadas, vislumbrando algumas possibilidades que serão analisadas.

4.4 A PROBLEMÁTICA SOBRE O DANO NÃO INDENIZÁVEL NO CONTEXTO DOS CARROS AUTÔNOMOS

O intenso desenvolvimento científico e tecnológico tem ensejado o crescente temor em torno das consequências da responsabilidade civil tendo em vista o movimento em que aproxima a responsabilidade civil subjetiva e a objetiva. A análise econômica da responsabilidade civil, vista no início deste capítulo (item 4.1), demonstra a busca pela efetiva prevenção dos danos, tido como o objetivo primordial de todo os sistemas de responsabilidade civil. Assim, a opção por um modelo ou outro deve ser a que mais incentive e estimule as medidas eficazes para a prevenção de danos.

Richard A. Epstein,[235] ao analisar o caso conhecido como *New York Times v. Sullivan*[236] em que se discutiam os limites da liberdade de expressão e o dever de reparar supostas ofensas a funcionários públicos no exercício de suas funções, conclui que a responsabilidade civil objetiva facilita o reconhecimento do direito da vítima, porém os casos demonstram que os valores da indenização são geralmente muito baixos, colocando em xeque a eficiência deste modelo uma vez que as vítimas nem sempre são integralmente ressarcidas.

CONPEDI/UFPB; coordenadores: Aires José Rover, José Renato Gaziero e Cella, Fernando Galindo Ayuda. – Florianópolis: CONPEDI, 2014. Disponível em: http://www.publicadireito.com.br/artigos/?cod=981322808aba8a03.

235. "Was New York Times v. Sullivan Wrong?" *University of Chicago Law Review*, v. 53, issue 3, p. 782-818, 1986. Disponível em: https://chicagounbound.uchicago.edu/uclrev/vol53/iss3/2. Acesso em: 16 dez. 2019. p. 803: "Liability and damages. The nature of liability rules has powerful influences upon the way in which parties litigate their suits. In general, any liability system must make two critical choices. The first concerns the likelihood of success of the plaintiff's action, and this typically varies with the theories of liability adopted. Strict liability cases are uniformly more likely to succeed than those which require actual malice. The second element that the system controls is the level of damages awarded once liability is established. In the simplest model the damages could be low, as with actual damages, or high, as when punitive damages apply. In more complex models the level of actual damage could be allowed to vary with the strength of the plaintiff's case."

236. 376 U.S. 254 (1964).

No contexto brasileiro, isto pode ser observado nas ações de indenização por danos morais,[237] em que se constatam os baixíssimos valores das condenações, provavelmente em função do temor de se estabelecer no país, à semelhança do que ocorre nos Estados Unidos com os *punitive damages,* a "indústria do dano moral".

Para além do problema da quantificação da indenização, constata-se o fenômeno da "diluição dos danos", observado por Anderson Schreiber,[238] que correlaciona a perda da importância da culpa e do nexo causal, como debatido nesta obra, a matriz individualista da responsabilidade civil vem sendo mitigada para adotar contornos fundados na solidariedade social. Esta perspectiva tem motivado alguns sistemas de seguridade social como no caso da Nova Zelândia, que instituiu um sistema de seguridade social para a compensação de danos decorrentes de acidentes de trânsito por meio da lei denominada *Accident Compensation Act,* de 1º de abril de 1974.

No sistema neozelandês, a partir de uma política dirigista, criou-se um sistema de socialização de riscos no qual cabe ao Estado garantir a indenização das vítimas, desestimulando as ações de reparação civil na medida em que restou desnecessária a investigação do responsável.[239] Em 1992, a lei passou por uma reforma (*The Accident Rehabilitation and Compensation Insurance Act)* para limitar o alcance do termo "acidente",[240] bem como suprimir o pagamento à vista diante da incapacidade permanente ou parcial da vítima e o dano moral. Todavia, este sistema é criticado, porque não incentiva medidas preventivas, pois os possíveis

---

237. PÜSCHEL, Flávia Portella (coord.) Dano Moral. Ministério Da Justiça. Secretaria de Assuntos Legislativos do Ministério da Justiça (SAL). Projeto Pensando o Direito. Convocação 01/2020. Disponível em: http://pensando.mj.gov.br/wp-content/uploads/2015/07/37Pensando_Direito1.pdf. Acesso em: 10 abr. 2020. p. 53-54.

238. Op. cit., p. 216-217.

239. MORSELLO. Marco Fábio. A responsabilidade civil e a socialização dos riscos. O sistema neozelandês e a experiência escandinava. *Revista da Escola da Magistratura,* ano 7, n. 2, p. 15-18, jul./dez. 2006.

240. O art. 3º desta lei conceitua acidente como: "(a) A specific event or series of events that involves the application of a force or resistance external to the human body and that results in personal injury, but does not include any gradual process; and the fact that a personal injury has occurred shall not of itself be construed as an indication or presumption that it was caused by any such event or series of events; or (b) The inhalation or oral ingestion of any solid, liquid, gas, or foreign object where the inhalation or ingestion occurs on a specific occasion; but does not include inhalation or ingestion of a virus, bacterium, protozoa, or fungi, unless that inhalation or ingestion

is the result of a criminal act of another person; or (c) Any exposure to the elements or extremes of temperature or environment within a defined period of time not exceeding 1 month that causes disability that lasts for a continuous period exceeding 1 month or death; or (d) Any bum or exposure to radiation or rays of any kind on a specific occasion that is not a bum or exposure caused by exposure to the elements; or (e) The absorption of any chemical through the skin within a defined period of time not exceeding

1 mont." E excepciona uma série de circunstâncias nas quais não se consideram acidentes para efeitos da lei. Cf. *Accident Rehabilitation and Compensation Insurance Act,* 1992. Disponível em: http://www.nzlii.org/nz/legis/hist_act/aracia19921992n13471/. Acesso em: 10 mar. 2020.

CAPÍTULO 4 • RESPONSABILIDADE CIVIL PELOS DANOS DECORRENTES DE ACIDENTES   **175**

causadores do dano acomodar-se-ão na responsabilização civil do Estado, além de um comprometimento do orçamento público. No Brasil, tal sistema seria inviável e desaconselhável, sendo que, além destas críticas, os precatórios demoram décadas para serem pagos, comprometendo a função de reparação do dano, assim como a função preventiva.

Outro exemplo foram os países escandinavos que, semelhantemente à Nova Zelândia, adotaram o modelo da responsabilidade civil do Estado para os casos de responsabilidade por fato de outrem com a Lei Uniforme de 1964, ratificada pela Noruega em 1969, e pela Suécia em 1072. A Suécia passou, a partir de 15 de dezembro de 1975, a assegurar que todas as vítimas dos acidentes de trânsitos fossem indenizadas.[241] Entretanto, este sistema comprometeu em demasia os cofres públicos, e pelas mesmas razões acima expostas, não é um sistema aconselhável sob diversos pontos de vista.

Um segundo modelo seria o seguro de responsabilidade civil, atualmente previsto no art. 787 do CC/02, inspirado no art. 1.917 do *Codice Civile* italiano,[242] ou seja, os agentes privados envolvidos na cadeia de consumo iriam celebrar contratos de seguro para fazerem frente às reparações decorrentes dos acidentes com carros autônomos. Todavia, a grande dificuldade deste sistema é estabelecer um cálculo atuarial, na medida em que são absolutamente imprevisíveis os comportamentos emergentes, por exemplo.

A crítica que se faz a este sistema está na diluição dos riscos entre os segurados, porque as seguradoras repassarão estes valores para os segurados, podendo ser um valor muito caro que inviabilize a contratação de seguros para carros autônomos, ou apenas uma pequena parcela da população poderá arcar com estes custos. A fim de minimizar este efeito, estes danos devem ser "diluídos" por toda a sociedade ou, pelo menos, por um grupo de agentes potencialmente lesivos, no caso as empresas que aplicarem inteligência artificial em seus produtos e serviços, como o caso dos carros autônomos.[243]

---

241. MORCELLO, Marco Fábio. Op. cit., p. 19.

242. "Art. 1917. (Assicurazione della responsabilità civile). Nell'assicurazione della responsabilità civile l'assicuratore è obbligato a tenere indenne l'assicurato di quanto questi, in conseguenza del fatto accaduto durante il tempo dell'assicurazione, deve pagare a un terzo, in dipendenza della responsabilità dedotta nel contratto. Sono esclusi i danni derivanti da fatti dolosi.

L'assicuratore ha facoltà, previa comunicazione all'assicurato, di pagare direttamente al terzo danneggiato l'indennità dovuta, ed è obbligato al pagamento diretto se l'assicurato lo richiede.

Le spese sostenute per resistere all'azione del danneggiato contro l'assicurato sono a carico dell'assicuratore nei limiti del quarto della somma assicurata. Tuttavia, nel caso che sia dovuta al danneggiato una somma superiore al capitale assicurato, le spese giudiziali si ripartiscono tra assicuratore e assicurato in proporzione del rispettivo interesse. L'assicurato, convenuto dal danneggiato, può chiamare in causa l'assicuratore."

243. SCHREIBER, Anderson. Op. cit., p. 226.

Neste sentido, fala-se em um terceiro modelo, qual seja, a criação de um fundo específico a ser gerido pela agência reguladora a ser criada para fiscalizar e regular o uso da IA nos mais diversos segmentos do mercado (vide capítulo 1).

4.4.1 Criação de um fundo para indenizar os prejuízos sofridos em decorrência de acidentes com carros autônomos

A grande vantagem deste sistema seria garantir a reparação da vítima ainda que não se possa concluir pelo responsável que deu causa ao acidente como na hipótese de se verificar um dano decorrente do comportamento emergente do carro autônomo.

Neste sentido, Matthew U. Scherer[244] propõe que a inteligência artificial seja regulada em lei específica. Ele sugere o "Artificial Intelligence Development Act (AIDA)", que estabeleceria diretrizes éticas, princípios e algumas regras para o uso e desenvolvimento de tecnologias em IA. Além disso, esta lei criaria uma agência reguladora específica, que ele chamou de "Artificial Intelligence Development Agency", que teria a função precípua de fiscalizar o correto cumprimento da lei, podendo fazer auditorias nas empresas e aplicando as penalidades previstas em lei caso se constate alguma violação à lei.

O autor estabelece um sistema facultativo de registro ou certificação da tecnologia que empregue algum sistema de inteligência artificial que deve ser regulado e realizado pela Agência para o Desenvolvimento de Inteligência Artificial, mediante o pagamento de uma taxa. Os valores recebidos por esta agência constituiriam um fundo que seria utilizado para os casos de reparação civil em que o responsável legal seja insolvente ou quando não seja possível definir quem seja o responsável legal. Outrossim, a certificação, ressalvados os segredos industriais e comerciais, revelariam todas as funcionalidades do sistema efetivando o princípio da transparência, tão caro às relações de consumo e fundamental no contexto das novas tecnologias.[245]

O incentivo para que este registro seja feito está justamente no regime de responsabilidade civil ao qual as empresas estarão sujeitas: 1) se fizerem o registro, responderiam subjetivamente; ou 2) caso optem em não fazer este registro, responderiam objetivamente.[246]

---

244. Op. cit., p. 393 e ss.

245. Observe-se que o princípio da transparência informa a Política Nacional de Consumo nos termos do *caput* do art. 4º do CDC, assim como está expressamente previsto na Lei Geral de Proteção de Dados (art. 6º, inc. VI da LGPD). No capítulo 1 desta obra, foram analisadas algumas propostas que pretendem regular a Inteligência Artificial, sendo que o princípio da transparência é previsto em todas as iniciativas legislativas analisadas, o que deverá constar da futura regulação brasileira sobre IA.

246. SCHERER, Matthew U. Op. cit., p. 394: "Systems that successfully complete the agency certification process would enjoy limited tort liability – in essence, a partial regulatory compliance defense with

No entanto, entendemos que este sistema alternativo pode regular as relações que não sejam de consumo, como no caso hipotético mencionado no início deste capítulo. Isto porque sendo uma relação de consumo, a responsabilidade objetiva é a regra estabelecida pelo CDC, que tem *status* constitucional. Assim, qualquer lei que tentasse afastar esta regra legal nas relações de consumo seria inconstitucional.[247]

Contudo, a sugestão de um fundo, parece-nos muito adequada para a eficiente socialização dos danos decorrentes dos acidentes com carros autônomos. Destaca-se que esta é uma prática adotada no Brasil. Por exemplo, o *Fundo de Defesa de Direitos Difusos (FDD)*, criado pela Lei 7.347, de 24 de julho de 1985, foi regulamentado pela Lei 9.008, de 21 de março de 1995. Este fundo tem por finalidade a reparação dos danos causados ao meio ambiente, ao consumidor, a bens e direitos de valor artístico, estético, histórico, turístico, paisagístico, por infração à ordem econômica e a outros interesses difusos e coletivos. Semelhantemente, o *Fundo para o Desenvolvimento de Inteligência Artificial* (FDIA) teria por finalidade a reparação dos danos causados pelo uso de qualquer tecnologia que utilize IA em algumas ou em todas suas funcionalidades.

Além deste mecanismo pelo qual se garante a efetiva reparação das vítimas dos acidentes de consumo, deve-se destacar outra medida necessária nas ações de reparação civil que é a inversão do ônus da prova ou a distribuição dinâmica do ônus da prova, ferramenta crucial para a viabilidade das ações de reparação dos danos decorrentes do uso de tecnologias como a inteligência artificial.

4.5 INVERSÃO DO ÔNUS DA PROVA E DISTRIBUIÇÃO DINÂMICA DO ÔNUS DA PROVA

Este tema deve ser analisado à luz do princípio da responsabilidade e prestação de contas (*accountability*), hoje expressamente previsto no art. 6º, inc. X

---

the effect of limiting rather than precluding tort liability. For Agency-certified AI, plaintiffs would have to establish actual negligence in the design, manufacturing, or operation of an AI system in order to prevail on a tort claim. If all of the private entities involved in the development or operation of an Agency-certified AI system are insolvent, a successful plaintiff would have the option of filing an administrative claim with the Agency for the deficiency; the Agency would be required to administer a fund (funded either by Agency fees or from Congressional appropriations) sufficient to meet its anticipated obligations from such claims. Whenever a negligence suit involving the design of a certified AI system succeeds, the Agency would be required to publish a report similar to the reports that the National Transportation Safety Board prepares after aviation accidents and incidents."

247. DE LIMA, Cíntia Rosa Pereira. A responsabilidade civil dos provedores de aplicação de internet por conteúdo gerado por terceiro antes e depois do Marco Civil da Internet (Lei 12.965/14). *Revista Da Faculdade de Direito*, Universidade de São Paulo, 2015, v. 110, 155-176. Disponível em: http://www.revistas.usp.br/rfdusp/article/view/115489. Acesso em: 10 mar. 2020.

da LGPD, segundo o qual se exige a: "demonstração, pelo agente, da adoção de medidas eficazes e capazes de comprovar a observância e o cumprimento das normas de proteção de dados pessoais e, inclusive, da eficácia dessas medidas." As propostas que pretendem regular a inteligência artificial trazem este princípio, por ser medida fundamental para viabilizar as auditorias, bem como efetivar o princípio da transparência.[248]

Neste sentido, a Comissão designada pela União Europeia para elaborar estudos para embasar a regulação europeia sobre IA, *High-Level Expert Group on Artificial Intelligence,*[249] menciona expressamente o princípio da responsabilidade e prestação de contas (*accountability)* como um critério para que os sistemas de IA sejam auditáveis (daí a necessidade da documentação a ser organizada e mantida pelas empresas que atuam neste ramo), além da consequente obrigação de analisar os riscos de suas tecnologias apresentando relatórios de impacto.[250]

Justamente por ter a obrigação de organizar e documentar toda a atividade, o agente tem mais facilidade em realizar a prova que, geralmente, será técnica que foge o alcance de pessoas leigas que não compreendem a dinâmica do sistema de inteligência artificial utilizado. Portanto, nada mais lógico que aplicar a inversão do ônus da prova como prevista no art. 6º, inc. VIII do CDC[251] e no § 2º do art. 42 da LGPD.[252]

Nas ações de reparação pelos danos oriundos do fato do produto ou do serviço, o consumidor está dispensado de provar a existência de defeito, bastando provar o dano e o nexo de causalidade entre o dano e a utilização do produto.[253]

---

248. Sobre os princípios adotados pela LGPD vide: DE LIMA, Cíntia Rosa Pereira. *Autoridade Nacional de Proteção de Dados e a Efetividade da Lei Geral de Proteção de Dados.* São Paulo: Almedina, 2020. FINOCCHIARO, Giusella. *Il nuovo Regolamento Europeo sulla Privacy e sulla Protezione dei Dati Personali.* Torino: Zanichelli Editore, 2017. DE LIMA, Cíntia Rosa Pereira (Coord.). *Comentários à Lei Geral de Proteção de Dados.* São Paulo: Almedina, 2020. DE LUCCA, Newton; SIMÃO FILHO, Adalberto; DE LIMA, Cíntia Rosa Pereira; MACIEL, Renata Mota. *Direito & Internet.* São Paulo: Quartier Latin, 2019. v. IV: Sistema de Proteção de Dados Pessoais.
249. *Ethics Guidelines for Trustworthy AI.* Op. cit., p. 14.
250. Assim como previsto no art. 48 da LGPD: "Art. 48. O controlador deverá comunicar à autoridade nacional e ao titular a ocorrência de incidente de segurança que possa acarretar risco ou dano relevante aos titulares."
251. "VIII – a facilitação da defesa de seus direitos, inclusive com a inversão do ônus da prova, a seu favor, no processo civil, quando, a critério do juiz, for verossímil a alegação ou quando for ele hipossuficiente, segundo as regras ordinárias de experiências".
252. "§ 2º O juiz, no processo civil, poderá inverter o ônus da prova a favor do titular dos dados quando, a seu juízo, for verossímil a alegação, houver hipossuficiência para fins de produção de prova ou quando a produção de prova pelo titular resultar-lhe excessivamente onerosa."
253. MARINONI, Luiz Guilherme. ARENHART, Sérgio Cruz. *Prova.* São Paulo: Ed. RT, 2009. p. 193: "Em ação de ressarcimento baseada em responsabilidade pelo fato do produto ou do serviço, além de a responsabilidade ser objetiva, o consumidor é dispensado de provar o defeito do produto ou serviço. Até aqui a única questão probatória que aparece diz respeito à prova do defeito, mas o ônus dessa prova é expressamente imputado ao réu, não recaindo sobre o consumidor. Nesse caso, como é óbvio, o juiz não precisa inverter o ônus da prova, pois esse ônus já está invertido (ou definido) pela lei".

CAPÍTULO 4 • RESPONSABILIDADE CIVIL PELOS DANOS DECORRENTES DE ACIDENTES **179**

Presentes os requisitos para a inversão do ônus da prova, quais sejam, a verossimilhança das alegações do consumidor e a sua hipossuficiência (disparidade de armas processuais), tudo a ser apreciado conforme o livre convencimento motivado do juiz, ele deverá aplicar a inversão do ônus da prova.[254]

Quanto ao tratamento de dados pessoais, uma prática necessária para a funcionalidade dos carros conectados e muito importante para os carros autônomos, aplicar-se-á a inversão do ônus da prova, mesmo diante da ausência de uma relação de consumo, por força da LGPD, que estabelece os mesmos requisitos acima comentados acrescentando um terceiro "quando a produção de prova pelo titular resultar-lhe excessivamente onerosa". Este acréscimo é fundamental, pois geralmente estas questões tecnológicas, que se relacionam à inteligência artificial, demandam prova pericial o que seria muito custoso. Por outro lado, não oneraria demasiadamente o agente de tratamento de dados pessoais que, por força de lei (princípio da responsabilidade e prestação de contas), deve sempre estar preparado para demonstrar o fiel cumprimento dos dispositivos legais.

Uma polêmica em torno do instituto do ônus da prova diz respeito ao momento processual em que deve ser aplicada, sobre isso houve um intenso debate na doutrina e no STJ, alguns entendiam se tratar de uma regra de julgamento a ser aplicada para evitar o *non liquet* diante de uma dúvida ineliminável do juiz; outros, que se tratava de uma regra de instrução sobre a qual o juiz deveria se manifestar no despacho saneador, antes de iniciar a instrução probatória.[255]

Observe-se que a questão é tão polêmica que até 2011, o STJ decidia ora como uma regra de instrução, ora como uma regra de julgamento.[256] Contudo,

---

254. LIMA, Cíntia Rosa Pereira de. A inversão do ônus da prova no Código de Defesa do Consumidor. *Revista de Direito do Consumidor*, ano 12, v. 47, jul.-set. 2003, p. 200-231. São Paulo: Ed. RT, 2003.

255. Cf. Idem, ibidem.

256. STJ, Terceira Turma, REsp. 200901323778/1125621, rel. Nancy Andrighi, j. 07.02.2011. Disponível em: http://www.jf.jus.br/juris/unificada/:

Recurso especial. Direito do consumidor. Inversão do ônus da prova. Momento. Sentença. Possibilidade Regra de julgamento. Ofensa ao princípio do contraditório. Inexistência. 1. A jurisprudência do STJ não se pacificou quanto à possibilidade de o juízo inverter o ônus da prova no momento de proferir a sentença numa ação que discuta relação de consumo. 2. O Processo Civil moderno enfatiza, como função primordial das normas de distribuição de ônus da prova, a sua atribuição de regular a atividade do juiz ao sentenciar o processo (ônus objetivo da prova). Por conduzirem a um julgamento por presunção, essas regras devem ser aplicadas apenas de maneira excepcional. 3. As partes, no Processo Civil, têm o dever de colaborar com a atividade judicial, evitando-se um julgamento por presunção. Os poderes instrutórios do juiz lhe autorizam se portar de maneira ativa para a solução da controvérsia. As provas não pertencem à parte que as produziu, mas ao processo a que se destinam. 4. O processo não pode consubstanciar um jogo mediante o qual seja possível às partes manejar as provas, de modo a conduzir o julgamento a um resultado favorável apartado da justiça substancial. A ênfase no ônus subjetivo da prova implica privilegiar uma visão individualista, que não é compatível com a teoria moderna do processo civil. 5. Inexiste surpresa na inversão do ônus da prova apenas no julgamento da ação consumerista. Essa possibilidade está presente desde o ajuizamento da ação e nenhuma das o cenário atual demonstra que o STJ[257] considera a inversão do ônus da prova uma regra de instrução sobe a qual o juiz deve se manifestar antes do início da instrução probatória.

Além destes dispositivos legais, o CPC/2015 trouxe a possibilidade da distribuição dinâmica do ônus da prova no § 1º do art. 373: "§ 1º Nos casos previstos em lei ou diante de peculiaridades da causa relacionadas à impossibilidade ou à excessiva dificuldade de cumprir o encargo nos termos do caput ou à maior facilidade de obtenção da prova do fato contrário, poderá o juiz atribuir o ônus da prova de modo diverso, desde que o faça por decisão fundamentada, caso em que deverá dar à parte a oportunidade de se desincumbir do ônus que lhe foi atribuído."

Os pressupostos para a distribuição dinâmica do ônus da prova são de duas ordens: – material, ou seja, desde que não seja possível solucionar o caso conforme as regras estáticas de distribuição do ônus da prova (previstas no art. 373, incisos I e II do CPC/2015); e – processual, isto é, desde que a outra parte para quem o ônus da prova foi distribuído possa realizar a prova em juízo.[258]

É evidente a necessidade de estabelecer um diálogo entre o CDC e o CPC/2015.[259] Presentes os elementos da relação jurídica de consumo (consumidor, fornecedor e produtos e serviços) e os requisitos para a inversão do ônus da prova (verossimilhança e hipossuficiência), o juiz aplicará a inversão do ônus da prova.

---

partes pode alegar desconhecimento quanto à sua existência. 6. A exigência de uma postura ativa de cada uma das partes na instrução do processo não implica obrigá-las a produzir prova contra si mesmas. Cada parte deve produzir todas as provas favoráveis de que dispõe, mas não se pode alegar que há violação de direito algum na hipótese em que, não demonstrado o direito, decida o juiz pela inversão do ônus da prova na sentença. 7. Recurso especial conhecido e improvido.

257. Direito processual civil e consumidor. Recurso especial. Ação de indenização por danos materiais e compensação por danos morais. Cirurgia estética. Obrigação de resultado. Inversão do ônus da prova. Regra de instrução. Artigos analisados: 6º, VIII, e 14, *caput* e § 4º, do CDC. 1. Ação de indenização por danos materiais e compensação por danos morais, ajuizada em 14.09.2005. Dessa ação foi extraído o presente recurso especial, concluso ao Gabinete em 25.06.2013. 2. Controvérsia acerca da responsabilidade do médico na cirurgia estética e da possibilidade de inversão do ônus da prova. 3. A cirurgia estética é uma obrigação de resultado, pois o contratado se compromete a alcançar um resultado específico, que constitui o cerne da própria obrigação, sem o que haverá a inexecução desta. 4. Nessas hipóteses, há a presunção de culpa, com inversão do ônus da prova. 5. O uso da técnica adequada na cirurgia estética não é suficiente para isentar o médico da culpa pelo não cumprimento de sua obrigação. 6. A jurisprudência da 2ª Seção, após o julgamento do Reps 802.832/MG, Rel. Min. Paulo de Tarso Sanseverino, DJe de 21.09.2011, consolidou-se no sentido de que a inversão do ônus da prova constitui regra de instrução, e não de julgamento. 7. Recurso especial conhecido e provido. (REsp 1395254/SC, Rel. Ministra Nancy Andrighi, Terceira Turma, julgado em 15.10.2013, DJe 29.11.2013).

258. MARINONI, Luiz Guilherme; MITIDIERO, Daniel. *O projeto do CPC*: críticas e propostas. São Paulo: Ed. RT, 2010. p. 103.

259. DE LIMA, Cíntia Rosa Pereira; FANECO, Lívia C. da Silva. Inversão do ônus da prova no CDC e a inversão procedimental no projeto de novo CPC. *Revista de Direito do Consumidor*, ano 23, v. 91, jan.-fev. 2014, p. 309-335. São Paulo: Thomson Reuters e Revista dos Tribunais, 2014.

CAPÍTULO 4 • RESPONSABILIDADE CIVIL PELOS DANOS DECORRENTES DE ACIDENTES

No entanto, ainda que estes requisitos não estejam presentes, mas constatada, por exemplo, a excessiva onerosidade do consumidor realizar a prova em juízo, o julgador poderá determinar que a prova seja produzida pelo fornecedor nos termos do § 1º do art. 373 do CPC/2015. Portanto, há um diálogo de complementariedade entre o CDC e o atual CPC.[260]

O mesmo raciocínio se pode fazer entre a LGPD e o CPC/2015, ou seja, presentes os requisitos mencionados no § 2º do art. 42 da LGPD, o juiz pode recorrer à inversão do ônus da prova, que acreditamos ter natureza jurídica de regra de julgamento, ao proferir a sentença quando não ficou sanada dúvida fundamental para o desfecho da lide. Mas, além desta possibilidade, durante a instrução do processo o juiz pode entender seja mais apropriada a distribuição do ônus da prova tendo em vista a extrema onerosidade para que o titular de dados pessoais possa produzir. Muitas vezes esta prova será inviável, pois o titular de dados não tem os dados de auditorias realizadas nos sistemas dos agentes de tratamento.

A inversão do ônus da prova e a distribuição do ônus da prova tem se mostrado institutos importantes para o efetivo acesso à justiça, semelhantemente a futura lei brasileira, que regulará o desenvolvimento e o uso da IA no país, deve prever a inversão do ônus da prova pelos motivos destacados nesta obra. Isto porque os sistemas utilizados nos carros autônomos, por exemplo, a concepção do produto e do serviço, são altamente complexos, do qual participam intensamente os programadores e engenheiros da computação dada a interdisciplinaridade que envolve as técnicas de aprendizado de máquina. Por isso, é crucial analisar em que medida estes programadores e engenheiros da computação podem ser responsabilizados pelos acidentes com carros autônomos.

4.6 O REGIME JURÍDICO DA RESPONSABILIDADE OS PROGRAMADORES DOS SOFTWARES USADOS NA INTELIGÊNCIA ARTIFICIAL EM CARROS AUTÔNOMOS

Os sistemas de inteligência artificial, como exposto no capítulo 1 desta obra, são desenhados e operados por uma equipe multidisciplinar, altamente especializada, geralmente serão engenheiros da computação os que estarão mais envolvidos na concepção e na aplicação destas novas tecnologias. Todavia, o processo de criação até que um produto, com base em algum sistema de inteligência artificial, possa ser comercializado demora anos e exige altíssimos investimentos. Por isso, geralmente, os agentes econômicos envolvidos neste

---

260. Sobre a teoria do Diálogo das Fontes vide: MARQUES, Claudia Lima. Superação das antinomias pelo diálogo das fontes: o modelo brasileiro de coexistência entre o Código de Defesa do Consumidor e o Código Civil de 2002. *Revista de Direito do Consumidor*, v. 51, p. 34-67, jul./set. 2004.

processo são diversas empresas que se unem com um objetivo em comum, por exemplo, as empresas especializadas em *machine learning,* como *IBM, Apple, Google* e *Microsoft,* com outras empresas do ramo automotivo, *e. g. Audi, BMW, Honda, GM, Volvo,* dentre outras.

Atento a tudo isto, o Grupo de Peritos constituído na União Europeia para analisar e oferecer soluções sobre a responsabilidade civil no contexto das novas tecnologias, *Expert Group on Liability and New Technologies,*[261] afastou-se dos conceitos tradicionais de proprietário, usuário e responsável no contexto das tecnologias digitais emergentes. De forma que a opção do Grupo de Peritos foi estabelecer estes conceitos a partir de uma análise neutra e flexível, para acomodar as especificidades cambiantes neste contexto. Portanto, preferiu-se falar em "operador" para designar a pessoa que esteja no controle dos riscos associados à operação de tecnologias digitais emergentes e que se beneficie delas. Em outras palavras, o "controlador" será determinado com base em uma análise casuística para se constatar a pessoa ou a empresa que exponha terceiros aos riscos potenciais da tecnologia por ele desenvolvida.

Todavia, Leonardo Parentoni[262] alerta para o fato de ser muito difícil definir um responsável ou um controlador de tecnologias de inteligência artificial. Primeiro porque estas tecnologias são frutos de pesquisas e projetos de inovação de diversos atores. Segundo em virtude dos comportamentos emergentes que são realizados pelos sistemas inteligentes com autonomia esperada que foge ao controle do desenvolvedor.

O paradoxo deste conceito é que quanto mais sofisticado e autônomo for um sistema, menos alguém exerce o "controle" real sobre os detalhes da operação e dos algoritmos (cf. capítulo 1). Este é, portanto, um dos grandes desafios para se definir o "real" causador do dano no contexto dos carros autônomos, pois, geralmente há mais de uma pessoa que pode ser considerado como "operacional" da tecnologia.

Por exemplo, em aplicações de segurança, a falha pode levar a acidentes com veículos ocasionando danos materiais ou ferimentos pessoais. Por outro lado, o software envolvido em outras funções do veículo, como aplicações ambientais, a falha é menos suscetível a causar danos materiais ou ferimentos pessoais. Con-

---

261. Liability for Artificial Intelligence and other emerging digital technologies. 2019. Disponível em: https://ec.europa.eu/transparency/regexpert/index.cfm?do=groupDetail.groupMeetingDoc&docid=36608. Acesso em: 06 jan. 2020. p. 41.

262. PARENTONI, Leonardo (Coord.) DTI-BR POLICY PAPER. Assunto: Projeto de Lei do Senado 5.051/2019, que "estabelece os princípios para o uso da inteligência artificial no Brasil". Disponível em: https://00678f5b-7933-4993-bd6e-f1f26caf33b2.filesusr.com/ugd/bedd5d_098606875e6747a-f87e8718259fe5fab.pdf?index=true. Acesso em: 05 mar. 2020.

CAPÍTULO 4 • RESPONSABILIDADE CIVIL PELOS DANOS DECORRENTES DE ACIDENTES

sequentemente, estes riscos aumentam as chances de demandas relacionadas à responsabilidade de produtos, conforme a tecnologia de software incorporada nos automóveis torna-se cada vez mais importante configurar os programas para serem mais seguros. Além disso, no caso dos carros autônomos, que não são conduzidos por humanos, provavelmente haverá um foco maior na alocação de risco pelas eventuais condenações em reparar o dano.[263]

Neste contexto, surge outra questão desafiadora: em que medida os engenheiros dos algoritmos inteligentes, que operam um carro autônomo, são considerados responsáveis pela reparação de danos decorrentes de acidentes com carros autônomos?

Para responder esta pergunta, deve-se analisar a que título este engenheiro da computação presta seus serviços à empresa ou ao grupo de empresa que está desenvolvendo o sistema de inteligência artificial. Se ele for um dos sócios da empresa ou de uma das empresas envolvidas no projeto, fica evidente que ele poderá ser considerado "controlador" para efeitos de corresponsável pela causação dos danos. Todavia, sendo o engenheiro da computação funcionário do grupo de empresas ou de uma das empresas do grupo, ele não tem o efetivo controle e nem tira proveito econômico do desenvolvimento do projeto que ele participou, mediante o recebimento de um salário ajustado entre as partes. Nesta hipótese, ele serve como um instrumento técnico para as empresas desenvolverem o projeto, portanto, eles não respondem pelos danos perante as vítimas dos acidentes com carros autônomos.

Esta conclusão tem fundamento na *Lei do Software,* Lei 9.609, de 19 de fevereiro de 1998, que estabelece, no art. 4º, pertencer ao empregador todos os direitos relativos ao programa de computador desenvolvido durante a vigência do contrato de trabalho, em que o empregado tenha utilizado toda a infraestrutura disponibilizada pelo empregador, salvo estipulação em contrário:

Art. 4º Salvo estipulação em contrário, *pertencerão exclusivamente ao empregador, contratante de serviços ou órgão público, os direitos relativos ao programa de computador, desenvolvido e elaborado durante a vigência de contrato ou de vínculo estatutário,* expressamente destinado à pesquisa e desenvolvimento, ou em que a atividade do empregado, contratado de serviço ou servidor seja prevista, ou ainda, que decorra da própria natureza dos encargos concernentes a esses vínculos.

§ 1º Ressalvado ajuste em contrário, a compensação do trabalho ou serviço *prestado limitar-se-á à remuneração ou ao salário convencionado.*

§ 2º *Pertencerão, com exclusividade, ao empregado, contratado de serviço ou servidor os direitos concernentes a programa de computador gerado sem relação com o contrato de trabalho, presta-*

---

263. CRANE, Daniel. Op. cit., p. 232.

ção de serviços ou vínculo estatutário, e sem a utilização de recursos, informações tecnológicas, segredos industriais e de negócios, materiais, instalações ou equipamentos do empregador, *da empresa ou entidade com a qual o empregador mantenha contrato de prestação de serviços ou assemelhados,* do contratante de serviços ou órgão público.

§ 3º O tratamento previsto neste artigo será aplicado nos casos em que o programa de computador for desenvolvido por bolsistas, estagiários e assemelhados. (grifo nosso)

Todavia, comprovado um erro do engenheiro da computação ou programador que desenvolveu um algoritmo equivocado ou não tenha realizado os treinamentos na máquina adequados, fatores determinantes para o evento danoso, o empregador (controladores ou proprietários) poderia reaver os prejuízos do empregado.

4.6.1 Direito de regresso dos proprietários da tecnologia de Inteligência Artificial em carros autônomos

O direito de regresso é exercido mediante ação proposta por aquele que indenizou a vítima contra o real causador do dano nos termos do art. 934 do CC/02.[264] Esta medida tem como fundamento a justiça distributiva na medida em que viabiliza a recomposição do prejuízo por quem não deu causa ao acidente.

Na responsabilidade civil do Estado, esta possibilidade é regulada pelo parágrafo 2º, do artigo 122, da Lei 8.112/90,[265] que prevê a possibilidade da ação regressiva contra servidor público que, por ato omissivo ou comissivo, doloso ou culposo, praticado no exercício do cargo ou funções, deu causa ao dano sofrido pela Fazenda Pública ou por terceiros. O direito de regresso pode ser exercido na própria ação, por meio da denunciação da lide ou por meio de ação própria.[266] Todavia, caracterizada a relação de consumo, fica vedada a denunciação da lide nos termos do art. 88 do CDC, como já mencionado. Muito embora seja pouco provável a responsabilidade do Estado por acidentes de carros autônomos, em sendo comprovada que a causa do acidente se deve à atuação dos agentes públicos, caberá ação de regresso contra o funcionário público que deu causa, podendo ser, inclusive, o engenheiro da computação ou o programador que participou do projeto.

---

264. "Art. 934. Aquele que ressarcir o dano causado por outrem pode reaver o que houver pago daquele por quem pagou, salvo se o causador do dano for descendente seu, absoluta ou relativamente incapaz."

265. "Art. 122. A responsabilidade civil decorre de ato omissivo ou comissivo, doloso ou culposo, que resulte em prejuízo ao erário ou a terceiros.

§ 1º A indenização de prejuízo dolosamente causado ao erário somente será liquidada na forma prevista no art. 46, na falta de outros bens que assegurem a execução do débito pela via judicial.

§ 2º Tratando-se de dano causado a terceiros, responderá o servidor perante a Fazenda Pública, em ação regressiva.

§ 3º A obrigação de reparar o dano estende-se aos sucessores e contra eles será executada, até o limite do valor da herança recebida."

266. CAHALI, Yussef Said. *Responsabilidade Civil do Estado.* 3. ed. rev., atual. e ampl. São Paulo: Ed. RT, 2007. p. 213-214.

CAPÍTULO 4 • RESPONSABILIDADE CIVIL PELOS DANOS DECORRENTES DE ACIDENTES

Para além desta possibilidade, na grande maioria dos casos, será responsabilizada o agente econômico que desenvolveu o sistema dos carros autônomos que, conforme dispõe o art. 932, inc. III do CC/02,[267] o empregador responde pelos atos que os seus empregados causarem no exercício de suas funções. Discute-se sobre a possibilidade de denunciação da lide (desde que não seja relação de consumo) ou ação de reparação civil para recompor os prejuízos.

O STJ[268] tem admitido tal possibilidade, por exemplo, nas ações em que o Hospital tenha que ressarcir a vítima por um erro do médico, que trabalhe no hospital, autorizada a ação regressiva para que o Hospital seja ressarcido pelo médico, verdadeiro causador do dano.

Neste sentido, parece-nos viável a ação regressiva contra os programadores ou os engenheiros da computação quando se comprovar que o dano ocorreu por dolo ou culpa da parte destes. No entanto, ao analisar a culpa, deve-se ponderar pela razoabilidade, levando-se em consideração o estado da arte das ferramentas de inteligência artificial na época em que eles realizaram seus serviços.

Por fim, um outro ponto a ser considerado é a natureza jurídica da prestação de serviços relacionados aos carros autônomos, isto é, existiria ou não um contrato de transporte entre as partes?

---

267. "Art. 932. São também responsáveis pela reparação civil: [...] III – o empregador ou comitente, por seus empregados, serviçais e prepostos, no exercício do trabalho que lhes competir, ou em razão dele".

268. "Recurso especial. Ação de indenização por danos morais e materiais.
Erro médico. Parto. Uso de fórceps. Cesariana. Indicação. Não observância. Lesão no membro superior esquerdo. Médico contratado. Culpa configurada. Hospital. Responsabilidade subjetiva. Ação de regresso. Procedência. Danos morais. Valor. Razoabilidade.
1. A jurisprudência desta Corte encontra-se consolidada no sentido de que a responsabilidade dos hospitais, no que tange à atuação dos médicos contratados que neles trabalham, é subjetiva, dependendo da demonstração da culpa do preposto. 2. A responsabilidade objetiva para o prestador do serviço prevista no artigo 14 do Código de Defesa do Consumidor, no caso o hospital, limita-se aos serviços relacionados ao estabelecimento empresarial, tais como a estadia do paciente (internação e alimentação), as instalações, os equipamentos e os serviços auxiliares (enfermagem, exames, radiologia). Precedentes. 3. No caso em apreço, ambas as instâncias de cognição plena, com base na prova dos autos, concluíram que houve falha médica seja porque o peso do feto (4.100 gramas) indicava a necessidade de realização de parto por cesariana, seja porque a utilização da técnica de fórceps não se encontra justificada em prontuário médico. 4. A comprovação da culpa do médico atrai a responsabilidade do hospital embasada no artigo 932, inciso III, do Código Civil ("São também responsáveis pela reparação civil: (...) III – o empregador ou comitente, por seus empregados, serviçais e prepostos, no exercício do trabalho que lhes competir, ou em razão dele;"), mas permite ação de regresso contra o causador do dano. 5. O Superior Tribunal de Justiça, afastando a incidência da Súmula 7/STJ, tem reexaminado o montante fixado pela instâncias ordinárias apenas quando irrisório ou abusivo, circunstâncias inexistentes no presente caso, em que arbitrada indenização no valor de R$ 80.000,00 (oitenta mil reais). 6. Recurso especial parcialmente provido. (REsp 1526467/RJ, Rel. Ministro Ricardo Villas Bôas Cueva, Terceira Turma, julgado em 13.10.2015, DJe 23.10.2015).

4.7 RESPONSABILIDADE CIVIL E CONTRATO DE TRANSPORTE: ESPECIFICIDADES PARA SUA APLICAÇÃO NO CONTEXTO DOS CARROS AUTÔNOMOS

O modelo de negócio que será utilizado na distribuição dos carros autônomos ainda não está bem definido, ao que parece pelo alto custo desta tecnologia, os carros autônomos serão utilizados nos transportes públicos, nos transportes de mercadoria, e nos transportes de passageiros na modalidade de táxi. Isto porque a automação plena do veículo representa uma enorme economia nos custos destas atividades. Inicialmente, poucos terão acesso à compra de um carro totalmente autônomo em função de seu alto custo.

Quando os carros autônomos forem utilizados no transporte de pessoas ou mercadorias, por exemplo, a *Uber* que utiliza um carro autônomo para transportar os clientes que utilizam tal aplicativo, não resta dúvida que se trata de um contrato de transporte de pessoas. Ou, ainda, uma empresa que contrata uma transportadora que utiliza um caminhão plenamente autônomo, neste caso, claramente seria um contrato de transporte de mercadoria.

Todavia, se uma pessoa tem um carro autônomo, portanto não é ela a condutora, toda vez que ela utilizar o carro autônomo estaria celebrando um contrato de transporte com o responsável pelo sistema que opera o veículo?

A resposta a esta questão tem consequências importantes, pois além do que foi tratado nesta obra, o contrato de transporte tem regras específicas quanto à proteção da vida e saúde dos passageiros, assim como à integridade da mercadoria transportada (arts. 730 a 756 do CC/02). A título de exemplo, o art. 734 do CC/02 traz a força maior como excludente de responsabilidade, neste particular deve-se considerar os comportamentos emergentes dos sistemas autônomos como já elucidado nesta obra (item 4.3.2.1).

Entende-se por contrato de transporte o negócio jurídico bilateral, oneroso, comutativo e consensual pelo qual o transportador (empresa ou pessoa física) obriga-se a perante a outra parte (expedidor ou passageiro) a levar uma pessoa ou coisa (mercadoria) até o destino indicado mediante remuneração.[269]

Quanto ao transporte de mercadorias em carros autônomos, se uma empresa adquire um veículo autônomo para utilizá-lo na sua atividade empresarial, portanto, sendo proprietária do veículo, quando o veículo autônomo é utilizado

---

269. PEREIRA, Caio Mário da Silva. *Instituições de Direito Civil.* 10. ed. Rio de Janeiro: Forense, 1998. v. III: Fonte das Obrigações (Contratos, Declaração Unilateral de Vontade e Responsabilidade Civil), p. 201; GOMES, Orlando. *Contratos.* 18 ed. atual. e notas de Humberto Theodor Júnior. Rio de Janeiro: Forense, 1999. p. 306.

a empresa o faz com ampla liberdade, ou seja, não está sujeita às regras de transporte de coisas.

Semelhantemente, quando uma pessoa adquire um carro autônomo passando ser seu proprietário, não está sujeita às condições de itinerário porque desaparece a figura do transportador ou condutor. Por isso, nestas duas últimas hipóteses, parece-nos mais adequado tratar como um contrato de prestação de serviço de execução continuada entre o controlador do sistema autônomo do automóvel e o seu proprietário.

Nestes casos, o proprietário do carro autônomo, seja a empresa ou a pessoa física, usa o carro autônomo como uma ferramenta tecnológica para a finalidade de locomoção. A empresa fornecedora do carro autônomo não pode ser responsabilizada, por exemplo, por extravio de bagagem e outras regras decorrentes do contrato de transporte na medida em que não exerce a guarda destes bens em posse exclusiva do proprietário do veículo que os carrega consigo.

Por fim, é possível que um proprietário de um carro autônomo escolha locar seu veículo enquanto não necessite dele. Por exemplo, enquanto o proprietário estiver trabalhando, ao invés de deixar o carro estacionado e pagando pelo estacionamento, pode escolher em habilitar o veículo para que outras pessoas possam usar por prazo determinado e mediante remuneração. Neste caso, parece-nos que se trata de um contrato de locação de coisas.

Esta questão é outro ponto a ser resolvido em legislação específica sobre carros autônomos, pois ficou demonstrado que as regras tradicionais do direito, pensadas em um contexto bem diferente do atual, não acomodam muitas particularidades ensejadas pela automação plena dos carros.

REFERÊNCIAS

ALARIE, Benjamin; NIBLETT, Anthony; YOON, Albert. Law in the Future. Disponível em: https://ssrn.com/abstract=2787473. Acesso em: 15 dez. 2019.

ALEMANHA. Straßenverkehrsgesetz (StVG). Disponível em: https://www.gesetze-im-internet.de/stvg/__1a.html. Acesso em: 10 dez. 2019.

ALLEN, Paul; GREAVES, Mark. Paul Allen: The Singularity Isn't Near. *MIT Technology Review*, 12 de outubro de 2011. Disponível em: http://www.technologyreview.com/view/425733/paul-allen-the-singularity-isntnear/. Acesso em: 10 mar. 2020.

ALMEIDA, Carlos Ferreira de. *Os direitos dos consumidores*. Coimbra (Portugal): Almedina, 1982.

ALPA, Guido. *La responsabilità civile. Principi.* 2. ed. Milão: Wolters Kluwer, 2018.

ALPA, Guido. *Diritto della Responsabilità Civile.* Roma: Gius. Laterza & Figli, 2003.

ALVIM, Agostinho. *Da inexecução das obrigações e suas consequências.* 3. ed. atual. Rio de Janeiro: Editora Jurídica e Universitária, 1965.

ANTUNES VARELA, João de Matos. *Das obrigações em geral.* 10. ed. Coimbra: Almedina, 2000. v. 1.

ARIDA, Persio. A pesquisa em direito e em economia: em torno da historicidade da norma. *Revista Direito GV*, [S.l.], v. 1, n. 1, p. 11-22, maio 2005. ISSN 2317-6172. Disponível em: http://bibliotecadigital.fgv.br/ojs/index.php/revdireitogv/article/view/35258/34055. Acesso em: 04 abr. 2020.

ASIMOV, Issac. *Runaround.* Nova York: Street and Smith Publications, 1944.

ASIMOV, Issac. *I, Robot.* Nova York: Bantam Books, 1950.

ATZORI, Luigi; IERA, Antonio; MORABITO, Giacomo. The Internet of Things: A survey. *Computer Networks,* Campus Elsevier, 31 de maio de 2010. Disponível em: https://www.cs.mun.ca/courses/cs6910/IoT-Survey-Atzori-2010.pdf. Acesso em: 20 jan. 2020.

AUSTRALIA. NATIONAL TRANSPORT COMMISSION. Automated Vehicle Program. Outubro de 2019. Disponível em: https://www.ntc.gov.au/sites/default/files/assets/files/NTC%20Automated%20Vehicle%20Reform%20Program%20Approach%20%28October%202019%29%20-%20Public%20version.pdf. Acesso em: 20 mar. 2020.

AZEVEDO, Antônio Junqueira de. *Estudos e Pareceres de Direito Privado.* São Paulo: Saraiva, 2004.

BALKIN, Jack M. The Path of Robotics Law. *California Law Review Circuit,* v. 6, p. 45-60, jun. 2015.

BALKIN, Jack M. The Three Laws of Robotics in the Age of Big Data. *Ohio State Law Journal*, v. 78, 27 de Agosto de 2017. Yale Law School, Public Law Research Paper n. 592. Disponível em: https://ssrn.com/abstract=2890965. Acesso em: 10 mar. 2020.

BELL, Daniel. *The Coming of Pos-Industrial Society*: a venture in social forecasting. Cambridge, MA: Basic Books, 1976.

BENJAMIN, Antonio Herman Vasconcelos; MARQUES, Claudia Lima; BESSA, Leonardo Roscoe. *Manual de Direito do Consumidor*. 2 ed. rev., atual. e ampl. São Paulo: Ed. RT, 2009.

BENJAMIN, Antonio Herman Vasconcelos. Fato do Produto e do Serviço. In: BENJAMIN, Antonio Herman Vasconcelos; MARQUES, Claudia Lima; BESSA, Leonardo Roscoe. *Manual de Direito do Consumidor*. 2 ed. rev., atual. e ampl. São Paulo: Ed. RT, 2009.

BENJAMIN, Antonio Herman Vasconcelos et al. *Manual de Direito do Consumidor*. São Paulo: Ed. RT, 2009.

BEN-SHAHAR, Omri; WHITE, James J. Boilerplate and Economic Power in Auto Manufacturing Contracts. *Michigan Law Review*, v. 104, (2006), p. 953 -982. Disponível em: https://repository.law.umich.edu/articles/761. Acesso em: 10 dez. 2019.

BERTONCELLO, Michele; WEE, Dominik. Ten Ways Autonomous Driving Could Redefine the Automotive World. *Mckinsey & Company*, junho de 2015. Disponível em: https://www.mckinsey.com/industries/automotive-and-assembly/our-insights/ten-ways-autonomous-driving-could-redefine-the-automotive-world. Acesso em: 20 mar. 2020.

BESSA, Leonardo Roscoe. Vício do Produto e do Serviço. In: BENJAMIN, Antonio Herman Vasconcelos; MARQUES, Claudia Lima; BESSA, Leonardo Roscoe. *Manual de Direito do Consumidor*. 2. ed. rev., atual. e ampl. São Paulo: Ed. RT, 2009..

BEVILAQUA, Clóvis. *Código Civil dos Estados Unidos do Brasil Comentado*. Rio de Janeiro: Livraria Francisco Alves, 1926. t. 2, v. 5 (obrigações).

BLANCO, Sebastian. BMW, Daimler Will Work Together On Autonomous Vehicles For Mid-2020s. *Forbes*. Publicado em 28 de fevereiro de 2019. Disponível em: https://www.forbes.com/sites/sebastianblanco/2019/02/28/bmw-daimler-will-work-together-on-autonomous-vehicles-for-mid-2020s/#23e92cab5434. Acesso em: 13 mar. 2020.

BOSTROM, Nick. *Superintelligence: Paths, Dangers, Strategies*. Oxford: Oxford University Press, 2014.

BOSTROM, Nick. *Superinteligência: caminhos, perigos e estratégias para um novo mundo*. Trad. Aurélio Antônio Monteiro, Clemente Gentil Penna, Fabianna Geremias Monteiro e Patrícia Ramos Geremias. Rio de Janeiro: DarkSide Books, 2018.

BRASIL. SENADO FEDERAL. *Projeto de Lei 5.691/2019. Institui a Política Nacional de Inteligência Artificial*. Disponível em: https://www25.senado.leg.br/web/atividade/materias/-/materia/139586. Acesso em: 20 mar. 2020.

CAHALI, Yussef Said. *Responsabilidade Civil do Estado*. 3. ed. rev., atual. e ampl. São Paulo: Ed. RT, 2007.

CALABRESI, Guido. Some Thoughts on Risk Distribution and the Law of Torts. *Yale Law Journal*, v. 7, n. 4, p. 501-553. Disponível em: https://digitalcommons.law.yale.edu/cgi/viewcontent.cgi?article=3035&context=fss_papers. Acesso em: 05 mar. 2020.

CALABRESI, Guido. *The Cost of Accidents: a legal and economic analysis*. New Haven: Yale University Press, 1970.

CALAIS-AULOY, Jean; TEMPLE, Henri. CALAIS-AULOY, Jean; TEMPLE, Henri. *Droit de la Consommation*. 9. ed. Paris: Dalloz, 2015.

CALIFORNIA. *California Vehicle Code*. Disponível em: https://leginfo.legislature.ca.gov/faces/codesTOCSelected.xhtml?tocCode=VEH&tocTitle=+Vehicle+Code+-+VEH. Acesso em: 20 mar. 2020.

CALIXTO, Marcelo Junqueira. *A culpa na responsabilidade civil*: estrutura e função. Rio de Janeiro: Renovar, 2008.

CALIXTO, Marcelo Junqueira. *A responsabilidade civil do fornecedor de produtos pelos riscos do desenvolvimento*. Rio de Janeiro: Renovar, 2004.

CALO, Ryan. Artificial Intelligence Policy: A Primer and Roadmap. 08 de Agosto de 2017. Disponível em: https://ssrn.com/abstract=3015350. Acesso em: 11 mar. 2020.

CALO, Ryan. Robots in American Law. 24 de fevereiro de 2016. University of Washington School of Law Research Paper 2016-04. Disponível em: https://ssrn.com/abstract=273759. Acesso em: 15 fev. 2020.

CALO, Ryan; FROOMKIN, A. Michael; KERR, Ian. *Robot Law*. Northhampton: Elgar, 2016.

CARBONNIER, Jean. *Droit Civil. Les Obligations*. Paris: Presses Universitaires de France, 1967.

CARTER, Arthur; FREEMAN, David et al. An Overview of NHTSA's Electronics Reliability and Cybersecurity Research Programs. *National Highway Traffic Safety Administration*. Disponível em: http://www.esv.nhtsa.dot.gov/proceedings/24/files/24ESV-000454.pdf. Acesso em: 20 mar. 2020.

CARVALHO SANTOS, João Manuel de. *Código Civil brasileiro interpretado*. 3. ed. Rio de Janeiro: Freitas Bastos, 1942.

CASEY, Anthony Joseph; NIBLETT, Anthony. The Death of Rules and Standards. *Indiana Law Journal*, v. 92, n. 4, 2017, p. 1.401-1.447. University of Chicago, Public Law Working Paper n. 550; University of Chicago Coase-Sandor Institute for Law & Economics Research Paper No. 738. Disponível em: https://ssrn.com/abstract=2693826. Acesso em: 15 fev. 2020.

CATH, Corinne; WACHTER, Sandra; MITTELSTADT, Brent; TADDEO, Mariarosaria; FLORIDI, Luciano. Artificial Intelligence and the "Good Society": the US, EU, and UK approach. *Science and Engineering Ethics*. New York: Springer, v. 23, n. 02, p. 01-24, jan. 2017.

CAVALIERI FILHO, Sérgio. *Programa de Responsabilidade Civil*. 13. ed. rev. e atual. Sao Paulo: Atlas, 2019.

CAVALIERI FILHO, Sérgio. *Programa de Direito do Consumidor*. 3. ed. São Paulo: Atlas, 2011.

CHEN, Nanding. Waymo v. Uber: Surprise Settlement Five Days into Trial. *JOLT (Harvard Journal)*. Publicado em 03 de março de 2018. Disponível em: https://jolt.law.harvard.edu/digest/waymo-v-uber-surprise-settlement-five-days-into-trial. Acesso em: 12 março 2020.

CHIKE, Patrick. The Legal Challenges of Internet of Things. *Technical Report*. Disponível em: https://www.researchgate.net/publication/322628457. Acesso em: 12 jan. 2020.

CHOMSKY, Noam. Three Factors in Language Design. *Linguistic Inquiry*, v. 36, n. 1 (2005), p. 01-22. Disponível em: http://www.biolinguistics.uqam.ca/Chomsky_05.pdf. Acesso em: 16 mar. 2020.

CHOMSKY, Noam. Three Models for the Description of Language. Disponível em: https://chomsky.info/wp-content/uploads/195609-.pdf. Acesso em: 20 mar. 2020.

CIRANI, Simone; FERRARI, Gianluigi; PICONE, Marco; VELTRI, Luca. *Internet of Things*: architectures, protocols and standards. New Jersey: John Wiley & Sons, 2019.

COASE, Ronald H. The Problem of social cost. *Journal of Law and Economics* (Chicago), v. III, p. 1-44, 1960. Disponível em: https://www.law.uchicago.edu/files/file/coase-problem.pdf. Acesso em: 10 fev. 2020.

CORDEIRO, António Menezes. *Tratado de Direito Civil Português*. Coimbra: Almedina, 2010.

COSTA, Judith Martins; PARGENDLER, Mariana Souza. Usos e abusos da função punitiva – *punitive damages* e o direito brasileiro. *Revista CEJ*, v. 9, n. 28, p. 15-32, jan./mar. De 2005. Disponível em: https://revistacej.cjf.jus.br/revcej/article/view/643. Acesso em: 10 nov. 2019.

COUTO E SILVA, Clóvis Veríssimo do. O conceito de dano no direito brasileiro e no direito comparado. *Revista dos Tribunais*, v. 80, n. 667, p. 9-16. São Paulo: Ed. RT, maio 1991.

CRANE, Daniel A.; LOGUE, Kyle D.; PILZ, Bryce C. A Survey of Legal Issues Arising From The Deployment of Autonomous and Connected Vehicles. *Michigan Telecommunications and Technology Law Review*, v. 23, p. 191-320 (2017). Disponível em: https://repository.law.umich.edu/mttlr/vol23/iss2/1. Acesso em: 10 mar. 2020.

DALL'AGNOL JÚNIOR, Antônio Janyr. Direito do consumidor e serviços bancários e financeiros – aplicação do CDC nas atividades bancárias. *Revista do Direito do Consumidor*, v. 27, p. 07-17, jul.-set. 1998.

DARRACH, Brad. Meet Sharkey, the first electronic person. The fascinating and fearsome reality of a machine with a mind of its own. *Life Magazine*, v. 69, n. 21, p. 57-59. 20.11.1970.

DE CUPIS, Adriano. *Il Danno*. Milão: Dott. A. Giuffrè, 1979. 2 v.

DE FILIPPI, Primavera; WRIGHT, Aaron. *Blockchain and the Law*. Cambridge, Massachussetts: Harvard University Press, 2018.

DE LIMA, Cíntia Rosa Pereira. *Comentários à Lei Geral de Proteção de Dados Pessoais* (Lei 13.709/2018). São Paulo: Almedina, 2020.

DE LIMA, Cíntia Rosa Pereira. *Os contratos de adesão eletrônicos (shrink-wrap e click-wrap) e os termos e condições de uso (browse-wrap)*. São Paulo: Quartier Latim, 2020. No prelo.

DE LIMA, Cíntia Rosa Pereira. *A imprescindibilidade de uma entidade de garantia para a efetiva proteção dos dados pessoais no cenário futuro do Brasil*. Tese de Livre Docência apresentada à Faculdade de Direito de Ribeirão Preto, Universidade de São Paulo. Ribeirão Preto, 2015.

DE LIMA, Cíntia Rosa Pereira. *Autoridade Nacional de Proteção de Dados e a efetividade da Lei Geral de Proteção de Dados*. São Paulo: Almedina, 2020.

DE LIMA, Cíntia Rosa Pereira. Agentes de tratamento de dados pessoais (controlador, operador e encarregado pelo tratamento de dados pessoais). *Comentários à Lei Geral de Proteção de Dados Pessoais (Lei 13.709/2018)*. São Paulo: Almedina, 2020.

DE LIMA, Cíntia Rosa Pereira; RAMIRO, Livia Froner Moreno. Direitos do titular dos dados pessoais. In: LIMA, Cíntia Rosa Pereira de. *Comentários à Lei Geral de Proteção de Dados Pessoais (Lei 13.709/2018)*. São Paulo: Almedina, 2020.

REFERÊNCIAS **193**

DE LIMA, Cíntia Rosa Pereira. Consumidor versus Instituições Financeiras: estudo da ADIN 2.591, de 26 de dezembro de 2002 (discussão quanto à aplicação do CDC às Instituições Financeiras). *Revista da Faculdade de Direito*, v. 101, p. 653-696. São Paulo: Universidade de São Paulo, 2006. Disponível em: http://www.revistas.usp.br/rfdusp/article/view/67722. Acesso em: 10 abr. 2020.

DE LIMA, Cíntia Rosa Pereira. A responsabilidade civil dos provedores de aplicação de internet por conteúdo gerado por terceiro antes e depois do Marco Civil da Internet (Lei 12.965/14). *Revista Da Faculdade De Direito*, Universidade De São Paulo, 2015, v. 110, 155-176. Disponível em: http://www.revistas.usp.br/rfdusp/article/view/115489. Acesso em: 10 mar. 2020.

DE LIMA, Cíntia Rosa Pereira. A inversão do ônus da prova no Código de Defesa do Consumidor. *Revista de Direito do Consumidor*, ano 12, v. 47, p. 200-231, jul.-set. 2003. São Paulo: Ed. RT, 2003.

DE LIMA, Cíntia Rosa Pereira; FANECO, Lívia C. da Silva. Inversão do ônus da prova no CDC e a inversão procedimental no projeto de novo CPC. *Revista de Direito do Consumidor*, ano 23, v. 91, p. 309-335, jan.-fev. 2014. São Paulo: Thomson Reuters e Ed. RT, 2014.

DE LIMA, Cíntia Rosa Pereira. O ônus de ler o contrato no contexto da "ditadura" dos contratos de adesão eletrônicos. In: ROVER, Aires José; GAZIERO, José Renato e Cella, Fernando Galindo Ayuda (Coor.). *Direito e novas tecnologias I [Recurso eletrônico on-line]* organização CONPEDI/UFPB. Florianópolis: CONPEDI, 2014. Disponível em: http://www. publicadireito.com.br/artigos/?cod=981322808aba8a03.

DE LUCCA, Newton. *Direito do Consumidor: Teoria Geral da Relação Jurídica de Consumo*. 2. ed. São Paulo: Quartier Latin, 2008.

DE LUCCA, Newton; SIMÃO FILHO, Adalberto; DE LIMA, Cíntia Rosa Pereira; MACIEL, Renata Mota. *Direito & Internet*. São Paulo: Quartier Latin, 2019. v. IV: Sistema de Proteção de Dados Pessoais.

DING, Jeffrey. *Deciphering China's AI Dream The context, components, capabilities, and consequences of China's strategy to lead the world in AI*. Oxford: Oxford University Press, 2018.

DENARI, Zelmo. Da Qualidade de Produtos e Serviços, Da Prevenção. In: GRINOVER, Ada Pellegrini; BENJAMIN, Antonio Herman de Vasconcelos e; FINK, Daniel Roberto; FILOMENO, José Geraldo Brito, WATANABE, Kazuo; NERY JÚNIOR, Nelson; DENARI, Zelmo. *Código Brasileiro de Defesa do Consumidor Comentado pelos Autores do Anteprojeto*. 6. ed. rev., atual. e ampl. Rio de Janeiro: Forense Universitária, 2000.

DIAS, José Aguiar. *Da Responsabilidade Civil*. 2. ed. Rio de Janeiro: Forense, 1950. t. I.

DIAS, José Aguiar. *Cláusula de não-indenizar*. 3. ed. rev. Rio de Janeiro: Forense, 1976.

DIJKSTRA, Edsger W. The Threats to Computing Science. Relatório enviado para ACM 1984 South Central Regional Conference, November 16-18, Austin, Texas. Disponível em: http://www.cs.utexas.edu/users/EWD/transcriptions/EWD08xx/EWD898.html. Acesso em: 05 abr. 2020.

DIAMOND, John L; LEVINE, Lawrence C; BERNSTEIN, Anita. *Understanding Torts*. 4. ed. Lexis Nexis, 2010.

DINIZ, Maria Helena. *Curso de Direito Civil Brasileiro.* 26. ed. São Paulo: Saraiva, 2010. v. 3 – Teoria das Obrigações Contratuais e Extracontratuais.

DREYFUS, Hubert L. Alchemy and Artificial Intelligence. *Relatório de Rand Corporation.* Dezembro, 1965. p. 3244. Disponível em: http://www.rand.org/content/dam/rand/pubs/papers/2006/P3244.pdf. Acesso em: 15 mar. 2020.

DREYFUS, Hubert L. *What Computers Can't Do. A critique of artificial reason.* Nova York: MIT Press, 1972.

DREYFUS, Hubert L. *What Computers Can't Still Do. A critique of artificial reason.* Nova York: MIT Press, 1992.

DREYFUS, Hubert L. *Mind over machine* – the power of human intuition and expertise in the era of the computer. Nova York: The Free Press, 1986.

DOMINGOS, Pedro. A few useful things to know about machine learning. *Communications of the ACM,* v. 55, n. 10, p. 78-87. Disponível em: https://homes.cs.washington.edu/~pedrod/papers/cacm12.pdf. Acesso em: 20 mar. 2020.

DONATO, Maria Antonieta Zanardo. *Proteção ao Consumidor*: conceito e extensão. São Paulo: Ed. RT, 1993.

DONNINI, Rogério Ferraz. *Responsabilidade Civil Pós-Contratual no Direito Civil, no Direito do Consumidor, no Direito do Trabalho, no Direito Ambiental e no Direito Administrativo.* 3 ed. rev., ampl. e atual. São Paulo: Saraiva, 2011.

DWORKIN, Ronald. *A Matter of Principle.* Cambridge (Massachusetts): Harvard University Press, 1985.

DWORKIN, Ronald. *Law's Empire.* Cambridge (Massachusetts): Harvard University Press, 1986.

DWORKIN, Ronald. *Taking Rights Seriously.* Cambridge (Massachusetts): Harvard University Press, 1977.

EFING, Antônio Carlos. *Contratos e procedimentos bancários à luz do Código de Defesa do Consumidor.* 3. tir. São Paulo: Ed. RT, 2000.

EFING, Antônio Carlos; ARAÚJO, Jailson de Souza. O uso de carros autônomos, seus riscos e perigos jurídicos. *Revista de Direito do Consumidor,* ano 28, v. 126, nov.-dez. 2019. p. 81-102. São Paulo: Ed. RT, 2019.

EPSTEIN, Richard A. "Was New York Times v. Sullivan Wrong?" *University of Chicago Law Review,* v. 53, issue 3, p. 782-818, 1986. Disponível em: https://chicagounbound.uchicago.edu/uclrev/vol53/iss3/2. Acesso em: 16 dez. 2019.

ESTADOS UNIDOS. National Research Council. Developments in Artificial Intelligence. *Funding a Revolution*: Government Support for Computer Research. Washington, DC: National Academy Press, 1999. Disponível em: http://web.archive.org/web/20080112001018/http://www.nap.edu/readingroom/books/far/ch9.html#REF21. Acesso em: 15 mar. 2020.

ESTADOS UNIDOS. *United States Code.* HR 3388: To amend title 49, United States Code, regarding the authority of the National Highway Traffic Safety Administration over highly automated vehicles, to provide safety measures for such vehicles, and for other purposes.

Disponível em: https://www.congress.gov/115/bills/hr3388/BILLS-115hr3388rfs.pdf. Acesso em: 10 mar. 2020.

ESTADOS UNIDOS. HOUSE OF REPRESENTATIVES. *House Resolution 4625 de 12 de dezembro de 2017. FUTURE of Artificial Intelligence Act*. Disponível em: https://www.congress.gov/115/bills/hr4625/BILLS-115hr4625ih.pdf. Acesso em: 10 mar. 2020.

ESTADOS UNIDOS. HOUSE OF REPRESENTATIVES. House Resolution 153. *Supporting the development of guidelines for ethical development of artificial intelligence*. Data: 27 de fevereiro de 2019. Disponível em: https://www.congress.gov/bill/116th-congress/house-resolution/153/text. Acesso em: 10 mar. 2020.

ESTADOS UNIDOS. HOUSE OF REPRESENTATIVES. *House Resolution 2231, de 10 de abril de 2019. Algorithmic Accontability Act*. Disponível em: https://www.congress.gov/116/bills/hr2231/BILLS-116hr2231ih.pdf. Acesso em: 10 mar. 2020.

ESTADOS UNIDOS. WHITE HOUSE. *Executive Order on Maintaining American Leadership in Artificial Intelligence*. 11 de fevereiro de 2019. Disponível em: https://www.whitehouse.gov/presidential-actions/executive-order-maintaining-american-leadership-artificial-intelligence/. Acesso em: 10 mar. 2020.

ESTADOS UNIDOS. National Highway Traffic Safety Administration – NHTSA. Vehicle-to-Vehicle Communications: Readiness of V2V Technology for Application. Disponível em: https://www.nhtsa.gov/sites/nhtsa.dot.gov/files/readiness-of-v2v-technology-for-application-812014.pdf. Acesso em: 10 mar. 2020.

EZRACHI, Ariel; STUCKE, Maurice E. Artificial Intelligence & Collusion: When Computers Inhibit Competition. *University of Illinois Law Review*, v. 2017; Oxford Legal Studies Research Paper n. 18/2015; University of Tennessee Legal Studies Research Paper n. 267. Disponível em: https://ssrn.com/abstract=2591874. Acesso em: 10 fev. 2020.

FILOMENO, José Geraldo Brito. *Manual de Direito do Consumidor*. 11. ed. São Paulo: Atlas, 2012

FINOCCHIARO, Giusella. Il Quadro d'Insieme sul Regolamento Europeo sulla Protezione dei Dati Personali. *In:* FINOCCHIARO, Giusella (Coord.). *Il nuovo Regolamento europeo sulla privacy e sulla protezione dei dati personali*. Torino: Zanichelli Editore, 2017.

FINOCCHIARO, Giusella. Il Contratto Nell´Era Dell´Intelligenza Artificiale. *Rivista Trimestrale di Diritto e Procedura Civile,* anno LXXII, Fasc. 2, 2018, p. 441-460.

FLOOD, Mark D.; GOODENOUGH, Oliver R. Contract as Automaton: The Computational Representation of Financial Agreements. *Office of Financial Research Working Paper*, 26 de março de 2015 (revisado em 27 de março de 2017). Disponível em: http://financialresearch.gov/working-papers/files/OFRwp-2015-04_Contract-as-Automaton-The-Computational-Representationof-Financial-Agreements.pdf. Acesso em: 10 mar. 2020.

FLORIDA. Florida Statutes. http://www.leg.state.fl.us/statutes/index.cfm?App_mode=Display_Statute&Search_String=&URL=0300-0399/0316/Sections/0316.85.html. Acesso em: 20 mar. 2020.

FONSECA, Arnoldo Medeiros da. *Caso Fortuito e Teoria da Imprevisão*. 3. ed. rev. e atual. Rio de Janeiro: Revista Forense, 1958.

FOOT, Philippa. The problem of abortion and the doctrine of the double effect. *Oxford Review*, n. 5, 1967. Disponível em: https://philpapers.org/archive/FOOTPO-2.pdf. Acesso em: 20 dez. 2019.

FORGIONI, Paula Andrea. Análise econômica do direito: paranoia ou mistificação? *Revista do Tribunal Regional Federal da 3ª Região*, p. 35 – 61. São Paulo, maio/jun. 2006.

FRANK, Helmar G. *Cibernética e filosofia*. Trad. Celeste Aída Galeão. Rio de Janeiro: Edições Tempo Brasileiro, 1970.

FROOMKIN, A. Michael. The Death of Privacy? *Stanford Law Review*, v. 52, p. 1461 – 1543, 2000. Disponível em: https://papers.ssrn.com/sol3/papers.cfm?abstract_id=2715617. Acesso em: 10 mar. 2020.

FUKUYAMA, Francis. *Our Posthuman Future*: Consequences of the Biotechnology Revolution. New York: Farrar, Straus & Giroux, 2000.

FURMAN, Jason. Is This Time Different? The Opportunities and Challenges of Artificial Intelligence. Disponível em: https://obamawhitehouse.archives.gov/sites/default/files/page/files/20161212_cea_nas_ai_furman.pdf. Acesso em: 10 dez. 2019.

GARDNER, Howard. *Frames of Mind: The Theory of Multiple Intelligences*. New York, NY: Basic Books, 1983.

GAROFALO, Luigi; TALAMANCA, Mario. *Trattato delle Obbligazioni*. Tomo Terzo: La Struttura e l'Adempimento. Milão: CEDAM, 2010.

GENESERETH, Michael. Computational Law: The Cop in the Backseat. *The Center for Legal Informatics Stanford University*, 27 de março de 2015. Disponível em: http://logic.stanford.edu/complaw/complaw.html. Acesso em: 18 mar. 2020.

GERACI, Robert M. *Apocalyptic AI: Visions of Heaven in Robotics, Artificial Intelligence, and Virtual Reality*. Oxford: Oxford University Press, 2010.

GILLETTE, Clayton P. Rolling Contracts as an Agency Problem. *In: Wisconsin Law Review*, (2004), p. 679-737. Disponível em: https://papers.ssrn.com/sol3/papers.cfm?abstract_id=542642. Acesso em: 10 dez. 2019.

GICO JUNIOR, Ivo Teixeira. Metodologia e Epistemologia da Análise Econômica do Direito. *Economic Analysis of Law Review*, Brasília, v. 1, n. 1, p. 7 - 33, jan.-jun. 2010.

GOMES, Orlando. *Introdução ao Direito Civil*. Atualizada por Humberto Theodoro Júnior. 18. ed. Rio de Janeiro: Forense, 2001.

GOMES, Orlando. *Obrigações*. Atualizado por Humberto Theodoro Júnior. 10. ed. Rio de Janeiro: Forense, 1995.

GOMES, Orlando. *Contratos*. 18 ed. atual. e notas de Humberto Theodor Júnior. Rio de Janeiro: Forense, 1999.

GONÇALVES, Carlos Roberto. *Responsabilidade Civil*. 14. ed. São Paulo: Saraiva, 2012.

GORZELANY, Jim. Volvo Will Accept Liability For Its Self-Driving Cars. *Forbes*. Publicado em 09 de outubro de 2015. Disponível em: https://www.forbes.com/sites/jimgorzelany/2015/10/09/volvo-will-accept-liability-for-its-self-driving-cars/#7ee0d7fa72c5. Acesso em: 12 mar. 2020.

GRINOVER, Ada Pellegrini; BENJAMIN, Antonio Herman de Vasconcelos e; FINK, Daniel Roberto; FILOMENO, José Geraldo Brito; WATANABE, Kazuo; NERY JÚNIOR, Nelson; DENARI, Zelmo. *Código Brasileiro de Defesa do Consumidor Comentado pelos Autores do Anteprojeto*. 6. ed. rev., atual. e ampl. Rio de Janeiro: Forense Universitária, 2000.

HARARI, Yval Noah. *Sapiens: uma breve história da humanidade*. 49. ed. Trad. Janaína Marcoantonio. Porto Alegre: L&PM, 2019.

HARARI, Yval Noah. *21 lições para o século 21*. Trad. Paulo Geiger. 9. reimp. São Paulo: Companhia das Letras, 2018.

HARARI, Yval Noah. *Homo Deus*: uma breve história do amanhã. 19 reimp. Trad. Paulo Geiger. São Paulo: Companhia das Letras, 2016.

HART, Lionel Adolphus. *The Concept of Law*. 2. ed. Nova York: Oxford University Press, 1994.

HAWKINS, Andrew. Waymo's driverless car: ghost-riding in the back seat of a robot taxi. *The Verge*, publicação de 09 de dezembro de 2019. Disponível em: https://www.theverge.com/2019/12/9/21000085/waymo-fully-driverless-car-self-driving-ride-hail-service--phoenix-arizona. Acesso em: 12 mar. 2020.

HAWKINS, Andrew. Exclusive look at cruise's first driverless car without a steering wheel or pedals. *The Verge*. Publicado em 21 de janeiro de 2020. Disponível em: https://www.theverge.com/2020/1/21/21075977/cruise-driverless-car-gm-no-steering-wheel-pedals-ev-exclusive-first-look. Acesso em: 12 mar. 2020.

HAWKINS, Andrew. Audi pulls the curtain back on its self-driving car program. *The Verge*. Publicado em 18 de dezembro de 2019. Disponível em: https://www.theverge.com/2018/12/18/18144506/audi-self-driving-car-volkswagen-luminar-lidar. Acesso em: 12 mar. 2020.

HAWKINS, Andrew. Ford's self-driving cars are really good, but are they good enough to win? *The Verge*. Publicado em 15 de novembro de 2018. Disponível em: https://www.theverge.com/2018/11/15/18096338/ford-self-driving-car-miami-argo-av. Acesso em: 12 mar. 2020.

HIRONAKA, Giselda Maria Fernandes Novaes. *Responsabilidade pressuposta*. Del Rey, 2005.

HIRONAKA, Giselda Maria Fernandes Novaes. Responsabilidade pressuposta. Evolução de fundamentos e de paradigmas da responsabilidade civil na contemporaneidade. In: DELGADO, Mário Luiz; ALVES, Jones Figueirêdo (Coord.) *Questões Controvertidas no Novo Código Civil*. São Paulo: Método, 2006. v. 5.

HÖLLER, Jan; TSIATSIS, Vlasios; MULLIGAN, Catherine; KARNOUSKOS, Stamatis; AVESAND, Stefan; BOYLE, David. *From Machine-to-Machine to the Internet of Things*: Introduction to a New Ag of Intelligence. Oxford: Elsevier, 2014.

HU, Fei. *Security and Privacy in Internet of Things (IoTs)*: models, algoritms, and implementations. Nova York: CRC Press, 2016.

IBM. Introducing IBM Watson Health. Disponível em: http://www.ibm.com/smarterplanet/us/en/ibmwatson/health/. Acesso em: 10 mar. 2020.

ITÁLIA. MINISTERO DELLO SVILUPPO ECONOMICO. *Strategia Nazionale per l'Intelligenza Artificiale*. Roma: julho de 2019. Disponível em: https://www.mise.gov.it/index.php/it/strategia-intelligenza-artificiale/contesto. Acesso em: 20 nov. 2019.

INTERNATIONAL TELECOMMUNICATION UNION. *Recommendation ITU-T Y.2060*. Disponível em: https://www.itu.int/rec/T-REC-Y.2060-201206-I. Acesso em: 10 fev. 2020.

JOHNSTON, Jason Scott. The Return of Bargain: An Economic Theory of How Standard-Form Contracts Enable Cooperative Negotiation between Businesses and Consumers. *Michigan Law Review*, v. 104, (2006), p. 857-898. Disponível em: https://repository.law.umich.edu/cgi/viewcontent.cgi?article=1530&context=mlr. Acesso em: 10 dez. 2019.

JOSSERAND, Louis. *Cours de droit civil positif francais*. Paris: Sirey 1938.

JOSSERAND, Louis. *De l'esprit des droits et de leur relativité; théorie dite de l'abus des droits*. Paris: Dalloz, 1939.

KAPLAN, Jerry. *Artificial Intelligence*: What everyone needs to know. Oxford: Oxford University Press, 2016.

KAPLAN, Jerry. *Humans Need Not Apply: A Guide to Wealth and Work in the Age of Artificial Intelligence*. New Haven: Yale University Press, 2015.

KATZ, Daniel Martin; BOMMARITO, Michael James; BLACKMAN, Josh. Predicting the Behavior of the Supreme Court of the United States: A General Approach. *In: Proceedings of the Association for Computing Machinery Conference on Artificial Intelligence and the Law, Forthcoming*, 21 de julho de 2014. Disponível em: http://ssrn.com/abstract=2463244. Acesso em: 18 mar. 2020.

KERR, Ian. Spirits in the material world: intelligent agents as intermediaries in electronic commerce. *Dalhousie Law Journal*, v. 22, 1999, p. 189-249. Disponível em: https://static1.squarespace.com/static/56b8dbd62eeb817f29aa3265/t/5cf974eedfde82000124f-4de/1559852271558/SSRN-id703242.pdf. Acesso em: 17 dez. 2019.

KHOURI, Paulo R. Roque A. *Direito do Consumidor*: contratos, responsabilidade civil e defesa do consumidor em juízo. 3. ed. São Paulo: Atlas, 2013.

KURZWEIL, Ray. *The Singularity Is Near*. Nova York: Viking (Penguin Group), 2005.

LARENZ, Karl. *Derecho de obligaciones*. Versão espanhola de Jaime Santos Briz. Madrid: Editorial Revista de Derecho Privado, 1950. Tomo II.

LATTMAN, Peter. The Origins of Justice Stewart's 'I Know It When I See It. LawBlog, *Wall Street Journal Online*, 27 de setembro de 2007. Cf. 378 U.S. 184 (1964).

LEÃES, Luiz Gastão Paes de Barros. As relações de consumo e o crédito ao consumidor. *Revista de Direito Mercantil*, v. 82, p. 13-23, abr.-jun. 1991.

LEE, Seung-Ik; CHO, Sung-Bae. Emergent Behaviors of a Fuzzy Sensory-Motor Controller Evolved by Genetic Algorithm. *IEEE Transactions on Cybernetics*, v. 31, n. 6, p. 919-929, jan. 2002. Disponível em: http://citeseerx.ist.psu.edu/viewdoc/download?doi=10.1.1.97.8106&rep=rep1&type=pdf. Acesso em: 20 mar. 2020.

LIMA, Alvino. *Culpa e Risco*. 2. ed. rev. e atualizada pelo Professor Ovídio Rocha Barros Sandoval. 2. tir. São Paulo: Ed. RT, 1999.

LIMA, Alvino. *A Responsabilidade Civil pelo Fato de Outrem*. Rio de Janeiro: Forense, 1973.

LINDSAY, David; HOGAN, Jane. An Australian Perspective on AI, Ethics and its Regulatory Challenges. *Journal of Law and Economic Regulation*, v. 12, n. 2, 2019. Disponível em: https://www.dbpia.co.kr/Journal/articleDetail?nodeId=NODE09302703. Aceso em: 20 mar. 2020.

LISBOA, Roberto Senise. *Responsabilidade Civil nas Relações de Consumo*. São Paulo: Revista dos Tribunais, 2001.

LISBOA, Roberto Senise. *Relação de consumo e proteção jurídica do consumidor no direito brasileiro*. São Paulo: Juarez de Oliveira, 1999.

LODDER, Arno. R.; ZELEZNIKOW, John. Artificial Intelligence and Online Dispute Resolution. *Enhanced Dispute Resolution through the Use of Information Technology* Cambridge: Cambridge University Press, 2010). Disponível em: http://www.mediate.com/pdf/lodder_zeleznikow.pdf. Acesso em: 18 mar. 2020.

LOPEZ, Teresa Ancona. *Princípio da Precaução e Evolução da Responsabilidade Civil*. São Paulo: Quartier Latin, 2010.

LOUKIDES, Mike; LORICA, Ben. *What is Artificial Intelligence?* Sebastopol, CA: O'Reilly Media, 2016.

LOVELL, Michael C. Data mining. *The Review of Economics and Statistics*, v. 65, n. 01, p. 1-12, fev. 1983.

LUGER, George F.; STUBBLEFIELD, William A. *Artificial Intelligence: structures and strategies for complex problem solving*. 3. ed. Massachusetts: Addison Wesley Longman, 1998.

MACKAAY, Ejan. History of Law and Economics. *In*: BOUCKAERT, Boudewijn; DE GEST, Gerrit (Coord.) *Ecyclopedia of Law and Economics* – The History and Methodology of Law and economics. p. 65-117. Disponível em: https://papyrus.bib.umontreal.ca/xmlui/bitstream/handle/1866/86/0029.pdf?sequence=1&isAllowed=y. Acesso em: 10 mar. 2020.

MARINONI, Luiz Guilherme. ARENHART, Sérgio Cruz. *Prova*. São Paulo: Ed. RT, 2009.

MARINONI, Luiz Guilherme; MITIDIERO, Daniel. *O projeto do CPC:* críticas e propostas. São Paulo: Ed. RT, 2010.

MARINS, James. Proteção contratual do CDC a contratos interempresariais, inclusive bancários. *Revista de Direito do Consumidor*, n. 18, p. 94-104. abr.-jun. 1996.

MARKEL, Dan. How Should Punitive Damages Work? *University of Pennsylvania Law Review*, v. 157, issue 3, p. 1.383-1.484, 2009. Disponível em: https://scholarship.law.upenn.edu/cgi/viewcontent.cgi?article=1195&context=penn_law_review. Acesso em: 10 nov. 2019.

MARKOFF, John. Researchers Show How a Car's Electronics Can Be Taken Over Remotely. *New York Times* (09 de março de 2011). Disponível em: http://www.nytimes.com/2011/03/10/business/10hack.html. Acesso em: 20 mar. 2020.

MARQUES, Claudia Lima; BENJAMIN, Antonio Herman V.; MIRAGEM, Bruno. *Comentários ao Código de Defesa do Consumidor. Arts. 1º a 74: aspectos materiais*. São Paulo: Ed. RT, 2003.

MARQUES, Claudia Lima. Superação das antinomias pelo diálogo das fontes: o modelo brasileiro de coexistência entre o Código de Defesa do Consumidor e o Código Civil de 2002. *Revista de Direito do Consumidor*, v. 51, p. 34-67, jul.-set. 2004.

MARQUES, Claudia Lima. Campo de aplicação do CDC. In: MARQUES, Claudia Lima; BENJAMIN, Antonio Herman Vasconcelos e; BESSA, Leonardo Roscoe. *Manual de Direito do Consumidor*. 2 ed. rev., atual. e ampl. São Paulo: Ed. RT, 2009.

MAYER-SCHÖNBERGER, Victor; CUKIER, Kenneth. *Big Data*: a revolution that will transform how we live, work, and think. Boston: Houghton Mifflin Harcourt Publishing Company, 2013.

MAZEAUD, Henri; MAZEAUD, Léon. *Traité théorique et pratique de la responsabilité civile délictuelle et contractuelle*. 3. ed. Paris: Préfacier, 1939. t. I.

MAZEAUD, Henri; MAZEAUD, Léon; MAZEAUD, Jean; JUGLART, Michel de. *Leçons de Droit Civil*. Paris: Montchrestien, 1955. v. 2.

McCARTHY, John; MINSKY, Marvin L.; ROCHESTER, Nathan; SHANNON, Claude E. A Proposal for the Dartmouth Summer Research Project on Artificial Intelligence. *Stanford Edu*, 1955. Disponível em: http:// www- formal.stanford.edu/jmc/history/dartmouth/dartmouth.html. Acesso em: 20 dez. 2019.

McCARTHY, John. A Proposal for the Dartmouth Summer Research Project on Artificial Intelligence. *AI Magazine*, v. 27, n. 4 (2006), p. 12. Disponível em: file:///Users/Cintia-Rosa/Downloads/1904-Article%20Text-1900-1-10-20080129%20(1).pdf. Acesso em: 20 dez. 2019.

McCULLOCH, Warren; PITTS, Walter. A Logical Calculus of Ideas Immanent in Nervous Activity. *Bulletin of Mathematical Biophysics*, v. 5, no. 4 (1943), p. 115-133.

MENDONÇA, Diogo Naves. *Análise econômica da responsabilidade civil*: o dano e a sua quantificação. São Paulo: Atlas, 2012.

MICHIGAN. Michigan Vehicle Law. Disponível em: http://www.legislature.mi.gov/(S(e0zjz-qo0cjyvo5105bzzejyd))/mileg.aspx?page=getObject&objectName=mcl-257-665. Acesso em: 20 mar. 2020.

MILLER, George A. The Magical Number Seven, Plus or Minus Two Some Limits on Our Capacity for Processing Information. *In: Psychological Review*, v. 101, n. 2, p. 343 – 352. Disponível em: http://www2.psych.utoronto.ca/users/peterson/psy430s2001/Miller%20GA%20Magical%20Seven%20Psych%20Review%201955.pdf. Acesso em: 10 mar. 2020.

MINSKY. Marvin; PAPERT, Seymour. *Perceptrons*: An Introduction to Computational Geometry. 3 ed. Cambridge, MA: MIT Press, 1988.

MORAES, Maria Celina Bodin de. *Danos à Pessoa Humana*: uma leitura Civil-Constitucional dos danos morais. 2. ed. rev. Rio de Janeiro: Editora Processo, 2017.

MOREIRA ALVES, José Carlos. *Direito Romano*. 3. ed. Rio de Janeiro: Forense, 1980. v. II.

MOREIRA ALVES, José Carlos. *Direito Romano*. 17. ed. Rio de Janeiro: Forense, 2016.

MORSELLO. Marco Fábio. A responsabilidade civil e a socialização dos riscos. O sistema neozelandês e a experiência escandinava. *Revista da Escola da Magistratura*, ano 7, n. 2, p. 13-22, jul.-dez. 2006.

MOSQUET, Xavier; et al., Revolution in the Driver's Seat: The Road to Autonomous Vehicles, BOSTON CONSULTING GROUP (Abril 2015). Disponível em: https://www.bcgperspectives.com/Images/BCG-Revolution-in-the-Drivers-Seat-Apr-2015_tcm80-186097.pdf. Acesso em: 20 mar. 2020.

NAIMAT, Aman. *The New Artificial Intelligence Market*. Gravenstein Highway North, Sebastopol (CA): O'Reilly Media, 2016.

NERY JÚNIOR, Nelson. Os princípios gerais do Código Brasileiro de Defesa do Consumidor. *Revista de Direito do Consumidor*, v. 3, ano 1, p. 44-77, 1992.

NERY JÚNIOR, Nelson. Defesa do consumidor de crédito bancário em juízo. *Revista de Direito Privado*, n. 05, p. 192-222. São Paulo: Ed. RT, jan./mar. 2001.

NEVADA. *Nevada Administrative Code*. Disponível em: https://www.leg.state.nv.us/NAC/NAC-482A.html. Acesso em: 20 mar. 2020.

NEWELL, Allen; SIMON, Hebert. The logic theory machine. A complex information processing system. *Institute of Radio Engineers, Transactions on information theory*, v. IT-2, n. 3, 1956, p. 61-79. Disponível em: http://shelf1.library.cmu.edu/IMLS/MindModels/logictheorymachine.pdf. Acesso em: 20 mar. 2020.

NEW YORK TIMES. New Navy Device Learns by Doing: Psychologist Shows Embryo of Computer Designed to Read and Grow Wiser. *New York Times*, 08 de julho de 1958. Disponível em: http://timesmachine.nytimes.com/timesmachine/1958/07/08/ 83417341. html?pageNumber=25. Acesso em: 20 mar. 2020.

NG, Irene. The Art of Contract Drafting in the Age of Artificial Intelligence: A Comparative Study Based on US, UK and Austrian Law. *Stanford* – Vienna Transatlantic Technology Law Forum, n. 26, 2016. Disponível em: https://law.stanford.edu/wp-content/uploads/2017/02/Irene-Ng-TTLF-Working-PAper-26-Art-of-Contract-Drafting.pdf. Acesso em: 07 jan. 2020.

NICOLELIS, Miguel A; CICUREL, Ronald. *The Relativistic Brain How It Works And Why It Cannot Be Simulated By A Turing Machine*. São Paulo: Kios Press, 2015.

NILSSON, Nils J. *The Quest for Artificial Intelligence*. Cambridge: Cambridge University Press, 2009.

NIKLAS, Jędrzej; SZTANDAR-SZTANDERSKA, Karolina; SZYMIELEWICZ, Katarzyna. *Profiling the Unemployed in Poland*: Social and Political Implications of Algorithmic Decision Making. Creative Commons Attribution 4.0 International (CC BY 4.0). Warsaw, 2015.

NOLAN, Andrew. Cybersecurity and Information Sharing: Legal Challenges and Solutions. *Congressional Research Service,* de 13 de março de 2015. Disponível em: https://fas.org/sgp/crs/intel/R43941.pdf. Acesso em: 10 mar. 2020.

NONATO, Orozimbo. Aspectos do modernismo jurídico e o elemento moral na culpa objetiva. *Revista Forense*, v. 56, p. 55-98. Conferência no Instituto dos Advogados em 27 set. 1930.

NUNES, Rizzatto. *Curso de Direito do Consumidor*. 6. ed. rev. e atual. São Paulo: Saraiva, 2011.

OCDE. *The Recommendation on Artificial Intelligence (AI) – the first intergovernmental standard on AI*, de 22 de maio de 2019. Disponível em: https://legalinstruments.oecd.org/en/instruments/OECD-LEGAL-0449. Acesso em: 10 dez. 2019.

O'KANE, Sean. Uber debuts a new self-driving car with more fail-safes. *The Verge*. Publicado em 12 de junho de 2019. Disponível em: https://www.theverge.com/2019/6/12/18662626/uber-volvo-self-driving-car-safety-autonomous-factory-level. Acesso em: 12 mar. 2020.

OLIVEIRA, Cândido de. (supervisão geral) *Dicionário da Língua Portuguesa*. São Paulo: Livro Mor Editora Ltda, s.d.

PARENTONI, Leonardo (coord.) DTI-BR POLICY PAPER. Assunto: Projeto de Lei do Senado 5.051/2019, que "estabelece os princípios para o uso da inteligência artificial no Brasil". Disponível em: https://00678f5b-7933-4993-bd6e-f1f26caf33b2.filesusr.com/ugd/be-dd5d_098606875e6747af87e8718259fe5fab.pdf?index=true. Acesso em: 05 mar. 2020.

PASQUALOTTO, Adalberto. Conceitos fundamentais do Código de Defesa do Consumidor. *Revista dos Tribunais*, v. 666, p. 48-53, abr. 1991.

PEARL, Robert. Cisco CEO John Chambers: American Health Care Is at a Tipping Point. Disponível em: https://www.forbes.com/sites/robertpearl/2014/08/28/cisco-ceo-john-chambers-american-health-care-is-at-a-tipping-point/#273d43ec79f2. Acesso em: 11 fev. 2020.

PEPPET, Scott R. Regulating the Internet of Things: First Steps Toward Managing Discrimination, Privacy, Security, and Consent. *Texas Law Review*, v. 93, p. 85-176, 1º março de 2014. Disponível em: https://papers.ssrn.com/sol3/papers.cfm?abstract_id=2409074. Acesso em: 12 fev. 2020.

PINKER, Steven. *How the Mind Works*. Nova York: Penguin Group, 1997.

PIZZETTI, Franco. La protezione dei dati personali e la sfida dell'Intelligenza Artificiale. *In*: PIZZETTI, Franco (Org.). *Intelligenza artificiale, protezione dei dati personali e regolazione*. Torino: Giappichelli Editore, 2018.

PEREIRA, Caio Mário da Silva. *Responsabilidade Civil*. Atual. Gustavo Tepedino. 12. ed. rev., atual. e ampl. Rio de Janeiro: Forense, 2018.

PEREIRA, Caio Mário da Silva. *Instituições de Direito Civil*. 19 ed. Rio de Janeiro: Forense, 1998. v. 1.

PEREIRA, Caio Mário da Silva. *Instituições de Direito Civil*. 21. ed. Rio de Janeiro: Forense, 2006. v. II: Teoria Geral das Obrigações.

PEREIRA, Caio Mário da Silva. *Instituições de Direito Civil.*. 10. ed. Rio de Janeiro: Forense, 1998. v. III: Fonte das Obrigações (Contratos, Declaração Unilateral de Vontade e Responsabilidade Civil).

PETIT, Jonathan; SHLADOVER, Steven. Potential Cyberattacks on Automated Vehicles. *IEEE Transactions on Intelligent Transportation Systems*, v. 16, (2015), p. 546-557. Disponível em: https://www.academia.edu/8748571/Potential_Cyberattacks_on_Automated_Vehicles. Acesso em: 20 mar. 2020.

PETIT, Jonathan. *Intelligenza artificiale, protezione dei dati personali e regolazione*. Torino: Giappichelli Editore, 2018.

PLANIOL, Marcel. *Traité élémentaire de droit civil*. Paris: R. Pichon et R. Durnad-Auzias, 1946. 2 v.

PONTES DE MIRANDA, Francisco Cavalcanti. *Tratado de direito privado*: obrigações oriundas de atos ilícitos absolutos de atos-fatos ilícitos e de fatos ilícitos absolutos "Stricto sensu". São Paulo: Ed. RT, 2013. t. LIII.

POSNER, Richard A.; BEBCHUK, Lucian A. One-Sided Contracts in Competitive Consumer Markets. *Michigan Law Review*, v. 104, (2006), p. 827-836. Disponível em: https://chicagounbound.uchicago.edu/cgi/viewcontent.cgi?article=2839&context=journal_articles. Acesso em: 10 dez. 2019.

POSNER, Richard A. *The Economics of Justice*. Cambridge (Massachusetts): Harvard University Press, 1983.

POSNER, Richard A. *The Problems of Jurisprudence*. Cambridge (Massachusetts): Harvard University Press, 1993.

POSNER, Richard A. *How Judges Think*. Cambridge (Massachusetts): Harvard University Press, 2008.

POSNER, Richard A. *Overcoming Law*. Cambridge (Massachusetts): Harvard University Press, 2002.

POSNER, Richard A. Guido Calabresi's "The Costs of Accidents": A Reassessment. *Maryland Law Review*, v. 64, n. 12, p. 12-23, 2005. Disponível em: https://chicagounbound.uchicago.edu/cgi/viewcontent.cgi?article=2874&context=journal_articles. Acesso em: 27 mar. 2020.

PÜSCHEL, Flávia Portella (Coord.) *Dano Moral*. Ministério da Justiça. Secretaria de Assuntos Legislativos do Ministério da Justiça (SAL). Projeto Pensando o Direito. Convocação 01/2020. Disponível em: http://pensando.mj.gov.br/wp-content/uploads/2015/07/37Pensando_Direito1.pdf. Acesso em: 10 abr. 2020.

QUILLIAN, R. Semantic Memory. Tese de Doutorado. Carnegie Institute of Technology, 1966. MINSKY, Marvin. *Semantic Information Processing*. Cambridge, MA: MIT Press, 2003.

RAHWAN, Iyad; *et alli*. Machine Behavior. *Nature Review*, v. 568, p. 477-486, 25 abr. 2019.

RASSKIN-GUTMAN, Diego; KLOSKY, Deborah (translator). *Chess Metaphors*: Artificial Intelligence and the Human Mind. Cambridge, MA: MIT Press, 2009.

REMUS, Dana; LEVY, Frank S. *Can Robots Be Lawyers?* Computers, Lawyers, and the Practice of Law (27 nov. 2016). Disponível em: https://ssrn.com/abstract=2701092. Acesso em: 10 fev. 2020.

RIPERT, Georges. *La règle morale dans les obligations civiles*. Paris: Librarie Gènèrale de Droit & Jurisprudence, 1925.

RIPERT, Georges. *Aspectos Jurídicos do Capitalismo Moderno*. Trad. Gilda G. de Azevedo. Rio de Janeiro: Livraria Editora Freitas Bastos, 1947.

RIZZARDO, Arnaldo. *A reparação nos acidentes de trânsito*. 11. ed. rev., atual. e ampl. São Paulo: Ed. RT, 2011.

ROBBINS, Leonel. *An essay on the nature and significance of economic science*. 2nd ed. London: Macmillan, 1945.

RODOTÀ, Stefano. *Il diritto di avere diritti*. Roma: Gius. Laterza & Figli, 2012.

RODRIGUES JÚNIOR, Otávio Luiz; MAMEDE, Gladston; ROCHA, Maria Vital da. (Coords.) *Responsabilidade Civil Contemporânea: em homenagem a Sílvio de Salvo Venosa*. São Paulo: Atlas, 2011.

RODRIGUES, Sílvio. *Direito Civil. Responsabilidade Civil*. 13. ed. atual. São Paulo: Saraiva, 1993. v. IV.

RYAN, Patrick S. Revisiting the United States Application of Punitive Damages: Separating Myth from Reality. *In: ILSA Journal of International and Comparative Law*, v. 10, n. 1,

p. 69-93, outono de 2003. Disponível em: https://nsuworks.nova.edu/cgi/viewcontent. cgi?article=1447&context=ilsajournal. Acesso em: 10 nov. 2019.

RUSSELL, Stuart J.; NORVIG, Peter. *Artificial Intelligence*: A Modern Approach. 3. ed. New Jersey: Prentice-Hall, 2010.

SCOGNAMIGLIO, Renato. *Responsabilità Civile e Danno*. Torino: G. Giappichelli Editore, 2010.

SALEILLES, Raymond. *Les accidents de travail et la responsabilitè civile: essai d'une thèorie objective de la responsabilitè delectuelle*. Paris: Librairie Nouvelle de Droit et de Jurisprudence, 1897.

SANDEL, Michael J. *Justice: What´s the Right Thing to Do?* Nova York: Farrar, Straus e Giroux, 2009.

SANSEVERINO, Paulo de Tarso Vieira. *Princípio da Reparação Integral*: indenização no Código Civil. São Paulo: Saraiva, 2010.

SAVATIER, René. *Traité de la responsabilité civile en droit français*. Paris: Librairie Générale de Droit et de Jurisprudence, 1939.

SCHREIBER, Anderson. *Novos Paradigmas da Responsabilidade Civil*: da erosão dos filtros da reparação à diluição dos danos. 2. ed. São Paulo: Atlas, 2009.

SCHERER, Matthew U. Regulating Artificial Intelligence Systems: Risks, Challenges, Competencies and Strategies. *Harvard Journal of Law & Technology*. Cambridge: Harvard Law School. v. 29, n. 02, p. 353-400, Primavera, 2016.

SCHWAB, Klaus. *A Quarta Revolução Industrial*. Trad. Daniel Moreira Miranda. São Paulo: Edipro, 2016.

SEARLE, John R. Minds, Brains and Programs. *In: The Behavioral and Brain Sciences,* v. 03, 1980. pp. 417 – 457. Disponível em: https://www.law.upenn.edu/live/files/3413-searle-j--minds-brains-and-programs-1980pdf. Acesso em: 20 dez. 2019.

SERPA LOPES, Miguel Maria de. *Curso de Direito Civil*. 4. ed. rev. e atual. por José Serpa Santa Maria. Rio de Janeiro: Freitas Bastos, 1995. v. V: Fontes Acontratuais das Obrigações – Responsabilidade Civil.

SERPA LOPES, Miguel Maria de. *Curso de Direito Civil*. 6. ed. rev. e atual. Rio de Janeiro: Biblioteca Jurídica Freitas Bastos, 1995. v. II: Obrigações em Geral.

SERPA LOPES, Miguel Maria de. *Curso de Direito Civil*. 5. ed. rev. e atualizada pelo Prof. José Serpa Santa Maria. Rio de Janeiro: Biblioteca Jurídica Freitas Bastos, 1999. v. IV: Fonte das Obrigações (Contratos).

SHANNON, Claude Elwood. A symbolic analysis of relay and switching circuits. Tese de Mestrado. Departamento de Engenharia Elétrica. Cambridge, MA: Massachusetts Institute of Technology, 1940. 69 pp. Disponível em: file:///Volumes/CI%CC%81NTIAROSA2/TITULARIDADE/material_pesquisa/Shannon%20Mestrado%20MIT.pdf. Acesso em: 30 dez. 2019.

SHUTTLEWORTH, Jennifer. *International Society of Automobilist Engineers – SAE Standards News*: J3016 automated-driving graphic update (de 07 de janeiro de 2019). Disponível em: https://www.sae.org/news/2019/01/sae-updates-j3016-automated-driving-graphic. Acesso em: 20 mar. 2020.

SILVA, Wilson Melo da. *Responsabilidade sem culpa.* 2 ed. São Paulo: Saraiva, 1974.

SILVA, Wilson Melo da. *Da Responsabilidade civil automobilística.* 5. ed. São Paulo: Saraiva, 1988.

SMITH, Adam. *An Inquiry into the Nature and Causes of the Wealth of Nations.* Londres: W. Strahan and T. Cadell, London, 1776.

SMITH, Adam. *A Riqueza das Nações.* Trad. Luiz Joao Barauna. 3. ed. São Paulo: Nova Cultural, 1988.

SOLUM, Lawrence B. Legal Personhood for Artificial Intelligences. *North Carolina Law Review*, v. 70, n. 4, p. 1.231-1.287, 1992. Disponível em: https://scholarship.law.unc.edu/cgi/viewcontent.cgi?article=3447&context=nclr. Acesso em: 17 dez. 2019.

STATT, Nick. Tesla remotely disables Autopilot on used Model S after it was sold. *The Verge.* Publicação em 06 de fevereiro de 2020. Disponível em: https://www.theverge.com/2020/2/6/21127243/tesla-model-s-autopilot-disabled-remotely-used-car-update. Acesso em: 20 mar. 2020.

SUNSTEIN, Cass R. *Law of Fear*: Beyond the Precautionary Principle. Cambridge: Cambridge University Press, 2005.

TARTUCE, Flávio. *Responsabilidade Civil Objetiva e Risco*: a Teoria do Risco Concorrente. Rio de Janeiro: Forense, 2011.

TEGMARK, Max. *Life 3.0: being human in the age of artificial intelligence.* Nova York: Alfred A. Knopf, 2017.

TENE, Omer; POLONETSKY, Jules. Privacy in the age of big data: a time for big decisions. *Stanford Law Review Online*, v. 64, p. 63 a 69, 2 fev. 2012.

TRIMARCHI, Pietro. *La Responsabilità Civile*: Atti Illeciti, Rischio, Danno. Milão: Dott. A. Giuffrè, 2017.

TOURNEAU, Philippe le; CADIET, Loïc. *Droit de la Responsabilité*: responsabilités civile et pénale, responsabilités civiles délictuelles et quasi délictuelles, formation et exécution du contrat, défaillances contractuelles et professionnelles, régimes spéciaux d'indemnisation, accidents de la circulation, action recursoires. Paris: Dalloz, 1998.

TURING, Alan M. Computing Machinery and Intelligence. *Mind*, v. 49, 1950, p. 433-460. Disponível em: https://www.csee.umbc.edu/courses/471/papers/turing.pdf. Acesso em: 10 mar. 2020.

TURKLE, Sherry. *Alone Together*: Why We Expect More from Technology and Less from Each Other. New York: Basic Books, 2012.

TZAFESTAS, Spyros G. Ethics and Law in the Internet of Things World. *Smart Cities*, v. 1, issue 1, p. 98-120, 2018. Disponível em: https://doi.org/10.3390/smartcities1010006. Acesso em: 12 jan. 2020.

UNIÃO EUROPEIA. *Communication from the Commission to the European Parliament, the European Council, the Council, the European Economic and Social Committee and the Committee of the Regions on Artificial Intelligence for Europe.* Bruxelas: 25 de abril de 2018. Disponível em: https://ec.europa.eu/digital-single-market/en/news/communication-artificial-intelligence-europe. Acesso em: 20 nov. 2019.

UNIÃO EUROPEIA. High-Level Expert Group on Artificial Intelligence. *Ethics Guidelines for Trustworthy AI*. Bruxelas: 08 de abril de 2019. Disponível em: https://ec.europa.eu/digital-single-market/en/news/ethics-guidelines-trustworthy-ai. Acesso em: 20 nov. 2019.

UNIÃO EUROPEIA. *White Paper on Artificial Intelligence* – A European approach to excellence and trust. Bruxelas: 19 de fevereiro de 2020. Disponível em: https://ec.europa.eu/info/sites/info/files/commission-white-paper-artificial-intelligence-feb2020_en.pdf. Acesso em: 15 mar. 2020.

UNIÃO EUROPEIA. *Communication from the Commission to the European Parliament, the European Council, the Council, the European Economic and Social Committee and the Committee of the Regions: a European Strategy for Data*. Bruxelas: 19 de fevereiro de 2020. Disponível em: https://eur-lex.europa.eu/legal-content/EN/TXT/PDF/?uri=CELEX:-52020DC0066&from=EN. Acesso em: 15 mar. 2020.

UNIÃO EUROPEIA. *Product Liability Directive – Directive 85/374/EEC*. Disponível em: https://eur-lex.europa.eu/legal-content/EN/TXT/PDF/?uri=CELEX:31985L0374&from=EN. Acesso em: 15 mar. 2020.

UNIÃO EUROPEIA. European Parliament resolution of 16 February 2017 with recommendations to the Commission on Civil Law Rules on Robotics (2015/2103(INL)). Disponível em: https://eur-lex.europa.eu/legal-content/EN/TXT/?uri=CELEX%3A52017IP0051. Acesso em: 20 mar. 2020.

UNIÃO EUROPEIA. Expert Group on Liability and New Technologies. Liability for Artificial Intelligence and other emerging digital technologies. 2019. Disponível em: https://ec.europa.eu/transparency/regexpert/index.cfm?do=groupDetail.groupMeetingDoc&docid=36608. Acesso em: 06 jan. 2020.

UNIÃO EUROPEIA. IoT European Research Cluster (IERC). Enabling Consumer Connectivity Through Consensus Building. Disponível em: http://standardsinsight.com/ieee company detail/. Acesso em: 12 jan. 2020.

UNIÃO EUROPEIA. Regulamento (UE) 2019/2144 do Parlamento Europeu e do Conselho, de 27 de novembro de 2019, relativo aos requisitos de homologação de veículos a motor e seus reboques e dos sistemas, componentes e unidades técnicas destinados a esses veículos, no que se refere à sua segurança geral e à proteção dos ocupantes dos veículos e dos utentes da estrada vulneráveis, que altera o Regulamento (UE) 2018/858 do Parlamento Europeu e do Conselho e revoga os Regulamentos (CE) 78/2009, (CE) 79/2009 e (CE) 661/2009 do Parlamento Europeu e do Conselho e os Regulamentos (CE) 631/2009, (UE) 406/2010, (UE) 672/2010, (UE) 1003/2010, (UE) 1005/2010, (UE) 1008/2010, (UE) 1009/2010, (UE) 19/2011, (UE) 109/2011, (UE) 458/2011, (UE) 65/2012, (UE) 130/2012, (UE) 347/2012, (UE) 351/2012, (UE) 1230/2012, e (UE) 2015/166 da Comissão. Disponível em: https://eur-lex.europa.eu/legal-content/PT/TXT/HTML/?uri=CELEX:32019R2144&-from=EN#d1e990-1-1. Acesso em: 10 jan. 2020.

UNIÃO EUROPEIA. European Parliament resolution of 15 January 2019 on autonomous driving in European transport (2018/2089(INI)). Disponível em: https://www.europarl.europa.eu/doceo/document/TA-8-2019-0005_EN.html. Acesso em: 10 jan. 2020.

UNITED NATION ECONOMIC COMMISSION FOR EUROPE (UNECE). *Vienna Convention on Road Traffic*. Disponível em: http://www.unece.org/info/media/presscurrent-press-h/

transport/2016/unece-paves-the-way-for-automated-driving-by-updating-un-international-convention/doc.html. Acesso em: 10 mar. 2020.

VINGE, Vernor. *The Coming Technological Singularity*: How to Survive in the Post-human Era, 1993. Disponível em: https://edoras.sdsu.edu/~vinge/misc/singularity.html. Acesso em: 10 mar. 2020.

VLADECK, David C. Machines Without Principals: Liability Rules and Artificial Intelligence. *Washington Law Review*. Washington: The University of Washington School of Law. v. 89, n. 01, p. 117-150, mar. 2014.

WEBER, Rolf H. Internet of Things – New security and privacy challenges.: *Computer Law & Security Review,* v. 2 6, p. 23-30. Campus Elsevier, 2010.

WIENER, Norbert. *Cybernetics*: Or Control and Communication in the Animal and the Machine. 2. ed. Cambridge, Massachussetts: MIT Press, 1961.

WOOD, Stephen P.; CHANG, Jesse; HEALY, Thomas; WOOD, John. The Potential Regulatory Challenges of Increasingly Autonomous Motor Vehicles. *Santa Clara Law Review,* v. 52, n. 4, , p. 1423-1502, 20 dez. 2012. Disponível em: https://digitalcommons.law.scu.edu/cgi/viewcontent.cgi?article=2734&context=lawreview. Acesso em: 15 dez. 2019.

WORTMANN, Felix; FLÜCHTER, Kristina. Internet of Things Technology and Value Added. *Business Information System Engineering,* v. 57, issue 3, p. 221-224, 27 de março de 2015. Disponível em: https://www.researchgate.net/publication/276439592. Acesso em: 10 fev. 2020.

YANISKY-RAVID, Shlomit; LIU, Xiaoqiong (Jackie). When Artificial Intelligence Systems Produce Inventions: The 3A Era and an Alternative Model for Patent Law. *Cardozo Law Review,* v. 39, p. 2215-2263, 1º mar. 2018. Disponível em: https://ssrn.com/abstract=2931828. Acesso em: 10 fev. 2020.

YUDKOWSKY, Eliezer. *Creating Friendly AI 1.0*: The Analysis and Design of Benevolent Goal Architectures. São Francisco (CA): Machine Intelligence Research Institute, 2001. Disponível em: https://intelligence.org/files/CFAI.pdf. Acesso em: 10 fev. 2020.

ZANELLATO, Marco Antônio. Considerações sobre o conceito jurídico de consumidor. *Revista Estratégica* (Revista da Faculdade de Administração FAAP e do FAAP – MBA). v. 1, n. 2, p. 34-45, jul.-set. 2002.

ZIMMERMAN, Evan Machine Minds: Frontiers in Legal Personhood. 12 de fevereiro de 2015. *SSRN*. Disponível em: https://ssrn.com/abstract=2563965. Acesso em: 10 mar. 2020.

ANOTAÇÕES